北京高等教育精品教材
BEIJING GAODENG JIAOYU JINGPIN JIAOCAI

行为经济学原理

Principles of Behavioral Economics

董志勇／编著

北京大学出版社
PEKING UNIVERSITY PRESS

图书在版编目(CIP)数据

行为经济学原理/董志勇编著. —北京:北京大学出版社,2006.10
(21 世纪经济与管理新兴学科教材)
ISBN 978-7-301-11007-2

Ⅰ. 行… Ⅱ. 董… Ⅲ. 行为经济学 – 高等学校 – 教材 Ⅳ. F019

中国版本图书馆 CIP 数据核字(2006)第 099649 号

书　　　名:	行为经济学原理
著作责任者:	董志勇　编著
责 任 编 辑:	王花蕾
标 准 书 号:	ISBN 978-7-301-11007-2/F·1454
出 版 发 行:	北京大学出版社
地　　　址:	北京市海淀区成府路 205 号　100871
网　　　址:	http://www.pup.cn
微信公众号:	北京大学经管书苑(pupembook)
电 子 邮 箱:	编辑部 em@pup.cn　总编室 zpup@pup.cn
电　　　话:	邮购部 010-62752015　发行部 010-62750672　编辑部 010-62752926
印　　　刷　者:	北京虎彩文化传播有限公司
经 销 者:	新华书店
	730 毫米×980 毫米　16 开本　16.75 印张　309 千字
	2006 年 10 月第 1 版　2024 年 12 月第 10 次印刷
定　　　价:	36.00 元

未经许可,不得以任何方式复制或抄袭本书之部分或全部内容。
版权所有,侵权必究
举报电话:010-62752024　电子邮箱:fd@pup.cn

作者简介

董志勇,北京大学党委常委、副校长;经济学院院长、教授、博士生导师;《经济科学》主编;国务院学位委员会学科评议组成员、教育部高校经济学类专业教学指导委员会副主任委员;享受国务院政府特殊津贴专家。获评第九届"北京市高等学校教学名师"、北京大学最受学生爱戴的"十佳教师",教学团队荣获"北京高校优秀本科育人团队"称号。曾获高等教育国家级教学成果奖、北京市教育教学成果奖等多项奖项。

内 容 简 介

行为经济学作为经济学的一个分支,是适应实践需要产生的一门新兴边缘学科。它将行为分析理论与经济运行规律、心理学与经济科学有机结合起来,发现了传统经济学模型中的错误或遗漏,修正了主流经济学关于人的理性、自利、完全信息、效用最大化及偏好一致等基本假设的不足之处。它的崛起,既对主流经济学提出了挑战,也对其进行了补充和拓展。

作为国内第一批全面介绍行为经济学的教材之一,本书不仅详细介绍了国内外有关行为经济学的最新理论进展,还将行为经济学的理论与实践紧密结合,通过大篇幅的实验对其进行了实证研究,得出的结论及分析方法对相关知识的学习、研究很有参考价值和指导意义。

目　录

行为经济学原理

第一章　行为经济学与传统经济学的比较 ·············· 1
　第一节　正常与反常 ···································· 1
　第二节　质疑与挑战 ···································· 5
　第三节　演变与修正 ···································· 6
　第四节　行为经济学的政策观 ···························· 9
　本章小结 ··· 11
　本章思考与练习 ······································· 11
　本章参考文献 ··· 11

第二章　参照系理论 ····································· 14
　第一节　什么是参照系 ································· 14
　第二节　参照依赖 ····································· 17
　第三节　锚定心理 ····································· 21
　第四节　框架效应 ····································· 24
　第五节　参照依赖偏好理论的实验 ······················· 27
　本章小结 ··· 31
　本章思考与练习 ······································· 31
　本章参考文献 ··· 32

第三章　偏好理论 ······································· 34
　第一节　配对与选择 ··································· 34
　第二节　权衡反差 ····································· 39
　第三节　极端逆转 ····································· 45
　第四节　禀赋效应和现状偏见 ··························· 46
　本章小结 ··· 51
　本章思考与练习 ······································· 51
　本章参考文献 ··· 51

第四章　效用理论 ······································· 53
　第一节　体验效用 ····································· 53
　第二节　期望值理论和期望效用理论 ····················· 55
　第三节　不理性的效用决策 ····························· 58

目录

第四节	前景理论	63
本章小结		68
本章思考与练习		68
本章参考文献		68

第五章 公平和互惠 … 71
- 第一节 公平和自利 … 71
- 第二节 互惠行为 … 77
- 第三节 公平和互惠在博弈论中的理论延伸 … 80
- 第四节 利他行为 … 84
- 本章小结 … 88
- 本章思考与练习 … 88
- 本章参考文献 … 89

第六章 时间贴现和跨期选择 … 92
- 第一节 传统贴现效用模型 … 92
- 第二节 传统 DU 模型的"反常" … 95
- 第三节 与 DU 根本性偏离模型 … 98
- 第四节 时间偏好 … 101
- 第五节 时间贴现的衡量 … 108
- 本章小结 … 112
- 本章思考与练习 … 113
- 本章参考文献 … 113

第七章 自我控制与有限意志 … 115
- 第一节 拖延实证 … 115
- 第二节 自我控制与有限意志 … 117
- 第三节 自我了解 … 120
- 第四节 模型解释 … 121
- 第五节 福利效应 … 126
- 本章小结 … 128
- 本章思考与练习 … 128

本章参考文献 ··· 128
第八章　瘾理论 ··· 130
　　第一节　上瘾行为 ··· 130
　　第二节　感情与理智 ··· 132
　　第三节　理性成瘾模型 ··· 140
　　第四节　实例分析 ··· 142
　　本章小结 ··· 146
　　本章思考与练习 ··· 147
　　本章参考文献 ·· 147
第九章　从自负说偏差 ··· 149
　　第一节　个人经验 ·· 149
　　第二节　沉没成本谬误与认知失谐 ·· 153
　　第三节　预测偏差 ·· 156
　　第四节　投资自负偏差 ··· 161
　　本章小结 ··· 171
　　本章思考与练习 ··· 172
　　本章参考文献 ·· 173
第十章　心理账户 ·· 175
　　第一节　从心理账户看到的非理性行为 ······································· 175
　　第二节　获得与失去的快乐组合 ·· 177
　　第三节　心理账户的决策 ·· 180
　　第四节　心理账户的预算 ·· 184
　　本章小结 ··· 189
　　本章思考与练习 ··· 189
　　本章参考文献 ·· 189
第十一章　宏观行为经济学 ·· 191
　　第一节　非自愿失业 ··· 192
　　第二节　货币政策的有效性 ··· 194
　　第三节　菲利普斯曲线与自然失业率 ··· 198

目录

    第四节　个人储蓄行为 ……………………………………………… 202
    本章小结 …………………………………………………………… 206
    本章思考与练习 …………………………………………………… 206
    本章参考文献 ……………………………………………………… 206

第十二章　未来的路 ……………………………………………………… 209
    第一节　灭佛与造佛 ……………………………………………… 209
    第二节　谁是谁非 ………………………………………………… 211
    第三节　暗藏的致命陷阱 ………………………………………… 214
    第四节　前面的路 ………………………………………………… 217
    本章小结 …………………………………………………………… 218
    本章思考与练习 …………………………………………………… 219
    本章参考文献 ……………………………………………………… 219

附录1　偏离于传统经济学结论的一些实证研究 ……………………… 220
附录2　行为经济学研究社会公平问题
       ——以新加坡、上海、兰州为例 ……………………………… 222
附录3　积累性预期理论 ………………………………………………… 239
关于本书中实验的说明 …………………………………………………… 249
后序 ………………………………………………………………………… 252

第一章 行为经济学与传统经济学的比较

2001年,美国经济学会(AEA)将该学会的最高奖克拉克奖(Clark Medal)颁给了加州大学伯克利分校的马修·拉宾(Matthew Rabin)。这是自1947年该奖设立以来,首次给研究行为经济学的经济学家授奖。

2002年,诺贝尔经济学奖授予了两位行为经济学的代表人物——美国普林斯顿大学的卡尼曼(Daniel Kahneman)教授和乔治梅森大学的史密斯(Vernon Smith)教授。两位教授因"把心理学研究和经济学研究有效地结合,从而解释了在不确定条件下如何决策"以及"发展了一整套实验研究方法,尤其是在实验室时研究市场机制的选择性方面"的杰出贡献而获此殊荣。

任何研究领域、研究方向,无论一开始多么地不起眼,甚至被轻蔑嘲笑,一旦被授予诺贝尔奖,它(们)就会被主流认可,换言之,它就将跻身主流或至少正开始成为主流。行为经济学——这朵正在绽放但未完全绽放的奇葩,正以她独特的魅力快速被越来越多的人熟知并认可。

第一节 正常与反常

行为经济学作为一门经济学,她的诞生离不开传统经济学。从某种意义上讲,她的诞生源于对传统经济学的"背叛"。

> "每个人都力求运用他的资本,生产出最大的价值。一般而言,他既不打算促进公共利益,也不知道促进多少。他只考虑自己的安全,自己的所得。正是这样,他被一只看不见的手引导,实现着他自己并不打算实现的目标。通过追求他自己的利益,他常常能够,与有意去促进相比,更加有效地促进社会的公益!"
>
> ——(亚当·斯密:《国民财富的性质和原因的研究》(下卷),郭大力、王亚南译,商务出版社1979年版,第25—27页)。

传统经济学的"经济人预设"就是基于亚当·斯密这段诗一样的描述。人类的行为都是理性(Rationality)自利的(Self-interested),因此会导致个人与社会整体福利水平的最大化:每个人不会抢劫,也不愿被抢,每个人都有捍卫自己合法利益的权利和能力。在这种预设和由此产生的一定规则内为自己打小算盘的结果,就是使全社会资源分配达到效用极大,也能使社会达到尽可能的公平。然而,基于这种假设经济学中的很多游戏,其结果看来像是"天方夜谭"。

游戏1

问题:让我们选定一组实验者。让他们每一个人都猜一个数字,必须是1到100之间的整数(包括1和100),谁最接近所有实验者所猜数平均值的1/3谁就能赢(例如赢得一份精美礼品或者一笔数目可观的现金)。

结果:如果每一个实验者都是"经济人",那么,所有的人都应该只有一个答案,也就是,每一个人都猜1!

解析:因为每一个实验者都是"经济人",所以他会想:如果一开始所有实验参与者都随机猜数字,那么大家的平均值大约是50(取1—100之间的均值);那么我猜50的1/3,也就是大约17就会赢;但是,人人都是"经济人",所以他们也都会和我一样猜17;如果所有人都猜17,那么我应该猜17的1/3,也就是6……依此类推,游戏的结果,每一个人的答案都是唯一的最小数1。

游戏2

问题:在A和B两个游戏者之间分配200美元。游戏开始时,A和B都先拿1美元。他们可以选择"停止"和"继续"两种策略。游戏类似下棋,A和B轮流选择策略,由A先开始。当A或B选择"继续"时,1美元将被他对手(也就是B或A)从他面前取走,同时还有另外1美元加到他对手面前。但只要其中任何一个游戏者选择"停止",游戏就将终止,此时每一个游戏者拥有他面前的现有美元,其他所有剩余的美元将被第三者收走。或者到每人各拥有100美元时自动停止(因为没有多余的美元分配了)。

结果:如果每一个实验者都是"经济人",A和B都在一开始拥有1美元时就选择了"停止",剩下的198美元将被第三者收走。

解析:分析所有这类游戏的奥妙就在于应当从结尾出发倒推回去。游戏结束时,你容易知道何种决策有利而何种决策不利。确定了这一点后,你就可以把它用到倒数第二次决策上,依此类推。如果从第1个游戏开始分析,分析很难进行下去,原因在于,所有的决策都是要确定:"如果我这样做,那么下一个人会怎样做?"因此你下游游戏者所作的决定对你来说很重要,而你之前的游戏者所作的决定并不重要,因为你对这些决定已无能为力了。所

(续)

以,按经典的逆向分析方法,如果最后 A 和 B 都各自拥有 100 美元(皆大欢喜?),那么 B 就会想,我倒数第二轮就应该选择"停止",因为倒数第二轮时,他面前的美元数目是 101(而对方 A 只有 98 美元。若他选择"继续",1 美元就从他面前取走,另外 1 美元加在 A 处,于是构成了最终的 100∶100),101 美元带来的效用显然要大于 100 美元;可是按此继续推理,A 就会在倒数第三轮选择"停止"……游戏的结果:A 和 B 作为"经济人",一开始就选择"停止",也就是这游戏根本就做不下去!

游戏 3

问题:5 名海盗抢到了 5 块金子,他们打算在一条海船上瓜分这些"战利品"。这是一些讲民主的海盗(当然是他们特有的民主),习惯于按下面的方式分配:先抓阄,按顺序排为 1 到 5 号。之后,由 1 号海盗提出分配方案,然后所有的海盗(包括提出方案者本人)就此方案进行表决。如果 50% 或更多的海盗赞同此方案,此方案就获得通过并据此分配金子。否则提出方案的 1 号海盗将被扔到海里,然后 2 号海盗又重复上述过程。请问:这 5 名海盗如何分这 5 块金子?

结果:海盗的最终分配方案应该是:1 号海盗得 3 块金子,3 号海盗得 1 块金子,5 号海盗得 1 块金子!

解析:我们依然按照"逆向推理法",以游戏进行到只剩两名海盗——即 4 号和 5 号为出发点进行分析。这时提出分配方案的海盗是 4 号,而他的最佳分配方案是一目了然的:5 块金子全归他一人所有,5 号海盗什么也得不到。由于他自己肯定为这个方案投赞成票,这样就占了总数的 50%,因此方案获得通过。所以,5 号海盗就希望 3 号海盗不会被扔进大海。假设 3 号海盗还在。如果 3 号的方案被否决,5 号海盗将肯定一无所获,3 号也明白 5 号了解这一形势。因此,只要 3 号的分配方案给 5 号一点甜头使他不至于空手而归,那么不论 3 号提出什么样的分配方案,5 号都将投赞成票。这样就有了下面的分配方案:3 号海盗分得 4 块金子,4 号海盗一无所获,5 号海盗得 1 块金子。此时,4 号海盗开始"怀念"已经被扔到海里的 2 号:要是 2 号在船上该有多好呀!依此类推,我们便得到了结果中的唯一答案:3 块金子归 1 号自己,1 块金子给 3 号,1 块金子给 5 号!

我们曾经在国内外很多场合都做过这个实验,可以说没有一次和上面的结论一样甚至接近。即使在大学的经济学教授里面去做游戏 1,大家的结果也永远不可能全为1。而且,最主要的是,写1的被实验者从来拿不到我们准备好的礼品!

如果这些实验就是对传统经济学所谓"理性人"能够不自觉地达到社会福利最大化的描绘,那么结果本身就是对"经济人预设"幽默的嘲讽。① 对于许许多多有关"经济人预设"的悖论,诸多经济学家都曾对所谓的"无穷理性"深刻质疑。

亚当·斯密以"看不见的手"的概念和《国富论》而闻名,但他也写过一本不那么有名的书《道德情操论》(The Theory of Moral Sentiments)。在书中,他列出了个人行为的心理原则,充满了对于人类心理的洞见,可以说这些原则与他的经济观察一样意义深远,其中的很多言论甚至预言了行为经济学当前的进展。比如,他曾评论道:"当我们从一个好的境况跌入一个更坏的境况时,我们感受的痛苦相对于当我们从一个坏的境况转入更好的境况时感受的快乐更强烈。"②

以效用概念奠定了新古典经济学基础的边沁(Jeremy Bentham),曾经大量地探讨过效用的心理基础,他的一些关于效用决定因素的见解直到现在才开始被重视(Loewenstein,1999)。艾奇沃兹(Edgeworth)的《数理心理学原理》(Theory of Mathematical Psychics)也不仅仅介绍了表现市场交易结果的著名盒状图,还包括了一个简单的社会效用模型。模型中一个人的效用会受其他人的报酬影响,这也成为了一些现代行为经济学理论的出发点。

同时,诺贝尔经济学奖得主西蒙(H. A. Simon)教授,提出了自己不同流俗的慧见:人的思维能力并非无穷无尽;人具有的是有限理性;因为有限理性,所以人们在行为上并不总是追求效用最大;实际上,人会根据对环境的认知和自己有限的思维,作出让自己满意的选择。这就是更接近血肉之躯的人的"有限理性"的观点。

贝克尔(Gary Becker)则在个人效用函数中引入利他主义行为来说明人类行为的一般性,就拓展了"经济人"的假设,将非经济因素纳入到经济模型分析中,同时为家庭制度中普遍存在的利他主义行为模式提供了经济分析范式。

新制度经济学的代表人物威廉姆逊(Williamson)则提出"契约人"假设来增进人们对契约过程的理解。在契约过程中,不确定性、信息不完全性、小数目谈判、资产专用性、可交易数量的有限性和地理位置等现象的存在,使交易费用为正,从而使机会主义行为有了更多的施展空间。威廉姆逊通过在经济学假设中引入社会学假设,弱化了新古典传统假设的严格性,使经济学研究更贴近现实的

---

① 上述三个实验结果只是具有代表性的实验结果,其他实验详细参见本书附录1。
② 亚当·斯密:《道德情操论》,蒋自强、钦北愚译,商务印书馆1997年版,第21页。

交易过程。

正是在这种对经济人苛刻条件"反思"的大潮中,行为经济学应运而生。行为经济学认为,传统经济学半个世纪以来,一直将经济理论建立在一种高高在上的假设基础上,即人的行为准则是理性的、不动感情的自我利益,经济学是"没有道德"的科学。现在,经济学应该而且必须承认,人也有生性活泼的一面,人性中也有情感的、非理性的、观念导引的成分。所以,行为经济学在背叛传统中诞生也是它广受瞩目的一大原因。下表简单比较了行为经济学和新古典经济学的异同。

表1-1 行为经济学和新古典经济学比较

类别	硬核	保护带	研究方法
新古典经济学	理性经济人假定;偏好和禀赋分布外生;主观价值论;交易关系为中心等	均衡;边际效用或产量递减;要素和产品自由流动;要素和产品同质;价格接受者等	方法论个体主义;边际分析方法;静态和比较静态分析为主;线性规划和动态规划
行为经济学	有限理性当事人假定;可能追求利他行为和非理性行为;偏好和禀赋内生;学习过程;主观价值论等	非均衡;非线性效用函数;要素和产品异质;随机性;路径依赖;现实市场和组织;有限套利等	方法论个体主义;演化分析;非线性规划;实验和微观计量为主

资料来源:周业安:《行为经济学是对西方主流经济学的革命吗?》,载《中国人民大学学报》,2004年第2期。

第二节 质疑与挑战

行为经济学的前提还是经济学,它研究的核心领域也是经济学的研究领域,即生产力、生产关系、资源的有效配置以及利益分配问题。虽然行为经济学的理论尚未覆盖到这些问题的方方面面,但它们必定是它触及或将要触及的领域,因此行为经济学从本质上不能脱离经济学的范畴。

行为经济学旨在透过人们在各种经济活动中的行为解释经济现象的本质。因此,它的第一个特质是以人的行为(更确切地说是经济行为)为研究重点。既然是研究人的行为模式,它必须借助其他学科的帮助,最主要的当然是与人性密切相关的心理学。因此,行为经济学的第二个特质是它的核心理念:借助心理学分析方法,"为理性的经济分析提供忽视已久的心理基石"(薛求知等,2003),还原人性某些非理性本质,以更准确地把握经济现象。怎样了解人的心理及行为模式?这就是行为经济学的第三个特质:有效借助于可控实验、调查等自然科学和社会学的方法,通过实验获得的数据得出结论或检验并修正先验理论。

以上三个特质并非是所有行为经济学都具有的,但却是行为经济学的核心特质,把握它们也就基本可以把握行为经济学的模式。以上是行为经济学的空间定位,我们还需要赋予它时间定位。

行为经济学属于现代经济学。现代经济学指的是最近半个世纪发展起来的,在当今世界上被认可为主流的经济学。[①] "现代经济学代表了一种研究经济行为和现象的分析方法和框架。作为理论分析框架它由视角(Perspective)、参照系(Reference)和分析工具(Analytical Tools)三部分组成"(钱颖一,2002)。行为经济学完全符合这些标准。

所谓"视角",就是看问题的角度或出发点。正如一般经济学以"人是理性自私并追求效用(利益)最大化"为前提一样,行为经济学也有自己的前提:人并非完全理性自私,人的决策除受客观因素影响之外还受其心理因素影响。因此,行为经济学是有"视角"的。

所谓"参照系",通俗地讲就是理解现实的指标。如一般均衡理论有阿罗-德布罗定理(Arrow-Debreu Theorem)一样,行为经济学有拇指法则(源自认知心理学)。参照系不一定完全符合现实,但可以提供一个比较标准。

现代经济学最常用的分析工具莫过于数学模型和图像模型。这两种工具在行为经济学中都有应用,如著名的"前景理论"向我们展示的效用函数及其"损失规避"的图形。同时,和其他现代经济学学科一样,行为经济学中也广泛使用计量和统计检验。

由此看来,行为经济学还是符合以上三个标准的。虽然行为经济学的理论框架比较薄弱,但行为经济学已被主流认可,已跻身或正在成为主流。"行为经济学的兴起恐怕是20世纪90年代经济学基础理论发展的最有意义的事情"(钱颖一,2002)。

尽管行为经济学有很多流行的定义,本书对它的定义是:行为经济学是一门与心理学有机结合,通过可控实验、调查等方式考察人们在不完全理性的市场中参与各种经济活动时的行为模式,分析影响行为的内外部因素,理解并解释经济现象,以检验并修正先验理论,提出自己的理论的一门现代经济学学科。

第三节 演变与修正

行为经济学作为一门边缘学科,它的成长离不开其他相关学科的发展。本

[①] 本书所指的经济学是按国际惯例定义的经济学学科,即国内所说的理论经济学和应用经济学这两个"一级学科"名下的所有"二级学科"。

书为大家简单介绍一下相关学科,这体现了社会科学之间的联系和经济学博大的胸怀。

1. 心理学①(Psychology)

行为经济学的灵感来源于对个体行为以及精神过程进行科学研究的心理学。

心理学研究有其目标(分析模式):① 描述行为,即通过精确观察获得数据;② 解释行为,即用潜在原因解释多种行为,总地来说解释行为的原因有内因和外因,内因在心理学中叫做机体变量(Organismic Variable),就人类而言是禀赋变量(Dispositional Variable),外因叫做环境变量(Environmental Variable)或情境变量(Situational Variable);③ 预测行为;④ 控制行为,这点是最激励人心也是最重要的。如果对行为原因的解释能创造出控制行为的条件,那么这个解释就具有了说服力。

心理学研究过程和经济学一样都是从发现理论到检验理论,都讲究科学方法。心理学研究最常用的就是实验:通过操纵自变量考察它对因变量的影响,特点是有明确的因果关系,但同样会受混淆的"备选因素"影响,从而难以保证实验的可信度。因此通过严格的标准化试验和操作性定义等补救措施以尽量保证实验的客观性。这些研究过程与经济学有共同之处,行为经济学的实验设计借鉴于此。

然而,行为经济学真正的理论来源是心理学的一个分支——认知心理学。认知心理学的奠基人之一是赫伯特·西蒙(Herbert Simon),他同时是一个举世闻名的经济学家,由此可见认知心理学与经济学有着天然的渊源。

认知心理学研究认知,即是你能够感知、使用语言、推理、解决问题、判断和决策的心理过程和结构。认知心理学属于认知科学的一个分支,和行为经济学一样是一门边缘学科。

认知心理学从认知的观点考察行为,他们认为人们行动是因为他们思考。人的行为只能部分地由先前的环境事件或行为结果所决定,一些最重要的行为是从全新的思维方式中产生的。个人对现实的反应可能与客观世界不符,但和个人思维和想象的内部世界中的主观现实是一致的。行为经济学中几乎所有对非理性的分析理论都来源于认知心理学。

另外,心理学上把人的普遍价值叫做共效测度,承认人的动机多元(主要是四对元动机状态:有目的和超越目的;顺从和逆反;控制与同情;自我中心与他人

---

① 本章关于心理学的知识介绍来自于〔美〕理查德·格里格、菲利普·津巴多:《心理学与生活》,王垒等译,人民邮电出版社2003年版。

取向)以及情绪的作用。对于情绪,耶克斯-道德逊定理(Yorks-Dodson Law)认为,越高难度的工作所需要的唤醒水平(情绪影响)越低,另外情绪对于认知的影响具有一致性。这些都是行为经济学解释行为的常见理由。

2. 实验经济学

实验经济学是利用受控实验对已有的经济理论进行检验或发现经济规律。实验经济学的基本原理:① 价格诱发原理,即利用报酬手段诱发实验参与者的基本特征。这个原理的适用前提是实验主体满足单调性(Monotonicity)、突显性(Saliency)、优越性(Dominance)。② 并行原理(Parallelism),一个关于个人行为及制度执行的命题,如果在实验的微观经济中已被证实,那么在其他条件不变的同样状况下,在离开实验室的微观经济学中仍然适用。

实验经济学的方法主要有:实验室交易制度设计(主要指的是各种不同的拍卖方式,如双向拍卖、荷兰式拍卖、英国式拍卖等);受控实验中被试对象、规模的选择以及报酬支付;实验的计划和实施(包括实验的指导语、实验变量、不可控制变量的随机化、控制干扰变量的偏差等等);分析结果得出结论。

3. 制度经济学[①]

之所以介绍制度经济学是因为行为经济学可以为制度经济学作很多贡献。随着经济学由"物"转向"人",经济学越来越多地关注制度问题,所以有必要简单介绍一下制度经济学。

> "所有人际交往都需要一定程度的可预测性。当人们受规则(制度)约束时,人们的行动就较可预见……经济交易不可能在真空中进行……信任以一种秩序为基础。而要维护这种秩序就要依靠各种限制不可预见行为和机会主义行为的规则,我们称这些规则为制度。"
> ——柯武刚、史漫飞:《制度经济学—社会秩序与公共政策》

制度经济学研究既定需要和配置既定资源的条件,制度经济学想为经济运行构建一个效率、公平、权衡得当,并为人们所接受的良好的运行框架。

制度经济学和行为经济学一样认为人们有普遍价值:个人免受恐惧和强制的自由;公正;和平;经济福利;宜人的自然环境和社会环境。

然而,行为经济学并不是一个统一的理论,而是许多工具和思想的结合。"一个工人也许依赖一个简单的工具——比如说,一个重型钻机——但是也可能用很多不同尺寸钻头来完成不同的工作。那么,这到底是一个工具呢,还是很多工具呢?"(Camerer & Loewenstein,2002) Arrow(1986)指出,经济学模型并没

---

① 关于制度经济学的知识,详细参见柯武刚、史漫飞:《制度经济学—社会秩序与公共政策》,商务印书馆2000年版,本节关于制度经济学的介绍参考此书。

有从单纯的效用最大化中推演出很多预测的方法,准确性恰恰是由钻头决定的——就像在资产定价模型中,采用时间附加的离散型偏好,并将子女的效用加总到父母的效用中去解释遗产;一些申请中的预期理性以及在其他领域中的适应性预期,在捆绑销售中的类似偏好;在一些市场中的定价;以及一些博弈性的分析,等等。在一些情况中,这些个案甚至是自相矛盾的——例如,在遗产模型中抛弃了完全的自利,但是生命周期储蓄模型中却保留了;股票市场的假设是风险厌恶,而赌博市场的假设是风险偏好。这些矛盾其实就是特殊和一般之间的矛盾,它们是对付不同工作的不同工具。行为经济学的目标是发展解决尽可能多问题的更好工具。

第四节 行为经济学的政策观[①]

一、宏观政策分析

宏观经济学的许多概念都具有经济行为的基础,而这些行为都可以在行为经济学中被阐明。例如,价格和工资刚性的假设包含了一些关于刚性来源的思想,如由工人对于公平的关心引起的消费者和工人的损失厌恶心态可能导致名义上的刚性。另外,行为经济学还对例如"货币幻觉"等问题提出了自己独特的视角解释(见本书关于宏观行为经济学的部分)。

储蓄的生命周期模型(也叫永久收入假说,Permanent Income Hypothesis)是宏观经济学中的一个重要模型。这个模型假设人们对一生的收入结构作出猜测,然后计划他们的储蓄和消费,来平滑一生的消费。另外,它还假设人们在猜测未来的收入时,会将不同种类的收入混杂在一起(即财富的不同来源是可替换的)。然而,行为经济学中的储蓄"行为性的生命周期"理论,却指出不同来源的收入是被保存在不同的心理账户之中。心理账户可以反映出先验或后天认知形成的差别和分隔,因此财产的心理账户的可行性假设将会引起对生命周期理论的重大偏离。心理账户方法只是许多有效的行为经济学方法中的一种(见本书关于心理账户的部分)。

二、劳动市场政策

宏观经济学中的一个核心难题是非自愿失业——为什么有些人找不到工作(除了换工作中的摩擦失业和自然失业)?失业的一种流行解释是工资水平在

[①] 本节内容请参考 Camerer, Colin F. & George Loewenstein, Behavioral Economics: Past, Present, Future, California Institute of Technology, working paper, 2002。

市场出清水平之上,导致了劳动力的过度供给和失业。但是工资为什么这么高呢?"效率工资理论"是其中的一种解释。行为经济学给出的另外解释是:人类互惠互利的本能把雇主-佣工关系变成了"礼物-交换"关系。雇主在他们必须支付的工资之外再支付一部分工资,当作礼物;而工人更努力地工作,作为对礼物的回报。他们表明了"礼物-交换"关系是如何达到平衡的(在互惠的偏好之下)。而且,这种工资和努力程度的较强的相关性在长期是很稳定的(见本书附录部分的实验)。

标准的生命周期模型中对于劳动力供给的论述,也认为工人们应该在劳动和闲暇之间作出选择,这种选择依据的是他们面对的工资率和闲暇在不同时期对于他们的价值。如果工资变动是暂时的,工资高的时候工人们应该多工作,工资低的时候工人们应该少工作。但是,因为工资的变动往往是持续性的,而且工作时间在短期内是固定的,在现实中是很难看到工人们在劳动和闲暇之间替代的(Mulligan,1998)。Camerer(1997)研究了纽约市的出租车司机的劳动力供给。出租车司机提供了一种检验跨期替代的数据的可靠来源,因为司机们可以以半天为单位来租车,而且他们的工作时间是弹性的,工资和收入会随着天气、努力程度的变动而变动。行为经济学指出不管是金钱还是时间的可替代性,都是应该质疑的!很多司机说他们会制定一个一天的收入目标,一旦达到了就下班。制定每天收入目标的司机会在工资低的时候延长工作时间,在工资高的时候早下班。这一行为正是跨期替代的反面(见本书跨期选择部分)。

传统的劳动经济学最简单的假设就是短期内劳动力的供给曲线是向上倾斜的。行为经济学却经常发现反例。例如雇用学生来做一份乏味的工作,分别付给他们低的计件工资、高的计件工资,或者不付计件工资。我们惊奇地发现获得较低计件工资学生的生产率是最低的。行为经济学认为付计件工资这一行为本身使学生认为他们是为了钱而工作,当钱的数量又很少时,他们就会觉得不值得努力工作。再例如,为了避免家长过晚来接孩子,一个托管中心制定了针对家长迟到时间的罚金,但这一措施却恶化了家长来晚的现象。行为经济学推测缴纳罚金以单纯的货币支出消除了晚来所造成的道德罪恶感,同时一些家长认为这样的支出是值得的。这一结果表明当道德因素掺杂在行为之中的时候,价格变化的结果与经济学的理论往往有很大的不同。

三、金融政策

传统金融学建立了很多对金融市场具有预测性的理论,例如资产定价模型、有效市场假说等,都是在严格的假设基础上,得出了貌似完美的结论。然而,这些理论在解释诸如股票溢价现象、估价过度波动异常、日历效应、网络泡沫以及小市值股票效应等"金融异象"的时候,往往显得"力不从心"。行为经济学和行为金融学除发现了有效市场假说的硬伤外,还指出了很多其他"效应"的局限,例如"股票回报时间可预测性"、"封闭式基金谜团"、"弱势有效市场效应中的价格反转和价格惯性"等。行为经济学和行为金融学用其独特的视角作了一些阐释。

本章小结

从经济学的发展历程来看,行为经济学是在对传统经济学、特别是新古典经济学的反思和批判中兴起的。它在研究个人和群体行为的基础上,讨论经济活动行为人的各种心理活动特征对其选择或决策模式的影响。一方面,行为经济学是对新古典经济学的继承和发展,继续凭借个体主义方法论和主观主义价值论来构建自己的体系;另一方面,它又是新古典经济学的"反叛",针对传统经济学假定的不现实性,主张通过心理学打造更加接近实践和现实的理论体系。

本章思考与练习

一、名词解释

现代经济学　行为经济学　制度经济学

二、简答题

行为经济学有哪些特点?

简述实验经济学的基本原理。

三、行为经济学与传统经济学最大的不同在哪些方面?行为经济学的出现能构成对新古典经济学的革命吗?

四、中国人对6、8、9等象征吉利的号码特别偏爱,在选择手机号码、车牌号甚至买房的时候都很注意。这种行为符合传统经济学的理性人假设吗?

五、请从传统经济学和行为经济学的角度分别分析抽烟上瘾是否是理性行为。

本章参考文献

[1] Akerlof, George A., Behavioral Macroeconomics and Macroeconomic Behavior, *American Economic Review*, 2002, 92: 411—433.

[2] Barberis, Nicholas & Richard Thaler, A Survey of Behavioral Finance, University of Chicago, 2002, working paper. http://www.nber.org/papers/w9222.

[3] Benjamin, Daniel J. & David I. Laibson, Good Policies for Bad Governments:

Behavioral Political Economy, Federal Reserve Bank of Boston, Behavioral Economics Conference paper, June, 2003.

[4] Berg, Joyce, John Dickhaut & Kevin McCabe, Trust, Reciprocity and Social History, *Games and Economic Behavior*, 1995, **10**: 122—142.

[5] Camerer, Colin F. & George Loewenstein, Behavioral Economics: Past, Present, Future, in C. Camerer, G. Loewenstein & M. Rabin, ed. *Advances in Behavioral Economics*, Russell Sage Foundation Press and Princeton University Press, 2004.

[6] Camerer, Colin F., *Behavioral Game Theory: Experiments on Strategic Interaction*, Princeton University Press, 2002.

[7] Robyn M. Dawes, Social Dilemmas, *Annual Review of Psychology*, 1980, **31**: 169—193.

[8] Fehr, Ernst & Urs Fischbacher, Third Party Punishment and Social Norms, working paper, No. 106, Institute for Empirical Research in Economics, University of Zurich, 2000. http://www.iew.unizh.ch/wp/iewwp106.pdf.

[9] Fehr, Ernst, Georg Kirchsteiger & Arno Riedl, Does Fairness prevent Market Cleaning? An Experimental Investigation, *Quarterly Journal of Economics*, 1993, **108**: 437—460.

[10] Fehr, Ernst & Klaus M. Schmidt, A Theory of Fairness, Competition and Cooperation, *Quarterly Journal of Economics*, 1999, **114**: 817—868.

[11] Guth, Werner, Rolf Schmittberger & Bernd Schwarze, An Experimental Analysis of Ultimatium Bargaining, *Journal of Economic Behavior and Organization*, 1982, **3**: 367—388.

[12] Kahneman, Daniel & Amos Tversky, *Choices, Values and Frames*, Cambridge University Press, 2000.

[13] Kahneman, Daniel, Jack L. Knetsch & Richard Thaler, Fairness as a Constraint on Profit Seeking: Entitlements in the Market, *American Economic Review*, 1986, **76**: 728—741.

[14] Ledyard, John, Public Goods: A Survey of Experimental Research, Chap. 2, in Alvin Roth & John Kagel, ed. *Handbook of Experimental Economics*, Princeton University Press, 1985.

[15] Lewin, Shira B., Economics and Psychology: Lessons For Our Own Day From the Early Twentieth Century, *Journal of Economic Literature*, 1996, **34**: 1293—1323.

[16] Loewenstein, George, Because It Is There: The Challenge of Mountaineering... for Utility Theory, *Kyklos*, 1999, **52**(3): 315—344.

[17] Rabin, Matthew, Economics and Psychology, *Journal of Economic Literature*, 1998, **36**: 11—46.

[18] 熊秉元:《刻画经济人》,《经济学家茶座》,2002年第2期。

[19] 亚当·斯密:《国民财富的性质和原因的研究》,郭大力、王亚南译,商务印书馆1997年版。

[20] 亚当·斯密:《道德情操论》,蒋自强、钦北愚译,商务印书馆1997年版。

[21] 柯武刚、史漫飞:《制度经济学—社会秩序与公共政策》,商务印书馆2000年版。

[22] 理查德·格里格、菲利普·津巴多:《心理学与生活》,王垒等译,人民邮电出版社2003年版。

[23] 钱颖一:《理解现代经济学》,《经济社会体制比较》,2002年第2期。

[24] 薛求知、黄佩燕、鲁直、张晓蓉等:《行为经济学——理论与应用》,复旦大学出版社2003年版。

[25] 周业安:《行为经济学是对西方主流经济学的革命吗?》,《中国人民大学学报》,2004年第2期。

第二章 参照系理论

提起参照系,人们都会联想到物理学中的参照系,其实参照系是无处不在的,它不仅仅表现在"两岸青山相对出,孤帆一片日边来",而且贯穿于我们的生活之中,甚至可以说植根于人们的心中。因为人们在判断事物时,总是不自觉地为自己寻找一个标准或者对照,即参照物。

和物理学中的参照物相似,在生活中人们在改变参照物时会对同一事物的判断发生改变,同时他们的行为和反应也将发生相应的改变。假设一个学生某次的考试成绩是 80 分,如果他的目标是及格万岁,那么 80 分对他来讲就是天堂了;而如果他的目标是向满分挑战,这个分数则无疑是当头一棒。尽管同样是 80 分,结果却大相径庭:或欣喜若狂,或郁郁寡欢。原因无疑是起始的"目标"不同,这一"目标"潜移默化,成了他心目中的参照。

由此我们便不难理解,参照系为什么是行为经济学中的一个重要概念了。一方面在于,人们会选取参照,另一方面在于参照不同,人们的经济行为也不同。本章将着重介绍有关参照水平的一些行为经济学理论。

第一节 什么是参照系

参照系(Reference)是行为经济学中极其重要的一个概念,同时运用参照系进行分析也是行为经济学研究区别于传统经济学的重要方法。

在本章的第一部分中已经提到,人们在对事物进行分析判断时,常会选取参照水平作为一个参考依据。大量的有关行为经济学的研究表明,人们通常不会过多地留意所处环境的特征,而是对自己的现状与参照水平之间的差别更为敏感(Harry Helson,1964)。例如,当我们的手离开热水进入温水时,会感觉冷,而当从冷水进入温水时,则会感觉热。这个结论有助于我们将参照系纳入效用分析中,例如消费的惯有水平,不应该认为效用完全依赖于目前的消费 C_t,它还可以依赖一个参照水平 R_t,它是由过去的消费及未来的预计消费来决定的。

2002 年诺贝尔经济学奖获得者卡尼曼和行为经济学大师特维斯基提出了前景理论。该理论提出,在面对未来的风险选择时,人们通过一个价值函数来进行价值的评估。这个函数有三个重要的性质,即参照依赖(Reference Dependence)、损失厌恶(Lose Aversion)和敏感度递减(Diminishing Sensitivity)(Kahneman & Tversky,1979)。

参照依赖:价值的载体是相对一个参照点定义的"损失"或"获得",也就是前面提到的,实际情况与参照水平的相对差异比实际的绝对值更加重要(Kahneman & Tversky,1991)。

损失厌恶:等量的损失要比等量的获得,对人们的感觉产生更大的影响。在金钱方面(或在其他失去和所得能够被衡量的领域),人们对失去的价值感知通常是相同数量所得的两倍。从图2-1可以明显地看出,负数区域(即损失区域)的函数图像要比正数区域(即获得区域)的陡峭。

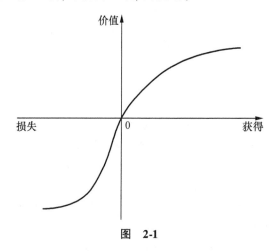

图 2-1

损失厌恶与萨勒(Thaler)在1980年发现的"禀赋效应"(Endowment Effect)有明显的相似之处:当一个人将要获得一样东西时,他会认为这样东西比自己尚未拥有时更有价值。1990年卡尼曼、肯尼斯基和萨勒通过有名的"瓷杯实验"对此偏好进行了证实(Kahneman, Knetsch & Thaler,1990)。我们在中国人民大学重新做了这个实验,得到了较为理想的结果。

实验1

发给第一组学生(被称作"卖者")每人一个价值5元的杯子,并假定这些学生已经完全拥有他们所得到的杯子,而且有权利将这个杯子以自己接受的最低价格卖掉,或者将这个杯子带回家。另一些没有得到杯子的学生(被称作"选择者")则有权利选择一个杯子或一笔钱。

结果:"卖者"可以接受的平均最低卖价为7.22元,而"选择者"能接受的最低平均价格为3.22元,另一个同样实验的结果分别为7.1元和3.45元。

在该实验中,"卖者"和"选择者"都同样面临着金钱和杯子的选择,但是他们的参照点却大不相同:拿到杯子的学生已将这些杯子看作是自己的财产的一部分,并以此为参照,认为再失去杯子是一种损失,然而另一组学生本身并没拿到杯子,没有把杯子作为财产的一部分,他们以此作为参照。由于存在着损失厌恶这一心理规律,"卖者"的出价明显高于"选择者"。

上述的"禀赋效应"在生活中也常能见到。例如,一个演员被直接告知其准备的春节晚会的节目被导演取消了,与他先被告知他的节目已经入选春节晚会,而后又被通知其节目被取消相比,尽管这两种情况的结局是一样的,但由于参照水平的不同,后一种情况可能会因损失厌恶令这个演员更加难以接受。这也是俗话说"对事情不要抱太大期望,期望越高,失望越大"的原因。

现在不妨来关注在风险条件下,一个有关损失厌恶的问题。

实验2

a. 假设先给你1 000元,你面临着两种选择:第一种选择能保证你再得到500元;第二种选择让你抛一枚硬币,如果是正面朝上,你将再得到1 000元,否则,就不再多给一分钱了。你会如何选择?

b. 假设现在给你2 000元,你面临着两种选择:第一种选择肯定会让你损失500元;第二种选择让你抛一枚硬币,如果是正面朝上,你将损失1 000元,否则你就不用损失一分钱。你将如何选择?

结果:大多数人对于第一个问题的回答是第一种选择,而对于第二个问题的回答却是第二种选择。

在这两个问题中,第一种选择留给实验参与者的净收入都是1 500元;而第二种选择会让实验参与者或者收入1 000元,或者收入2 000元,由于两种情况的概率相等,预期的净收入仍然是1 500元。实验参与者作出上述选择均是出于损失厌恶的心理。心理学教授巴里·史瓦茨(Barry Schwartz)对此评价说,正是这种心理导致了人们长时间地持有赔钱的股票,而不是赚钱的股票。人们老是认为,一笔糟糕的投资在你卖掉股票之前还不能算是损失。[1] 加州大学Davis分校的副教授泰瑞斯·奥丁(Terrance Odean)对一家大型贴现交易经纪公司的1 000名投资者从1987年到1993年的交易记录进行研究后发现,在交易后的12个月里,投资者售出的股票的表现要比他们买入的股票的表现高出3.4个百分点。

---

[1] 参见巴里·史瓦茨:《无从选择:为何多即是少》,凌伟文译,中国对外经济贸易出版社2005年版。

敏感度递减:"敏感性减少的状况在人的认知领域中无处不在"(Tversky & Kahneman,1979),不论是获得还是损失的边际价值都随其不断增大而减少。我们从图 2-1 中可以看出,在零点的右侧,即获得区域内,函数图像是上凸的;而在零点的左侧,即损失区域内,函数图像是下凸的。

鉴于对未来不确定的结果的偏好,敏感性递减意味着随着人们的财富距离参照水平越来越远,其价值的边际变化量将不断减少。所以在面对获得时,离参照点越远的增量对于人们的吸引力就越小。因此这时候,人们往往是风险厌恶的,即宁可选择较少的确定的收益。在经济学理论中,风险厌恶扮演着一个重要的角色,但是正如在得到区域的价值函数的下凹性伴随着风险厌恶一样,在失去区域的价值函数的下凸性必然伴随着风险爱好。例如上文中提到的例子,在面对收益时,大多数人选择了确定的 500 美元,而面对损失时,大多数人则选择了赌博的方式,不愿意损失确定的 500 美元。

第二节 参照依赖[①]

在上一节中我们已经对行为经济学中参照系这一重要概念给出了初步阐释。本节将利用参照依赖这一理论假设,回顾卡尼曼和特维斯基对消费者在无风险情况下的选择理论,并给出在这种假设下的无差异曲线。

传统的消费者决策模型假设偏好不取决于当前拥有的财产水平。这种假设大大简化了个体选择和交易预测的分析,因为这时的无差异曲线是在无参照的情况下画出的。但是卡尼曼和特维斯基认为,实际情况要复杂得多。有客观证据显示,初始的财产状态将影响消费者的决策,在参照"获得"或是参照"放弃"时,商品之间的替代率可能会有较大差异(Kahneman & Tversky,1991)。有关价值的一项心理学分析显示,参照水平在影响偏好的因素中,扮演着重要的角色。

按照卡尼曼和特维斯基的观点,这里的消费者选择是一种无风险情况下的选择,而且这种情况可以理解为不确定条件下选择的一种拓展。在上一节中我们已经提到,在不确定条件下,风险前景是由一个价值函数评估的,而这个函数包含了参照依赖、损失厌恶和敏感度递减这三个重要的特性。

卡尼曼和特维斯基在选取不同参照系的情况下,用图 2-2 中的无差异曲线分析了一些例子。众所周知,所有的 x 和 y 选项都是由两个价值维度进行区分的。而卡尼曼和特维斯基则展示了参照点是如何影响选项之间的选择的,而且

[①] 本节介绍的理论和相关图表主要参考 Kahneman, D. & Tversky, A., Loss Aversion in Riskless Choice: A Reference-Dependent Model, *Quarterly Journal of Economics*, 1991, **106**(4): 1039—1061。

这些选项的价值是根据参照点进行评估的。

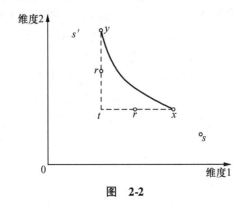

图 2-2

回忆上一节中的"瓷杯实验",现在我们将用图 2-2 来解释该实验中"卖者"的行为。当以 t 为参照点时,x 和 y 在同一条无差异曲线上,即二者无差异。但是若以 x 为参照点,则消费者更加偏向于 x,反之,则更偏向于 y。我们把"瓷杯实验"中参与者的初始状态定位于 t,拥有杯子的状态定位于 x,并假设拥有 5 元的状态定位于 y。所以,当"卖者"把杯子据为己有时,其参照点就从 t 移动到 x,由于这时他们更倾向于保持这种状态,所以他们平均出价为 7 元左右,高出杯子的本身价值 5 元(即 y 点)。

从上面的分析可以发现,人们对于任何他认为的属于现状的东西都比那些被认为是不属于现状的东西有更高的评价。这种选择上的差异被称作"现状偏见"(Status Quo Bias)(Kahneman,Knetsch & Thaler,1991)。《谁动了我的奶酪》一书也给出了类似的观点:人们经常因为不愿意改变现状而不能适应不断变化的社会。即使某些东西不属于行为人所有,只要他把这些东西当作现状,仍然存在着"现状偏见"。例如,尽管环保主义者并非资源所有者,但他们同样认为他们有权控制石油和煤炭的开采。"从这个角度讲,'禀赋效应'可以看作是'现状偏见'的特例,实际上日常习惯、传统、嗜好以及社会规范都可以视为是'现状偏见'"(魏建,2001)。

1984 年,肯尼斯基和辛登(Knetsch & Sinden)做了这样一个实验。他们任意发给学生一些糖果棒或是装饰过的杯子。然后,每个人都有机会将手中的礼物换成另一种——杯子可以换糖果棒,反之亦然。尽管物品是被随意分配的并且交换成本也极小,但无论是拥有糖果棒还是拥有杯子的学生,90% 的人没有选择交换。1988 年,萨缪尔森和塞克豪斯(Samuelson & Zeckhauser)对工作、汽车颜色、金融投资和政策抉择等问题中的选择问题进行了研究,指出"现状偏见"在选择问题中是普遍存在的。他们设计了许多不同的关于选择的实验,并且通过回归分析,测出这个"现状偏见"为 0.17。这表示在这些实验中,选择保持现状的比例平均高出选择改变的比例 17 个百分点。

除了"现状偏见"以外,人们在选择时往往偏向于改进(Improvement),而不愿意折衷权衡(Tradeoff)。下面再来看我们在中国人民大学做的另一个实验:

> **实验 3**
> 　　一些被随机抽选的学生被分为两个组,第一组得到由一张免费餐券和一个日历组成的礼包,第二组得到由一张电影票和一个日历组成的礼包。这时,给出另外两组选择:1. 两张免费餐券;2. 两张同场电影票。两组人可以选择 1 或者 2 或者保持原状。
> 　　**结果:** 除少数人保持原状外,大部分人都选择了"改进",第一组的人多数选择 1,而第二组的人多数选择 2。

我们依旧可以用图 2-2 进行分析,在以 r 为参照时,人们更倾向于改进到 x,反之亦然。所以拥有餐券的人往往愿意选择更多的餐券而非放弃原有的餐券选择电影票。同样的道理,对于拥有电影票的人也是如此。

另外,人们在无风险选择中,往往偏向于"小改进和小损失"的组合,而非"大改进和大损失"的组合。从图 2-2 中看,以 s 为参照点的人更偏向于选择 x(在维度 1 上为"小损失",在维度 2 上为"小改进")而非 y(在维度 1 上为"大损失",在维度 2 上为"大改进"),对于以 s' 为参照的人更喜欢 y 而非 x。

事实上,上述包括禀赋效应在内的种种现象都揭示了一个问题,即损失厌恶。现在,我们将用图 2-3 中参照系的变换来说明损失厌恶情况下,无差异曲线较传统形式发生了哪些变化。

图 2-3 中,假定下标 1 表示点在维度 1 上的分量,下标 2 表示点在维度 2 上

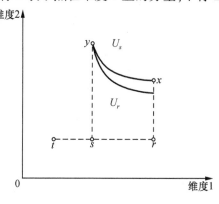

图　2-3

的分量,且假设 $x_1=r_1>s_1=y_1;y_2>x_2$ 且 $r_2=s_2$,那么,以 s 为参照点,则 y 和 x 无差异,以 r 为参照点,则 x 优于 y。卡尼曼和特维斯基认为,由于损失厌恶,以 r 为参照点时,通过 y 点的无差异曲线 U_s 要比以 s 点为参照点时的 U_r 陡峭,也就是 U_r 在 y 点的斜率(绝对值)更大。

这里我们将用到"优势和劣势影响"理论(Kahneman & Tversky,1991),如果以 s 为参照点,y 和 x 无差异,这说明在 s 为参照点的情形下,$x_1>s_1,x_2>s_2$ 两个优势的组合,与 $y_2>s_2,y_1=s_1$ 两个优势的组合(其中一个是"零"优势)相比,它们对消费者效用的影响是一样的。类似地,若以 r 为参照点,x 优于 y,则说明消费者更加偏向于 $x_2>r_2,x_1=r_1$ 这两个优势的组合(其中一个是"零"优势),而较不偏向于 $y_2>r_2,y_1<r_1$ 这一优一劣的组合。于是,我们可以清楚地看到,s_1 和 r_1 之间固定的差异,在选取不同参照点的情形下对消费者的估价产生不同的影响。而从图形上看,则以 r 为参照点时,与 y 无差异的 x 在竖直方向上,下降了一段距离。

除此之外,图 2-3 的分析一样可以解释前面提到的禀赋效应和现状偏见。根据损失厌恶的道理,在图 2-3 中,以 t 为参照点时,x 和 y 无差异;但在以 x 点为参照点时,更偏好 x;在以 y 点为参照点时,更偏好 y。这和前面的结论是一致的。

除了损失厌恶之外,卡尼曼和特维斯基还用类似的方法,讨论了在敏感度递减情况下,无差异曲线的特征。

假设 $x_1>y_1,y_2>x_2,s_2=t_2$,如图 2-4 所示。在以 s 为参照点时,x 和 y 无差异,这表明在以 t 为参照点时,y 优于 x。如果敏感度是保持不变的,则当参照点由 s 移动到 t 时,x 和 y 仍然无差异。但是,由于某一维度上相同的变化,在距离参照点不同时,敏感度是不同的,离参照点越远,敏感度越低,反之则越高。由此,在以 s 为参照点时,通过 x 点的无差异曲线要比以 t 为参照点时的陡峭,也就是 U_s 在 x 点的斜率(绝对值)更大。

我们看到同样是 t_1 和 s_1 的差距,在以 t 为参照时,从维度 1 方向上看,y 比 x

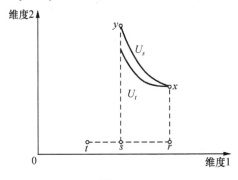

图 2-4

离参照点更近,或者说对于 y_1 而言,参照点从 s 到 t,是在原先"零优势"的基础上加上了一个新的优势(t_1 到 s_1 这一段),而对于 x_1 而言,是在原先已有的优势(s_1 到 r_1 这一段)的基础上加上一个等量的优势(t_1 到 s_1 这一段)。由于敏感度递减,对于消费者来讲,s_1 到 t_1 这段差异使 y 的价值相对 x 有更大的增加。最终的结果便是在以 t 为参照点时,y 优于 x。

尽管敏感度递减和传统假设中的边际效用递减在概念上有相似之处,但是它们在逻辑上是无关的。区别在于敏感度递减是在有参照点的情况下得出的性质。另外,敏感度递减并没有暗含在参照点以下无差异曲线是下凸的这一性质。

第三节 锚定心理

本章的前一部分内容已经对风险条件下,人们在不同参照系中的选择行为的特征作出描述,并且对消费者选择理论(在无风险的情况下)作出了新的分析。但是,人们的参照点是如何选定的? 这个问题实际上相当重要,因为在不同的参照系下选择结果可能会大相径庭。这里我们将引出一个重要的概念——"锚定心理"(Anchoring),它在人们选择参照系的过程中起到非常关键的作用。

不知你在生活中是否有这样的经历,"电话总是当我在洗手间的时候响起","出门时,我带上雨伞则一般不下雨,而我不带伞的时候偏偏总赶上下雨?","为什么上班我迟到,老板总是早到;我早到,老板总是晚到?"其实,老天并不总是和人过不去,人们之所以得出类似结论,通常是因为"锚定心理"在作祟。

为了揭示这一心理现象,不妨先来关注下面的实验。

实验 4

问题1:当你给你的电话号码的最后三位数加上 400 的时候,你将会得到一个什么年份?

问题2.:中国历史上的"瓜步之战"发生在什么时候?

结果:当我们拿这两个问题来问 500 名随机抽取的中国人民大学的学生的时候,这些学生下意识地认为在他们的电话号码末三位数上加 400 就能得出第二个问题的答案。那些计算结果在 400 到 599 之间的学生算出来的平均结果是"瓜步之战"发生在公元 629 年。而计算结果在 1200 到 1399 之间的学生平均的猜测是公元 988 年。但实际上,第二个问题的正确答案却是公元 450 年。

从表面看，这些问题之间似乎没有什么关系，但是行为经济学的研究者们却不这样认为。例如在研究投资问题时，对这些看似疯癫的提问的回答实际上一定程度上反映了人们在头脑中是如何权衡他们投资的风险与收益、如何从数据中总结出自己所需的信息以及如何进行与投资决策有关的其他所有精确的计算。而且，投资者在对某个问题进行定量估计时，经常会受到一些与这个问题相关的建议性估计量的不适当影响，而这些建议性的估计量常常不具有参考价值。行为经济学的一些基本原理——例如投资者的从众心理——是家喻户晓的。但是，在证券投资有关的问题上，投资者的表现经常是不理智的，更糟糕的是，如果投资者意识不到这一点，将会一错再错。

现在，回到我们前面所谈的"瓜步之战"的问题上来。在电话号码的最后三位数上加上400当然没法知道这场战争是什么时候开始的。这个小测验的意义在于，它揭示出人类一个微妙的天性——倾向于把一件事，无论它是否与决策有关，作为自己作决定的一个参照依据。行为学家把这样的一种心理称作"锚定心理"。本章前两节提到的人们在进行选择时具有的参照依赖性（即人们往往不是根据对象的绝对定位水平，而是根据对象与某一参照点之间的相对定位，作出最后的判断和选择）就是以这种心理为基础的。

1974年，卡尼曼和特维斯基通过一个实验进一步证明了锚定效应。

实验5

要求实验者对非洲国家在联合国中所占席位的百分比进行估计。分母被事先定为100，所以实际上要求实验者对分子数值进行估计。

首先，实验者被要求旋转摆放在其前面的罗盘，随机地选择一个在0到100之间的数字；接下去，实验者被暗示他所选择的数字比实际值是大还是小，然后要求实验者对随机选择的数字进行调整。

通过这个实验，卡尼曼和特维斯基进一步证明了锚定效应。他们发现，不同小组随机确定的数字对后面的估计有显著的影响。例如，两个分别随机选定10和65作为开始点的小组，对分子值的平均估计分别为25和45。由此可见，尽管实验者对随机确定的数字有所调整，但他们还是将分子值的估计"锚定"在这一数字的一定邻域内（刘兵军、欧阳令南，2003）。

"锚定心理"的另一特点在于人们在进行判断时常常过于看重那些显著的、难忘的证据，也就是说人们容易把这些证据当作参照系，而在这种情况下人们很容易从中得出歪曲认识（Kahneman & Tversky，1973）。例如，戒毒所的工作人员在估计病人因极度失望导致自杀的可能性时，常常易于想起戒毒者无法忍受毒瘾发作时的痛苦而自杀的偶然性事件,这时如果进行代表性的经验判断,则可能夸大病人自杀的概率。又如,中国有句俗话"一朝被蛇咬,十年怕井绳",这实际上也是"锚定心理"非常形象的体现。可见"锚定心理"是导致认知偏差的一个重要因素,本书将在以后的章节中着重论述有关偏差的问题。

"锚定心理"还会影响人们的偏好。例如,在一家时装精品店每款 1 500 元和 1 000 元的衣服间,消费者可能会选择后者;而在另一家店中,大部分的衣服都在 500 元以下,那么 1 000 元的衣服可能在消费者眼里就成了奢侈品,而不再考虑对它的购买。这种现象的原因在于,前一种情况中消费者把参照锚定在 1 500 元的衣服上,而后一种情况则锚定了 500 元的衣服。于是,人们选择的偏好发生了变化,导致了偏好的不稳定性。另外,前面提到的有关"现状偏见"的内容,实际上也和锚定的参照点有关,"现状偏见"也可以理解为人们的一种偏好。有关偏好的内容将在本书以后的章节中详细论述。

"锚定心理"的存在使得人们产生了"心理账户"或"心理间隔",即相同的人对于等量的货币,在不同情况下可能会区别对待。彩票中奖得的钱花起来可能会大手大脚,而对辛苦挣来的血汗钱用起来则"能省则省"。"'锚定心理'使人类基于表面特性,将特定事件区别对待,没有看到更宽泛的大场景,而只看到个体的、分别的小范围"(Thaler,1987)。所以,"锚定心理"是一个非常重要的、几乎贯穿整个行为经济学的概念。因为"锚定心理"其实就是人们进行参照系选择的心理基础,而行为经济学中的前景理论正是用不确定的参照点与取值点两点间的相对位置来确定决策者个人感受的价值函数的。所以有学者认为:"整个行为经济学,从某种意义上说,就是广义的锚定论"(姜奇平,2004)。读者在后面的章节中可能会体会到,许多概念或现象与"锚定心理"有着极其密切的联系,除了上面提到的认知的偏差、偏好的改变和心理账户之外,有关社会公平的"厌恶差异"偏好以及有关上瘾问题的"预测偏差"也都和锚定是分不开的。

"锚定心理"一方面从心理学角度上,揭示了人类在认识和判断事物时的一般趋势,为参照系理论提供了心理学的基础。另一方面,由"锚定心理"确定的参照系改变了传统价值的判定标准。马克思政治经济学中用社会必要劳动时间来衡量价值,而传统的西方经济学则运用期望效用值来确定人们对未来风险行为的判断,二者均采用"一点定价"的估计方法。而"锚定心理"则采用将抽象价值"锚定"在具体价值这个不确定的参照系上,并由参照点和取值点之间的相对位置差异,通过价值函数作用得出对价值的判断。这种创新价值确定方法解决了个性化价值的确定问题。

第四节 框架效应

本章第一节在讲述价值函数具有敏感性递减这一特征时,提到人们面对获得可能厌恶风险,但面对损失却常常喜爱风险。本节将利用这一重要的观点,分析人们在风险条件下的选择行为。

在传统选择理论中,对人们理性选择的分析可以归结为两个原理:不变性(Invariance)和占优性(Dominance)。不变性要求人们对风险前景的偏好顺序不会随其描述方式的改变而改变;占优性则表示若风险前景 A 的各个方面都至少和 B 相同,而且至少有一个方面强于 B,则 A 比 B 更受青睐。根据卡尼曼和特维斯基的分析,我们会发现由 S 形价值函数推断出的人们的行为和传统理论是矛盾的。

风险前景的性质一般是由其可能的结果和这些结果的概率决定的。但是,即使是同一种选择,也可以用不同的方式描述(Kahneman & Tversky,1981)。例如,相对于现有的资产状况,一个赌博游戏的可能结果通常用获得或者损失来描述。按照不变性的要求,改变对结果的描述方式,不会改变偏好的顺序。

卡尼曼和特维斯基通过实验对传统的不变性提出了质疑。同样,在中国人民大学,我们对这一实验进行了成功的重现。

实验6

假设非典(SARS)可以导致 600 人死亡。现在可以提供两种对付这种疾病的计划。

叙述方式 1:如果采用 A 计划,可以救活 200 人。而如果采用 B 计划,将有 1/3 的几率救活全部 600 人,2/3 的几率一个人也救不活。

叙述方式 2:如果计划 C 被采用,400 人将会死去。而如果 D 计划被采用,则没有人会死的几率为 1/3,所有人都会死的几率为 2/3。

上述问题中的第一种叙述方式暗示,在这场疾病中 600 人可能全部都会死,并以此作为参照点。因此,上述两个计划的结果是在该参照水平下,比较两种可能的"获得",即救活的人数。正如所预料的,人们这时的偏好是风险厌恶的:71%的参与者选择能确定救活 200 人而不是把赌注押在 1/3 的可能救活全部人。

现在,我们改变其预期结果为第二种表述方式,很容易证明计划 C 和 D 在本质上与 A 和 B 没有区别。但是后两种表述实际上却选择了所有人都不会死这样一个参照点。这时后两个计划的参照点已经不同于前面所述了,所以人们关注的是死去的人数,即"失去"。人们在评价后一种表述的两个计划时,77%选择了宁可赌一把,而不选择有400人肯定会死,表现出了对风险的爱好。不难看出,人们对第二种叙述方式表现的是风险爱好,明显不同于对第一种方式表现出来的风险厌恶。这种现象被称作"框架效应"(Framing Effect),即不确定状态下,行为人的选择不仅与不同行动方案的预期效用有关,更与这些行动方案对基准点的偏离方向有关。而在上面的例子中,两次叙述框架所选的参照点是不同的,第一次的叙述方式是以600人全部死亡为基准,这时候两个治疗计划的风险前景是获得;第二次的叙述方式是以600人全部救活为基准,这时候两个治疗计划的风险前景是损失,由此便出现了与不变性的矛盾。

  不变性的错误是普遍而肯定的。不管是对于老练的人还是对于天真的人,不变性都是不成立的。即使是同一个人在几分钟之内回答这两个不同的问题,仍然不能满足不变性。反应者对他们矛盾的结论进行思想斗争,但仍是备感困惑。就算是他们重新读过题目,他们对于"生命损失"的叙述方式仍然是风险爱好的,虽然他们自己也想遵循"不变性"并在不同的叙述中给出一致的答案。这种顽固的框架效应更像是感觉上的错觉而非计算上的错误。

——Kahneman & Tversky,1984

卡尼曼和特维斯基不仅对不变性提出了挑战,他们还提出了违背理性选择下占优性的偏好。继续看我们在中国人民大学的实验。

实验7

第一步,现在请选择:E 有25%的几率得到240元,75%的几率失去760元;F 有25%的几率得到250元,75%的几率失去750元。

第二步,请同时阅读这两个抉择,然后分别选出你所倾向的选项。

抉择1:A 有一笔确定的收益240元,B 有25%的概率得到1 000元,75%的概率什么也得不到。

抉择2:C 有一笔确定的损失750元,D 有75%的可能损失1 000元,25%的可能一分也不损失。

在第一步中不难看出,F 对于 E 是占优的。确实,所有的参与者都选择了F。而在第二步中,他们则同时面对两个抉择。为了保证参与者确实同时考虑这两个问题,实验要求他们同时阅读这两个抉择,然后分别选出各自所倾向的

选项。

结果:抉择 1 中有 84% 的人选择了 A,16% 选 B;抉择 2 中有 87% 的人选择了 D,13% 选 C。这些结果正如前面分析所指出的,在第一个抉择中大部分人选择确定的收益而非赌博更大的预期收益,表现出风险厌恶;相反在第二个抉择中,更多的人选择了赌一把而不甘心于确定的损失,表现了风险爱好。事实上,73%(即 87%×84%)的人同时选择了 A 和 D,仅有 2%(即 16%×13%)同时选 B 和 C。

在这个问题中,行为主体同时考虑这两个抉择,他们表现出的对 A 和 D 的偏好胜过 B 和 C。但是,这个更受青睐的组合 A 和 D,最终却没被选择。把 A 选项中确定收益 240 元加到 D 选项中,那么得到 240 元的几率为 25% 而损失 760 元的几率为 75%,就恰好成了上一个问题中的 E 选项。类似地,把 C 选项中的确定损失 750 元加到 B 选项中,则得到 250 元的几率为 25% 而损失 750 元的几率为 75%,而这又恰好是上一个问题中的 F 选项。所以,人们对不同框架的感受和 S 形价值函数本身的性质,导致了在一系列的同时决策中,选择行为对于占优性的违背。

框架效应在现实中的例子比比皆是,最常见的例子就是一些打折促销广告,请看下面的一个实验:

> **实验 8**
>
> 有两间加油站隔街相望。
>
> 一家树立一个大招牌,写着加油付现的折扣消息:付现折扣!93#汽油,现金—3.25 元/升;刷卡—3.55 元/升。
>
> 另一家则改放一个小标语,表示对刷卡加油的顾客加收费用:93#汽油,现金—3.25 元/升;刷卡加收 0.3 元/升。

第一家本来想以付现折扣来吸引顾客,但是其打出的标语实际上就跟刷卡要加收费用是一样的。而第二家这小小的一张标语,丝毫不起眼。除了字面上的不同,这两家加油站的收费结构其实没有什么本质上的区别,不论是付现折扣还是对刷卡额外收费,从数字上看都是相同的。但是加油站的顾客仍然会对两个招牌有很主观的反映,因为人们总喜欢在一定价格基础上打折,厌恶在一定价格基础上追加额外费用。除此之外,我们从未看到在香烟包装上一个醒目的地方标有"吸烟有害健康"这样的警告,也看不到火腿制品上用硕大的字标着"含有亚硝酸钠"(强致癌物),它们总是那么不起眼,所以消费者不会因此而改变其消费决策。

问题的关键在于：什么因素决定了一个定价是打折，还是额外收费？参照价格的选定。在本例中，如果以 3.55 元/升为参照，3.25 元/升显然就是打折定价；相反，若以 3.25 元/升为参照价格，3.55 元/升就追加了额外费用。在这两个广告中，不同的叙述方式（也就是不同的框架）规定了不同的参照价格。第一家用了"折扣"这样的字眼，说明他们把 3.55 元/升定为参照价格；第二家用了"加"字，暗示他们把 3.25 元/升定为参照价格。这样，不同的框架影响了消费者对参照价格的选择，最终导致了两条标语的不同效果。

最后，再来看有关一个彩票销售中利用框架效应的实验。

实验 9

对于同一个彩票游戏有这样两种叙述：
a. 你有 1% 的几率赢得 990 元，而有 99% 的几率输掉 10 元。
b. 你只要花 10 元，即可以有 1% 的几率中 1 000 元，而有 99% 的几率什么也得不到。

尽管这两种叙述在本质上是一样的，但大多数人选择后一种彩票。原因在于第一种叙述中的 10 元是损失，而第二种叙述中的 10 元是成本。所以，中国有句俗话叫作"破财免灾"，实际上把损失看作"免灾"的成本，而不是一种纯粹的损失，这无非是人们在用不同的"框架"为自己寻求心理安慰罢了。

从上面的分析不难看出，框架效应实际上反映了同样的选择用不同的方式呈现出来时，人们的行为会发生改变。归根结底，框架的改变使得人们的参照点发生变化，进而得出不同的结论。

第五节　参照依赖偏好理论的实验

我们已经提到，人们的偏好与他们的"禀赋"有很大关系，由于很多人是典型的"损失厌恶"者，所以，如果一个人原来拥有 a 而不拥有 b，拿 a 和 b 作比较，他通常会更偏好 a，反之亦然。但这和传统消费理论存在着一定的矛盾。传统的消费理论认为，面对一系列的商品组合，每一个理性人都能够根据自己的偏好对之排序，然后选择能够给自己带来最大效用的商品组合，而且这种排序是不受禀赋影响的。为了证明传统的希克斯理论的缺陷，贝塔曼（Bateman）等人作了一个检验参照依赖理论的实验。

【实验前的知识准备】

我们通过 WTP(Willingness to Pay)、WTA(Willingness to Accept)、EL(Equivalent Loss)、EG(Equivalent Gain)四个变量进行检验。假设消费两种商品,分别是某一种特殊商品 x_i 和以货币来衡量的综合性商品 x_j。我们用 x_j 作替代品,来衡量 x_i 从 x_i' 变到 x_i'' 或者从 x_i'' 变到 x_i' 的价值变化量。对于任何的 x_i'、x_i''、x_j',且 $x_i' < x_i''$,我们定义四个变量如下:

$\text{WTP}_{ji}(x_i', x_i'', x_j')$[①]是指消费者原来拥有商品组合 (x_i', x_j'),现在使商品 x_i 从 x_i' 增加到 x_i'',作为代价,消费者所愿意支付的 x_j 的最大量;

$\text{WTA}_{ji}(x_i', x_i'', x_j')$ 是指消费者原来拥有商品组合 (x_i'', x_j'),现在使商品 x_i 从 x_i'' 减少到 x_i',作为补偿,消费者所愿意接受的 x_j 的最小量;

$\text{EL}_{ji}(x_i', x_i'', x_j')$ 是指消费者原来拥有商品组合 (x_i'', x_j'),现在为了避免商品 x_i 从 x_i'' 减少到 x_i',消费者所愿意接受失去的 x_j 的最大量;

$\text{EG}_{ji}(x_i', x_i'', x_j')$ 是指消费者原来拥有商品组合 (x_i', x_j'),现在不使商品 x_i 从 x_i' 增加到 x_i'',消费者所愿意获得的 x_j 的最小量。[②]

贝塔曼等人指出收入效应和替代效应可能会导致 WTP 和 WTA 之间的不同,所以为了单纯地考察禀赋对偏好的影响,我们的实验是在控制收入效应和替代效应的前提下,运用定义的变量分别考察希克斯消费理论和参照依赖理论。

传统的希克斯理论告诉我们,消费者对于所有正常的商品组合都存在着偏好,这些偏好是可传递的、连续的、递增的、凸性的,可以用一系列无差异的效用曲线 $u(x_i, x_j)$ 来表示。消费者的判断和参照点的选择是没有关系的,也就是说,存在这样一簇效用等式:

$$u[x_i'', x_j' - \text{WTP}_{ji}(x_i', x_i'', x_j')] = u(x_i', x_j')$$
$$u[x_i', x_j' + \text{WTA}_{ji}(x_i', x_i'', x_j')] = u(x_i'', x_j')$$
$$u[x_i'', x_j' - \text{EL}_{ji}(x_i', x_i'', x_j')] = u(x_i', x_j')$$
$$u[x_i', x_j' + \text{EG}_{ji}(x_i', x_i'', x_j')] = u(x_i'', x_j')$$

从图 2-5 可以看出,无差异曲线 I' 代表 (x_i', x_j') 的效用水平,而无差异曲线 I'' 代表 (x_i'', x_j') 的效用水平。根据希克斯理论:

$$\text{WTP}_{ji}(x_i', x_i'', x_j') = \text{EL}_{ji}(x_i', x_i'', x_j')$$

尽管这两种情况的初始状态也就是"禀赋"是不同的,WTP_{ji} 的初始点为

---

① WTP 的下标 ji 表示以 j 商品作替代品,来度量 i 商品的变化量。以下参量的下标含义相同。
② 四个参变量的定义并不依赖于任何偏好理论,也就是说,它们是独立于观察的经验数据的。

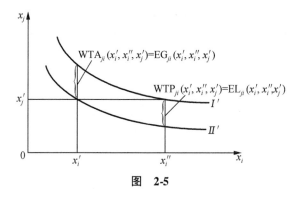

图 2-5

(x_i', x_j'),而 EL_{ji} 的初始点为 (x_i'', x_j'),但是希克斯理论认为初始状态对消费者的偏好不产生影响。

【实验目的】

既然希克斯理论认为参照点对偏好没有影响,那么从各种不同的参照点得出的结论应该是一致的;而特维斯基和卡尼曼理论则认为参照点对人们的偏好存在着不能忽视的影响,所以从不同的参照点出发,得出的结论是不完全一样的。下面实验的目的就是检验参照偏好依赖理论的正确性。

【检验原理】

假定有两种商品 x_1 和 x_2,分别存在两种数量水平,且有 $x_1' < x_1'', x_2' < x_2''$,如图 2-6 所示,它们组成四种商品组合:

$$a(x_1', x_2''), b(x_1'', x_2''), c(x_1', x_2'), d(x_1'', x_2')$$

下面我们分别以 a、b、c、d 为参照点来进行实验,当满足什么条件(见表 2-1)时我们可以得出结论:比较 a 组合和 d 组合,消费者更偏好 a 组合;反之,则更偏好 d 组合。进而,我们可以根据受试者给出的实验结果来进行分析判断,然后观察

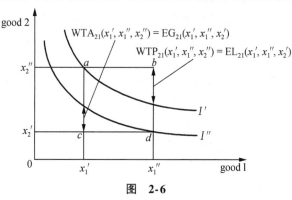

图 2-6

从不同的参照点出发得出的偏好结论是否一致。如果在抽样误差允许的范围里结论一致,则符合希克斯理论,也就说明参照依赖偏好理论是不正确的;但是,如果从不同参照点出发得出的结论显著不同,就恰能证实特维斯基和卡尼曼的参照依赖偏好理论。

表 2-1

条 件	希克斯理论	参照点依赖理论
$\text{WTP}_{21}(x_1', x_1'', x_2') < (x_2'' - x_2')$	$a > d$	$a >_a d$①
$\text{WTA}_{21}(x_1', x_1'', x_2') < (x_2'' - x_2')$	$a > d$	$a >_d d$
$\text{EL}_{21}(x_1', x_1'', x_2') < (x_2'' - x_2')$	$a > d$	$a >_b d$
$\text{EG}_{21}(x_1', x_1'', x_2') < (x_2'' - x_2')$	$a > d$	$a >_c d$

通过以上的分析,该实验只需要有足够的人群比例在判断效用是否封闭时回到原无差异曲线上,就可以证明希克斯理论正确或者错误。

卡尼曼等人在实验中选择了156个消费者作为实验对象,并使用了三种商品:可乐、巧克力(实验用的巧克力是一种比较高级的巧克力)、货币(以美元来衡量)。实验分为两组:可乐与钱之间的效用替代实验和巧克力与钱之间的效用替代实验。在两组实验中以可乐和巧克力作为我们在实验原理中表述的 x_1,美元为 x_2。在可乐——货币这一组中,$x_1' = 2$ 罐,$x_1'' = 6$ 罐,$x_2' = 2.20$ 美元,$x_2'' = 3.00$ 美元;在另一组巧克力——货币实验中,$x_1' = 2$ 块,$x_1'' = 12$ 块,$x_2' = 1.50$ 美元,$x_2'' = 3.50$ 美元。这样,就得出相应的 a、b、c、d 四个商品组合。当然,我们已经保证了,设计的 a、d 组合对消费者的吸引力差不多,因为如果 a、d 的吸引力不相当,实验结果会严重受影响。

实验之所以要分两组,是因为可乐代表一般的商品,高级巧克力代表一种奢侈品,根据经验我们期待的实验结果是:巧克力的参照点依赖导致的效用偏差比可口可乐的更加明显。同时,货币作为一般的财富代表和一般等价物,具有和任何商品替代的作用。

实验过程就是按照要检验的定理中的 WTP、WTA、EG、EL 来设计的。比如"你"将会放弃多少,实验组织者将会给"你"多少。

例如:某一项决策任务以3.50美元和12块巧克力为禀赋,受试者面对两种选择:一是"你最多愿意支付多少货币";二是"你将失去10块巧克力"。由受试

---

① 下标 a 表示以 a 为参照点,该表中后面几个下标有类似含义,如 $a >_c d$ 表示以 c 为参照点,a 比 d 更受青睐。

者填写,这样就得到了 $EL_{21}(x_1'=2\text{块},x_1''=12\text{块},x_2''=3.50\text{美元})$;

又如:以 3.00 美元和两罐可口可乐为禀赋,受试者面对两种选择:一是你愿意失去至多多少货币;二是你将失去 0.80 美元。这又可以得到 $WTA_{21}(x_2'=2.20\text{美元},x_2''=3.00\text{美元},x_1'=2\text{罐})$。

类似的选择不断出现,以得到消费者对可乐和货币、巧克力和货币之间的替代关系。这样对无差异曲线的检验和对 WTP、WTA、EG、EL 的检验就通过模拟获得或放弃可乐或者巧克力的过程来实现。

实验的统计结果表明,不论是在"可乐——货币"中,还是在"巧克力——货币"中,也不论是以货币为衡量标准,还是以可乐或者巧克力作为衡量标准,WTP 和 EL,WTA 和 EG 都是显著不同的,即当分别选择 a、b、c、d 不同参照点(即初始禀赋)时,在这四个点上表示 a 优于 b 的消费者比例显著不同。这就是说,消费者的偏好明显受到"初始禀赋"的影响,前面提到的 $WTA_{21}(x_1',x_1'',x_2'') = EG_{21}(x_1',x_1'',x_2'')$ 和 $WTP_{21}(x_1',x_1'',x_2'') = EL_{21}(x_1',x_1'',x_2'')$ 都是不符合实际的。

由此可见,希克斯的偏好模型确实是有缺陷的。参照点的不同对消费者的偏好的影响是不能忽略的,特维斯基和卡尼曼的参照依赖偏好理论也由此得到了证实。

本章小结

本章引出了参照水平这一行为经济学中的重要概念。并在参照点的基础上,初步讨论了风险条件下的价值函数及其三个重要性质:参照依赖、损失厌恶和敏感度递减。在第二节中,我们用这三个性质对无风险条件选择理论的无差异曲线进行了重新分析,利用损失厌恶和敏感度递减两个性质,分析了无差异曲线在这种条件下的特征。在第三节中,我们提出了"锚定"这一重要概念,目的在于说明行为人的参照往往是受这种心理因素影响的,并指出"锚定"是几乎贯穿行为经济学的理论。在第四节中,我们提到"框架效应",并用实验对传统理论中的不变性和占优性提出了质疑,除此之外还提到现实中,一些商家如何利用"框架效应"的实例。

本章思考与练习

一、名词解释

参照系　现状偏见　损失厌恶　锚定心理　框架效应

二、简答题

前景理论的价值函数有哪些性质?

锚定心理是如何影响人们在不同参照系下的选择行为的?

三、举例说明人们是如何对不同叙述方式的同一事件作出不同反应的。

四、人们经常会有先入为主的倾向,请用锚定心理来分析这一现象。

五、按照传统经济学的理论,金融市场上一旦存在套利,投资者的行为就会改变供求及价格,从而使套利可能消失。而在世界各国的金融市场上都会存在不同时段的价格异常波动,例如我国,股票市场上就存在"春节效应",是指在每年年初的时候交易量会相对比较活跃,在春节前后股市都会上涨。请从行为经济学的角度简要分析一下"春节效应"的根源。

本章参考文献

[1] Bateman, T. S. & Zeithaml, C. T., The Psychological Context of Strategic Decisions: A Model and Convergent Experimental Findings, *Strategic Management*, 1989, **10**: 59—74.

[2] Kahneman, D. & Tversky, A., On the psychology of prediction, *Psychological Review*, 1973, **80**: 237—251.

[3] Kahneman, D., Slovic P. & Tversky, A., Judgment under Uncertainty: Heuristics and Biases, NY, USA: Cambridge University Press, 1982.

[4] Kahneman, D. & Tversky, A., Prospect Theory: an Analysis of Decision under Risk, *Econometrica*, 1979, **47**(2): 263—291.

[5] Kahneman, D. & Tversky, A., The Framing of Decisions and the Psychology of Choice, *Science*, 1981, **211**: 453—458.

[6] Kahneman, D. & Tversky, A., Choices, Values, and Frames, *American Psychology*, 1984, **39**(4): 341—350.

[7] Kahneman, D., Knetsch, J. L. & Thaler, R. H., Experimental Tests of the Endowment Effect and the Coase Theorem, *Journal of Political Economy*, 1990, **98**(6): 1325—1348.

[8] Kahneman, D., Knetsch, J. L. & Thaler, R. H., The Endowment Effect, Loss Aversion, and the Status Quo Bias, *Journal of Economic Perspectives*, 1991, **5**: 193—206.

[9] Kahneman, D. & Tversky, A., Loss Aversion in Riskless Choice: a Reference-Dependent Model, *Quarterly Journal of Economics*, 1991, **106**(4): 1039—1061.

[10] Knetsch, J. L. & J. A. Sinden, Willingness to Pay and Compensation Demanded: Experimental Evidence of an Unexpected Disparity in Measures of Value, *Quarterly Journal of Economics*, 1984, **99**(3): 507—521.

[11] Samuelson, W. & Zeckhauser, R., Status Quo Bias in Decision Making, *Journal of Risk and Uncertainty*, 1988, **1**: 7—59.

[12] Thaler, R. H., Toward a Positive Theory of Consumer Choice, *Journal of Economic Behavior and Organization*, 1980, **1**: 39—60.

[13] Thaler, R. H., The January Effect, *Journal of Economic Perspective*, 1987, **1**(1): 197—201.

[14] 黄祖辉、胡豹:《经济学的新分支:行为经济学研究综述》,《浙江社会科学》,2003年第2期。

[15] 姜奇平:《锚定的价值取向》,《互联网周刊》,2004年11月11日。

[16] 刘兵军、欧阳令南:《行为经济学和实验经济学的理论与实践研究》,《中央财经大学学报》,2003年第2期。

[17] 魏建:《理性选择理论的"反常现象"》,《经济科学》,2001年第6期。

第三章 偏好理论

娱乐产业的蓬勃发展可以说是现代社会的一个重要特征,各种歌星、影星、笑星甚至是三栖明星层出不穷。随之出现的自然是这些"星星"的追星族,场场爆满的演唱会和人头攒动的各种歌星见面会印证了这些追星族们的狂热。经常会有这样的情况出现:某位追星族喜欢王菲胜过张惠妹,因为王菲有天籁般的声音;同时,她喜欢张惠妹又胜过阿杜,因为阿杜没有阿妹的热情与奔放;那么在阿杜和王菲之间,她又会选择谁呢?按照偏好的一致性和可传递性,似乎在王菲和阿杜间她绝对应该会选择王菲。但是她的答案很可能又会是阿杜,因为和温柔似水的王菲比起来,她更喜欢阿杜的那种男人气。在这里,这位"忠实歌迷"的偏好就发生了逆转!这里只给出了三个选择,设想将当红的歌星一一列出,让这位追星族从中一一作出选择,恐怕答案就更无规律可循了。

其实在现实生活中,像上面提到的歌迷那样,人们的偏好并非是一致且稳定的,在许多不同的场合和决策环境中,都有着不同的偏好。传统的偏好一致性、可传递性并不总是成立的。

第一节 配对与选择

一、启发诱因(Elicitation Effect)

我们做过这样一个有意思的实验。假定某一个公司需要招聘一位工程师。一个合格的工程师首先自然应该具有良好的相关专业技能,还要有良好的与人沟通的能力,其中专业技能相对而言更为重要。参加实验的每个人都设想自己就是那个负责招聘的人力主管。现在有两份应聘材料摆在他的面前(如表3-1所示),由他来决定谁将最终被录用。

表 3-1

	专业技能	人际关系
应聘者 x	86	76
应聘者 y	78	91

最终,65%的实验参与者选择录用应聘者 x,只有35%的人愿意选择应聘者

y,这里我们定义一个 C 值为 65%。这一结果表明,尽管两个应聘者在专业技能和人际关系方面各有千秋,甚至应聘者 y 在人际关系方面的优势要比应聘者在专业技能方面的优势更为明显,但是在决策过程中,实验者明显更看重专业技能——对于一个合格的工程师更为重要的素质。

实验到这里并没有结束,另外一批实验参与者被分成四组,每个实验者的面前也摆着一份应聘者的材料,和前一组唯一不同的是表格四个数据中的某一个是空缺的(每一组空缺的位置不一样,一共四个空格,自然就分成了四组),其中的某一组面对的表格如表 3-2 所示。

表 3-2

	专业技能	人际关系
应聘者 x	86	□
应聘者 y	78	91

实验参与者的任务就是在空格中填入一个数字,使得应聘者 x 的条件和应聘者 y 的条件相当。在实验参与者填好数字后,实验者将实验参与者所填的数字与 76 作比较,如果所填数字大于 76,那么说明实验参与者会选择应聘者 y,如果小于 76,那么应聘者 x 将胜出。四组实验的结果放在同一张表 3-3 中,其中百分比表示实验参与者选择 x 的概率。

表 3-3

	专业技能	人际关系
应聘者 x	32%(86)	33%(76)
应聘者 y	44%(78)	26%(91)

实验结果表明,四个小组中分别只有 32%、33%、44% 和 26% 的人会选择应聘者 x,第二组的结果我们定义为 M 值。这与第一组的结果刚好相反!实验参与者的选择都是随机的,按照正常的解释是不会出现这两种截然相反的结果的,唯一的可能是在两种不同的实验方法下,实验参与者的偏好发生了逆转。这一实验结果表明,偏好的形成过程不是独立的,这一过程从某种程度上说是一个"诱导"过程,不同的设问方式就有可能形成不同的偏好。

与上一个实验类似,我们再来看另外一个实验(Kahneman & Loewenstein,1991)。在以色列,每年大约有 600 人死于交通事故。以色列的交通部长在调查了大量的交通事故后拿出了两个解决交通问题的方案,让一组被调查者从中作出选择,如表 3-4 所示。

表 3-4

	预期死亡人数	成本(百万美元)
方案1	500	55
方案2	570	12

结果显示有68%的人选择方案一。同样,另一个比照组按照与上一个实验相同的游戏规则,即按照"填空"规则进行实验。在这一实验中,显然人的生命是人们所应该主要考虑的问题,而相对于人的生命,金钱就次之。实验的结果表明,一共只有4%的人会选择方案一!可以说这一结果的反差更加明显,也更能清楚地说明问题。

我们还做过一个类似的实验。上面两个实验分别是有关职业选择和公共事业方面的选择偏好,下面的这个实验换了一个角度,是有关环保事业的。第一组实验参与者的任务是从如下两个计划中选出他们自己的选择。

计划 x:完全清理海滩边的垃圾和污染,每年将动用纳税人750 000美元的税金。

计划 y:部分清理海边的垃圾和污染,但是清理过后的海滩并不能用于游泳,这一计划每年的花费将是250 000美元。

可以假定,在权衡两个计划的过程中,对污染的控制是首先要考虑的方面,而计划的预算次之(我们认为这一假定是能够代表大多数人的想法的)。实验的结果表明,48%的人选择了计划 x。而另一组实验者则需要填上他们认为合适的预算费用,并根据他们所填写的数字来推测他在 x 和 y 两个计划间的取舍。第二组的结果显示只有12%的被调查者更青睐计划 x,这一结果再次与第一组的结果产生了明显的反差。

我们所做的下一个实验和前面的基本类似,但是其中包含的另一个行为经济学理论将会在本书的其他章节详细分析。

这个实验的选择客体是两个有关职工分红的计划,如表3-5所示。

表 3-5

	一年内红利(美元)	四年内红利(美元)
计划 x	2 000	2 000
计划 y	1 000	4 000

结果依然类似,C 值为66%,M 值为11%。两种实验设计方式再次导出了一组相排斥的结果。但是这个实验的不同之处是,它间接说明了人们更加看重眼前的或是短期的利益,即使是在长远利益比近期利益更为诱人的情况下。本

书将在以后的章节中对这一问题进行详细分析。

至此,我们已经有理由认为人们的偏好是不稳定的,不同的"启发方式"(实验设计方式)会"诱导"出人们不同的偏好。这与经典的偏好理论的假定有着很大的出入。传统偏好理论中一个很重要的论断是人的偏好是稳定的、客观的、一致的,是不随着诱导方式的不同而改变的,即我们常听说的"过程不变性(Procedure Invariance)"。而在我们刚刚展示的几个实验中,实验结果无一不表明不同的实验设计诱导出了不同的偏好结果,甚至出现了"偏好逆转"(Preference Reversal)。事实上,相对于经典理论的过程不变性,行为经济学也有自己的一套理论,这些理论将在下面逐一介绍。

二、显著性假定(Prominence Hypothesis)

行为经济学在解释上面一系列与经典理论矛盾的现象方面作了大量的贡献,其中的一个便是显著性假定。细心的读者应该已经注意到,在上面介绍每个实验的过程中,我们都要提到实验参与者在考虑决策时,往往都会有一个"主要"的考虑方面(Primary Dimension),例如工程师的专业技能、人的生命和环境的治理等,此外还有一个次要考虑方面(Secondary Dimension),如工程师的人际交往能力、环境的治理费用等。结合这两个方面再来看实验的结果我们就会发现,在"选择(Choice)"过程中,人们的主要决策依据是主要考虑方面,因此最终比较多的"选票"都给了在主要考虑方面有着明显优势的选择支上,而到了"配对(Matching)"过程中,即第二组实验参与者决策时,次要方面则被更多地考虑进来,较低的 M 值也证明了这一点。正是人们在不同的决策机制中采取的不同的决策模式,才直接产生了人们不同的偏好选择。

上面的理论可以用显著性假定来概括:相比于配对过程,主要考虑方面在选择过程中被更多地考虑。为了检验这一假定的正确性,行为经济学家们做了大量的相关实验,结果如表3-6所示。

这张表包含了十个不同的实验,每个实验所涉及的决策领域也不尽相同,但这张表清晰地传递出了一系列丰富的信息,如人们在决策中所考虑的主要方面和次要方面各是什么,不同的决策内容带来的决策结果的差异如何。但有一点结果是明显的,即相比于 M 值(50), C 值都不同程度地超过这个数字,从最高的86到最低的62,这一点清晰地证明了显著性假定的正确性。

表 3-6

选择	考虑方面		选择标准	C 值
	主要考虑方面	次要考虑方面		
垒球队员	平均击球力量	本垒跑能力	对队伍的价值	62
大学入学申请书	学习动机	英语能力	潜在的成功素质	69
礼品	现金	优惠券	吸引力	85
打字员	准确度	速度	打字能力	84
田径运动员	引体向上	上推力	健康程度	68
上班的路线选择	时间	路线长度	吸引力	75
汽车轮胎	质量	价格	吸引力	67
电视广告	数量	长度	烦人度	83
读者	理解能力	阅读速度	阅读能力	79
垒球队	与榜首球队交手胜率	与榜尾球队交手胜率	排名	86
C 的平均值				76
M 值				50

注：本垒跑能力指的是垒球比赛中的一项技能，主要考察运动员的奔跑速度和临场反应。

三、兼容性原理（Compatibility Principle）

这一部分我们将仔细分析显著性假定的理论依据。研究显著性假定的理论依据，应该从实验的两种不同步骤之间的区别谈起。选择性的实验更倾向于引导人们进行两个选择支之间质的考虑，选择的过程其实就是选择在某一决定性方面有着显著优势的选择支的过程。这一过程相对直接、简单，决策者需要考量的只是一个或少数几个主要方面，而其他的"次要方面"则可以忽略不计。

而配对过程就不能用选择过程中的同样方法分析。决策者必须对几个方面进行综合权衡，并且要用必要的"量"上的转化，使得各个方面之间能够基本"配对"。这个过程需要对各个方面进行量化分析，并借助一定的数学计算（心理上的），必然会导致主要方面和次要方面都在决策中占有一席之地，进而导致主要方面在决策过程中作用的减弱和次要方面在决策过程中作用的增强。上面实验的结果恰恰证明了这一点。

除了前面提到的"选择-配对"矛盾，其实还有很多类似的矛盾。这些矛盾的一个共同特点是一件事物的各个不同方面的权重（Weighting）并不一样，并且在不同的诱导过程中最主要的方面也会变化。目前解释这一现象比较好的是兼容性原理，它认为事物内在组成的权重是由它和外在表现程度的兼容性决定的。如果内在组成和外在表现形式不相兼容，那么决策过程中就需要进行额外的"脑力转换"，这将增加偏差的可能和体力的付出，而这些额外的要素都是人们所不愿意看到的并且将降低人们对自己最终决策的信心。

生活中有关兼容性原理的一个很好的例子是我们熟悉的求职过程。常见的求职过程分为两个部分：初试和复试（当然程序还有可能更为复杂）。在笔试中，起关键性作用的是成绩，是那个写在试卷上面的分数，因为笔试的最终结果将是按照成绩而作出的一个排名，只有排名靠前的应聘者才可以进入下一轮面试，而分数和排名都是以数据形式存在的，所以他们是"相兼容"的。而在复试过程中，应聘者的综合素质和一些个人表现就显得更为重要。因为复试的最终结果是要决定应聘者是否能够胜任这份未来的职位，而做好一份工作是同一个人的综合素质"相兼容"的，在这里兼容性原理再次得到了体现。

细心的读者读到这里可能会有很多有关兼容性原理的更进一步的思考。的确，作为经济学中一个新兴的分支，行为经济学在研究人的决策方面虽然有了一些突破，但其理论体系依然有很多问题和漏洞。下面我们将就这些问题作一些探讨。

我们在上面做的一系列实验都是假定每个决策者所面临的决策都只有主要和次要两个考虑方面。但是在实际生活中，这种情况是不常见的，更多的时候人们在作出一个决策前往往需要考虑许许多多的方面。当决策过程变得相对复杂时，显著性假定和兼容性原理可能就不那么明显了，进而它们对人们决策的帮助作用也会减弱。

人们在生活中面临的决策种类要比实验中设计的"配对"和"选择"复杂得多，那么我们从这两个最为简单的模型中得出的结论在真实生活中能够得到应用吗？我们不确知。人作为高等智慧的代表，他们的决策过程必然也是一个非常复杂的过程，这一过程往往不是用一两个假定或是原理能完全解释的。我们上面推出的结论也只能作为一些最为普遍性的原理来看待，真正要用来预测真实世界中人的决策，还要结合实际情况来分析。

既然我们上面的分析推翻了经典偏好理论中的一些结论，那么人偏好的形成到底和哪些因素有关呢？行为经济学没有给出我们答案。现在也没有一门学科能够给出令人信服的答案。对于人们偏好形成的研究应该说才刚刚开始，今后还有很长的路要走，也一定还有很多的理论等待我们去探索。

第二节 权衡反差

人的偏好不仅会随着不同的"诱导"过程而发生改变，而且在面对不同的选择集合时，他们也会变得摇摆不定。生活中我们常常能听到"选花了眼"的说法，在面对众多选择时，人们会出现"无从选择"、"朝三暮四"的情况。在这些情况中，人们的偏好显现出强烈的反差，在不断变化的选择面前，所谓"一致的、稳定的"偏好也开始变得飘忽不定起来。那么，在这些现象背后，又究竟有哪些力量支配着人类的偏好和选择呢？在这一部分中，我们将展开详细的分析。

一、经典偏好理论的回顾

经典的偏好理论认为对一件事物的偏好不以其他事物的存在而改变，这就是经典理论中常常提到的"无关替代品独立性"（Independence of Irrelevant Alternatives）。这一理论的本质是说明决策者对于所有的选择有着完全的有序的偏好。根据这一假定，面对一个特定的选择集合，决策者一定会从中按照他心中的那个"完全"的偏好排序选出排名最高的那一个。

下面来介绍一下经典理论的拥护者为他们的理论构建的一套完整的数学体系。

首先定义 $T=\{x,y,z,\cdots\}$ 为包含我们所要研究的所有选择的一个有限集，而相应的定义 $S \subset T$ 是 T 的一个非空子集。紧接着在 S 上定义函数 $C(S)$，其值域是决策者的选择结果的集合。根据无关替代品独立性，如果在一个二元选择 $\{x,y\}$ 中 x 优于 y，那么把选择集合由二元扩大到 n 元，x 将依然优于 y。进一步延伸这一结论，如果 $x \in C(S)$，$x \in R \subset S$，那么 $x \in C(R)$。用语言描述这一结论就是一个"不被看好"的选择并不会因为选择范围的扩大而变成"被看好"的选择。

为将决策过程由一个人推向大量选择个体，我们定义 $P(x,S)$ 为众多人中选择 x 的概率，即 $x \subset C(S)$ 的概率。为了方便起见，我们用 $P(x,y)$ 代替 $P(x,\{x,y\})$，用 $P(x;y,z)$ 来代替 $P(x,\{x,y,z\})$。

当独立不变性运用到大样本的选择集合中时，有以下结论：

次序性：如果 $x \in R \subset S$，那么 $P(x,R) \geqslant P(x,S)$。

用通俗的语言来解释就是一个选择支的"市场份额"（被选中的概率 P）不会因为选择集范围的扩大而增加。

在介绍下一个结论前，再来看一组相关的定义。

在上一节中，我们假定了人们在选择中往往会考虑事物的两个方面：主要方面和次要方面。我们将这一假定进一步延伸，假定每个选择支都有 n 个方面需要考察，那么任意一个选择 x 就可以用一个 n 维向量 $(x_1,\cdots,x_n)$ 来表示，其中 x_i 表示向量 x 在第 i 个方面的值。现假定有三个选择支 x,y,z，如果在任一个方面 i 上，都存在 $x_i \leqslant y_i \leqslant z_i$ 或是 $x_i \geqslant y_i \geqslant z_i$，$i=1,2,\cdots,n$，那么我们就说 y 位于 x 和 z 之间（Betweenness），记作 $x|y|z$。为了进一步研究 x 和 y 之间的取舍关系，再定义：

$$P_z(y;x) = \frac{P(y;x,z)}{P(y;x,z) + P(x;y,z)}$$

形象地说,这个定义式说明了在选择集 $\{x,y,z\}$ 中 y 相对于 x 的"受欢迎程度"。经典理论家声称,大量的数据表明,人们的决策存在以下的性质。

居中不等性:如果 $x|y|z$,那么 $P(y;x) \geq P_z(y;x)$。

居中不等性表明如果在一个二元选择域 x 和 y 中加入一个新的选择 z,并且 x,y,z 构成 $x|y|z$,那么由于 z 的引入,y 将比 x 失去更大的"市场份额"。解释这一原理的一个例子来自照相机市场。一般来讲,一款高档相机面市以后,市场份额受到冲击最大的往往是中档相机,而低档相机的销售则几乎不受影响。请大家记住这个例子,稍后我们将同样用照相机市场的例子来说明居中不等性有时候是不成立的。

二、关联效应(Context Effect)

关联效应的主要思想是一个人在作出决策的时候,往往会受到在这一决策之前某个决策的"关联"影响,从而使最终的偏好选择产生偏差甚至逆转。关联效应是一个较大的概念系列,在这里我们主要讨论它的两种具体表现形式:权衡反差(Tradeoff Contrast)和极端逆转(Extremeness Aversion)。这两种现象均和经典理论中的价值最大化(Value Maximization)发生了抵触。

首先我们来讨论权衡反差现象,这一现象主要包括背景关联和局部关联两种情况。

1. 背景关联(Background Context)

我们一起来看两个有关背景关联的实验。

实验的主体内容是让参与者充当消费者的角色在两种相似的消费品中作出购买选择。实验的参与者被分为两组,具体的实验过程和结果如表 3-7 所示。

表 3-7

实验一:轮胎		背景集合	
包用里程数(英里)	价格(美元)	小组一(%)	小组二(%)
x_1: 55 000	85	12	
y_1: 75 000	91	88	
x_2: 30 000	25		84
y_2: 35 000	49		16
包用里程数(英里)	价格(美元)	目标集合(%)	
x: 40 000	60	57	33
y: 50 000	75	43	67

(续表)

实验二:礼物		背景集合	
现金(美元)	礼券(张)	小组一(%)	小组二(%)
x_1: 52	3	92	
y_1: 22	5	8	
x_2: 77	4		40
y_2: 67	6		60
现金(美元)	礼券(张)	目标集合(%)	
x: 47	5	47	77
y: 37	6	53	23

这两项实验过程和目的几乎一样,所以,我们仅对第一个实验进行详细的说明。在这项实验中,实验的参与者被分为两组。两组的核心任务都是从两种不同的轮胎中选出他们所更愿意购买的品种。第一组首先从 x_1 和 y_1 中作出选择。完成自己的决策后,立刻从 x 和 y 两种不同的轮胎中作第二次选择。与第一组不同,第二组首先从 x_2 和 y_2 中作出选择,紧接着从 x 和 y 中选择。

在看实验的结果之前,我们首先设想:两组的实验参与者都是按照一定的科学方法随机筛选出来的,并且都参与了 x 和 y 这两种轮胎之间的选择,所以这两组选择的结论应该是大致一致的。但是恰恰相反,结果显示,小组一中有57%的人选择了 x,即在小组一中轮胎 x 更受青睐;但是在小组二中,更受青睐的变成了轮胎 y,数据显示有67%的人选择了 y。这一实验结果显然与人们"稳定、一致的"偏好假定是背道而驰的。这其中的原因到底是什么呢?

原因自然要从这两个小组不同的实验进程开始找起。两个小组在进行 x 和 y 之间的选择前,分别选择了 x_1、y_1 和 x_2、y_2,问题就出在这两个不同的选择上。

先看看 x_1、y_1 的数据。注意到轮胎 x_1 的包用里程数比 y_1 少20 000英里,相应的价格低了6美元,通过简单的计算可以知道每增加1美元所能增加的英里数约为3 333英里。而 x 比 y 每增加1美元所能增加的英里数仅仅为677英里,远远少于3 333英里。可想而知,受前一次决策的影响,面对这样一个较为"昂贵"的"边际价格",第一组的参与者选择里程数较少,价格较为便宜的 x 轮胎也就顺理成章了:毕竟他们以一个相对较高的价格来购买更多的里程数。与第一组相反,第二组首次选择 x_2 和 y_2 两种轮胎,每多付出1美元能够增加的英里数仅仅是大约200英里,与第二次选择中的677英里相比,没有竞争力。于是面对一个相对较低的"边际价格",他们自然愿意多花一些钱来购买更多的英里数,因为他们觉得这是一桩便宜的买卖。于是表面上看来无法理解的实验结果就这样顺理成章地产生了。

第二个实验也类似,不同的只是把不同品种的轮胎换成了礼券和现金。实验得到的结果也和第一组实验类似:对于同样的现金和礼券的组合,两组人作出了截然相反的选择,这显然也是经典偏好理论所无法解释的。分析这种现象出现的原因也可以套用上一个实验的方法,重点考虑每张礼券的现金价格的不同即可。

上面的分析也可以用图 3-1 来加以解释。

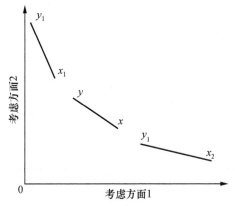

图 3-1　一个有关背景关联的试验

从上面的分析中我们看出,人们的决策过程往往要受到他的决策背景的影响,即一个决策人之前的决策会对他当下的决策产生影响。我们在这里说的"关联效应"指的就是以前的决策或是背景和眼前的决策相关联。背景关联无情地否定了前面提到的经典理论假定中的"无关替代品独立性"。那些在经典偏好理论中被认为是"无关"的替代品并非独立于人们的决策过程之外,相反,他们在人的决策过程中扮演着相当重要的角色。

2. 局部关联(Local Context)

了解了背景关联,我们再来看看局部关联现象,让我们依然从实验开始讲解。

这次的实验依然是有关消费者选择的。同一组实验参与者需要先后作出两个消费决策,分别如表 3-8 和表 3-9 所示。

表 3-8　选择一

选择支	被选比例
现金 60 元	64%
精美的英雄钢笔一支	36%

作完选择一之后,依然是立刻进行选择二。

表 3-9　选择二

选择支	被选比例
现金 60 元	52%
精美的英雄钢笔一支	46%
普通钢笔一支	2%

再做一类似的实验,分别看一下表 3-10 和表 3-11 中的两组选择。

表 3-10　选择一

选择支	被选比例
格兰仕微波炉(330 元)	57%
海尔微波炉(540 元)	43%

表 3-11　选择二

选择支	被选比例
格兰仕微波炉(330 元)	27%
海尔微波炉(540 元)	60%
海尔微波炉(近似质量,570 元)	13%

　　这次我们依然以第一个实验为例来分析实验结果。第一个实验由两次决策过程组成,第一次的选择支为两个,第二次的选择支为 3 个,增加了普通的无名钢笔这一选项。结果显示,虽然普通的无名钢笔自身并不占很大的"市场份额",但是它的出现大大增加了英雄钢笔的"市场份额",相应地,人民币现金的"市场份额"则大幅下降。就是说随着选择集的扩大(无名钢笔的引入),原本相比现金处于"劣势"的英雄钢笔变为了"优势"选项。这一结果与前面经典理论中提到的次序性原理,即某一元素相对于另一元素的相对优/劣势不会因为选择集合的扩大而变化,产生了矛盾。

　　类似地,第二个实验中 570 元的海尔微波炉也充当了"无名钢笔"的角色,正是它的出现,使得 540 元的海尔微波炉的市场份额超过了格兰仕微波炉,这一现象与上一个实验一样向传统的偏好理论提出了挑战。

　　到这里,我们正式提出局部关联原理,用以代替次序性原理。局部关联原理表明,在某些情况下,向选择集中加入一个新的选择支,这一选择支的竞争力必须明显低于原选择集中的某一个选择支 a,但与其他的选择支无必然联系,那么选择支 a 与新加进去的选择支就构成了局部关联。局部关联会使选择支 a 的市场份额明显提升,甚至超过一些原先优于它的选择支。

　　局部关联原理与背景关联原理一起构成了关联效应理论,并向传统的偏好假定提出了极大的挑战。

第三节 极端逆转

除了关联效应,行为经济学还提出了另一种被称为极端逆转的"反常"现象。极端逆转是指在一个选择集合中,那些具有极端值的选择支的吸引力往往比那些处于"中间状态"的选择支要差。在现实生活中,极端逆转也有两种情况:妥协(Compromise)和单极化(Polarization)。

1. 妥协

依然从我们所做的实验展开讨论。这次的实验和前面的相似,还是从消费者决策的角度来设计的。实验的参与者也是要顺次完成两个决策过程,如表3-12和表3-13所示。

表3-12 选择一

选择支	被选择比例
联想数码相机(1 360元)	50%
理光数码相机(1 920元)	50%

表3-13 选择二

选择支	被选择比例
联想数码相机(1 360元)	22%
理光数码相机(1 920元)	57%
尼康数码相机(3 760元)	21%

在分析我们从实验中能够得到的结论之前,我们不妨先做一些简单的计算。回想前面的定义式,

$$P_z(y;x) = \frac{P(y;x,z)}{P(y;x,z) + P(x;y,z)}$$

代入本实验的数据得,

$$P_z(y;x) - P(y;x) = \frac{0.57}{0.57 + 0.22} - 0.50 = 0.22 > 0$$

这一结果表明,在本实验中,$P_z(y;x) > P(y;x)$,这一结论与前面提到的居中不等性,即如果 $x|y|z, P(y;x) \geq P_z(y;x)$ 恰好相反!透过简单的数学计算,真正引起这一悖论的是人们在决策过程中的一些心理因素。在一个选择集合中,人们往往倾向于选择那些更为"中庸"的选择支(本实验中的理光数码相机),而抛弃那些较为极端的选择支(本实验中的联想数码相机和尼康数码相机),这种心理颇似中国儒家文化中提到的"中庸之道"。我们将这种选择中间选项的行

为解释为一种向极端选择支的妥协。

2. 单极化

在面对极端选择支时，人们一定会同时抛弃两个极端，而选择中间的选择支吗？不一定。和妥协相对应，人们有时会只"抛弃"某一个极端方面，而保留另一个，我们称这种现象为单极化现象。

同样举消费品市场的例子。假定有三种不同的 MP3：廉价的 aigo MP3（40 美元），普通的 Sony MP3（65 美元）以及一种较为高档的 iPod MP3（150 美元）。实验表明，如果将这三种 MP3 两两比较，结果是它们的市场份额几乎都是五五开，没有明显的差别，现在将它们同时投向市场，得到的数据如表 3-14 所示。

表 3-14

选择支	市场份额
廉价的 aigo MP3（40 美元）	9%
普通的 Sony MP3（65 美元）	48%
较为高档的 iPod MP3（150 美元）	43%

透过数据我们看到，不同于前面提到的妥协，两个"极端产品"中只有最为廉价的 aigo MP3 被市场抛弃，而代表最高消费水平的 iPod MP3 保持了原来的市场份额。当然，虽然结果略有不同，单极化现象依然破坏了居中不等性的假定，所以说单极化和妥协现象共同构成了极端逆转现象，只不过表现形式略有不同罢了。

第四节 禀赋效应和现状偏见

中国有句古话"金窝银窝，不如自己的草窝"，另外一个成语叫作"敝帚自珍"，这两句话说的是同一个意思：人们会非常珍惜属于自己的东西，不愿失去它们。其实这种心理现象不仅仅是中国人才有，害怕失去是整个人类的一个基本心理特征。这种对得到和失去的喜好和经济学中的"偏好理论"是紧密相关的，所以从 20 世纪 70 年代开始，一批嗅觉敏锐的心理学家和经济学家一道对这些问题做了深入的研究，并取得了显著的成果。

一、禀赋效应（Endowment Effect）

两种替代品之间存在的"边际替代率"是经典理论中一个很重要的概念，那条凸向原点的无差异曲线为每一个有一定经济学常识的人所熟知。无差异曲线表明，两种替代品之间的边际替代率与两种物品之间的替代方向无关，即假定 A

和 B 互为替代品,那么只要是在同一种初始状态下,无论是用 A 换 B,还是用 B 换 A,都将得到同样的边际替代率。不考虑人们的具体心理状况,这一规律无可非议。而在这一问题的研究过程中,人类的心理状况恰恰是不能忽略的重要一环。

我们首先来看一个实验。

实验 1

两种物品间的交换

我们从最简单的两种物品间的交换来开始我们的实验,这两种物品分别为咖啡杯和德芙巧克力。我们将实验的参与者分为三组。第一组初始状态为每个人都拥有实验组织者给他们的一个咖啡杯;第二组每个人手中有一个 400 克的德芙巧克力;第三组实验参与者"两手空空"。

物品分发完毕后,实验正式开始。第一组实验参与者被告知他们可以用手中的咖啡杯来交换 400 克的德芙巧克力,也可以不交换,保持原有状态不变。第二组的实验参与者则可以用手中的德芙巧克力交换咖啡杯,也可保持手中的德芙巧克力不变。而第三组的任务则是在德芙巧克力和咖啡杯中作出自己的选择。

实验的结果列在表 3-15 中。

表 3-15

组别	最终手中拥有某物品的人		参与人数
	持咖啡杯者（%）	持德芙巧克力者（%）	
第一组:用咖啡杯交换德芙巧克力	89	11	76
第二组:用德芙巧克力交换咖啡杯	10	90	87
第三组:在德芙巧克力和咖啡杯中作出选择	56	44	55

首先分析第三组的实验结果。第三组初始状态为"两手空空",显然充当的是比对组的作用。结果显示,在没有任何外加条件的情况下,有 56% 的人选择了咖啡杯,有 44% 的人选择了德芙巧克力。虽然有一定的差距,但是我们可以通过这一点知道,本实验选择咖啡杯和德芙巧克力作为实验物品是合适的,两者之间的差异相对较小,不会影响到后面的比对实验的可信度。

在看到第一组和第二组的实验结果之前,我们可以设想,既然咖啡杯和德芙巧克力是两种差异很小的物品,再加上实验参与者的选择和分组是按严格程序进行的,可以确保这些实验参与者之间的收入状况、财富状况和对实验过程的理解程度都是相似的,那么根据经典的偏好理论,人们的偏好是一致稳定的,第一组和第二组的选择结果也应该接近 56:44 这个比例。

但是实验结果却和我们的预测有着相当大的出入。表 3-15 中的数据显示,第一组中绝大多数人(89%)手中的物品为咖啡杯,而第二组中有 90% 的人手中的物品为德芙巧克力。联系他们各自的初始状态:第一组每人手中均为咖啡杯,第二组每人手中均为德芙巧克力。这一切似乎说明,第一组和第二组的实验参与者在决策过程中,受到了他们初始状态的影响:两个小组改变自己的现状的意愿并不强烈。他们偏好的确定不再独立于交换的方向,不同的交换方向得出了不同的偏好。这表明他们在决策过程中,赋予自己所拥有的东西的权重(例如第一组的咖啡杯)和未来可能得到东西的权重(对于第一组来说是德芙巧克力)并不相等,确切地说,他们现有的物品被他们赋予了更高的权重。再看一个实验。

> **实验 2**
>
> **探测交换的最小接受度**
>
> 首先介绍实验中出现的两个名词:愿意接受的价格(Willingness To Accept,简写为 WTA)和愿意付出的价格(Willingness To Pay,简写为 WTP)。这两个名词是分别站在买者和卖者的立场上定义的。具体地说,WTA 是指作为卖者,卖出自己所拥有的物品时所能接受的最低价格;WTP 是指作为买者,购买自己想要得到的物品时所愿意给出的最高价格。
>
> 在这一实验中,实验参与者依然被分为三组。第一组的初始状态为拥有一个咖啡杯,第二组每个人手中都有一定的现金,而第三组依然作为比照组,每人都两手空空。游戏规则在某种程度上和实验一也有类似之处:第一组的实验参与者需要给出他们对于咖啡杯的 WTA,即在问卷上写出他们卖出这个咖啡杯所能接受的最低价格;第二组的实验参与者则需要在问卷上写出他们为了买第一组人手中的咖啡杯所愿意给出的最高价格;第三组的实验参与者在问卷上写下他们以放弃咖啡杯为代价所愿意得到的现金数。

实验结果显示,这三组开出的平均价格分别为 7.12 美元、2.87 美元和 3.12 美元。第一组开出的价格最高,第二组开出的价格最低,比照组的价格居中。这一结果从形式上与实验一又有某种程度上的相似。回想我们对实验一的解释,人们往往不愿意放弃手中现有的物品。在本实验中,第一组的"禀赋"是咖啡杯,那么由于对自己所拥有物品的珍惜,必然会给咖啡杯出一个较高的价格;而第二组的"禀赋"是现金,为了让他们失去现金,必然需要用更多的咖啡杯来交换,在实验数据上显示为每美元所能购买的咖啡杯数量较多。而作为比照组的第三组,由于没有什么先天的"禀赋",仅仅是在某种程度上假定他们"本应有"一个杯子,那么他们给出的价格自然处于前两个组之间。由此,我们再一次看到,一个决策者的"禀赋"对于他作出的决策会产生多么大的影响。

在经典理论中,对于无差异曲线有一个很著名的论断:任意两条无差异曲线不相交。当然,在偏好可逆的假定下,这一结论是成立的。但是在上述实验中,我们已经看到,由于禀赋效应的存在,替代品之间的互换过程不再是可逆的,不同的方向会得出不同的无差异曲线。以实验二为例,用咖啡杯来交换现金和用现金交换咖啡杯是两个不同的过程,实验的数据表明他们有着不同的边际替代率,因此我们认为这两个过程有两条各自独立的无差异曲线,并且这两条无差异曲线是相交的,如图3-2所示。交点上两种物品可逆,脱离了交点,不同方向上两种物品的边际替代率就不再相等。

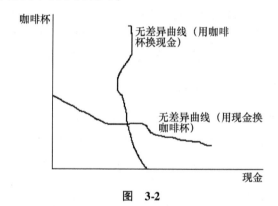

图 3-2

从本质上说,实验二和实验一是相同的。但是实验二给出了三个具体的价格,在数据量化方面相比实验一更进了一步。

通过上面的两个实验,我们已经可以确信,人们对于自己所拥有的东西确实有着一种"依恋"的情感,因此要让他们失去自己所拥有的物品就需要付出更大的代价。这种特殊的情感在人们决策过程中所起的作用无情地否定了经典理论中的一些假定:偏好不再可逆,无差异曲线也不再是不能相交的。

这一发现在现实世界中也有着重要的启发意义。例如在经典的贸易理论中有差异的两个国家有着强烈的贸易欲望,但是考虑禀赋效应就不难发现两个国家同时也有着不愿改变自己"禀赋"的想法。那么在这两种作用的同时作用下,贸易的动机和贸易规模的大小到底是如何决定的呢?这里我们并不是想用禀赋效应来否定贸易存在的可能性和合理性,只是想通过对禀赋效应的研究重新思考贸易中的一些奇怪现象和贸易的真正运作过程。

二、现状偏见(Status Quo Bias)

禀赋效应的主要思想是人们对于自己所拥有的东西有着一种珍惜的感情，让他们放弃他们的所有品需要付出很大的代价。这一结论其实可以进一步延伸，人们拥有的不仅可以是具体的物品，也可以仅仅是某种已有的状态。换句话说，人们在某种程度上是"安于现状"的，不愿改变他们的现状。为了证明这一结论，我们依然进行了一系列的实验。

在美国的新泽西州和宾夕法尼亚州实行着两种不同的汽车保险制度。新泽西州的汽车保险保护面比较广，但是价格也较高；宾夕法尼亚州的保险费则相对便宜，但是保险的范围也比较窄。两种保险制度分别在两个州存在了很多年。在某一年两州的州政府同时宣布两种不同的保险制度都可以在两州实行。但是结果显示两个州的居民却不为所动，大部分居民依然购买本州先前的那种保险。这个例子就充分体现了现状偏见：人们往往不愿意轻易改变些什么。

其实现状偏见的例子在现实生活的很多方面都有体现，例如一项新政策的推广往往需要很长的时间，人们常说的"江山易改，本性难移"也含有这个意思。

三、损失厌恶(Loss Aversion)

无论是前面的禀赋效应还是现状偏见，都有一个共同点，就是决策人对于"损失"的厌恶：在禀赋效应里是对于现有物品损失的厌恶，在现状偏见里是对于现状改变的厌恶。其实在这两种现象背后，还有更为普遍的损失厌恶原理：人们厌恶任何形式的损失，并尽量使这种损失不再发生。在作出自己决策的过程中，人们赋予损失的权重要明显地大于赋予获得的权重。当然在这里我们要对"损失"作一个清晰的界定。在一些正常的商业交易中，商人并不把自己卖出的商品看成是损失，而且只要商品的价格不高得离谱，顾客也不会把自己付出的现金看成是一种损失。在行为经济学中，我们研究的损失一般是指那些本来可用于使用而非交易的物品的减少。

损失厌恶的现象在生活中还是非常普遍的。例如在一次实验中，假定有一种致命的疾病感染了实验参与者，这种疾病有万分之一的可能会使实验参与者在两周内不治身亡，让实验参与者给出他们为了治好这种病而愿意付出的医疗费的数额(WTP)。另一组实验中，实验参与者则被告知他们将参加一次为治疗某种致命疾病而进行的人体实验，这种实验会有万分之一的可能使实验参与者死亡，问实验参与者接受多少钱才同意来参加这次实验(WTA)。按照经典理论，这两种实验本质上的风险是相同的，那么得到的两组数字也应该大致相当。

但是实验结果却无情地否定了这一点,第二组实验参与者给出的金额远远高于第一组。这一"反常"现象用损失厌恶原理就很好解释。在第一组当中,对于已经患病的人来说,花钱治病是一种"获得";而在第二组,本来健康的人参加有生命危险的实验是一种"损失"。一个获得,一个损失,在决策人心中的权重自然不一样。损失厌恶理论告诉我们,损失的那一方被赋予了更多的权重,在实验结果上就表现为较高的金额。

本章小结

每一门学科都是在不断地发现自身矛盾的过程中得以进步的。本章中的三节从不同的角度对传统的偏好理论作了全面的批判,但是现在的问题是既然经典的偏好理论有这样那样的问题,那么究竟什么样的理论才能比较好地解释偏好的形成呢?虽然行为经济学提出了诸如显著性假定、兼容性原理、关联效应、禀赋效应以及损失厌恶这些理论,并且它们的确从某种程度上充实了经典理论对偏好形成过程的说明,但是这些零碎的发现还不能构成一个真正稳固的理论大厦,用以解释人类偏好形成过程中的所有现象。毕竟人类的偏好形成是和心理紧密联系在一起的,而每个人的心理状况又不完全相同,这样势必又加大了研究的难度。我们不指望这项工作能在短期内完成,只是希望随着时间的推移,我们对于偏好的认识能够一步步地加深,一步步清晰起来。

本章思考与练习

一、传统偏好理论哪几方面的假定受到行为经济学的攻击?

二、请在现实生活中分别找出体现极端逆转、禀赋效应的例子。

三、在做本章中的实验时,你觉得需要在哪些方面加以控制,来确保实验结果尽量可信?

四、在学完这一章后,如果要你结合所学的内容对于传统无差异曲线加以改进,你会怎么做?

五、请查阅相应的心理学资料,总结心理学与行为经济学在研究人的偏好方面的异同。

本章参考文献

[1] Fredrick, S. & Fischhoff, B., Scope (in) Sensitivity in Elicited Valuations, *Risk Decision and Policy*, 1998, **3**: 109—123.

[2] Green, P. E. & Srinivasan, V., Conjoint Analysis in Consumer Research: Is-

sues and Outlook, *Journal of Consumer Research*, 1978, **5**: 103—123.

[3] Horowitz, J. K., Discounting Money Payoffs: an Experimental Analysis, working paper, Department of Agricultural and Resource Economics, University of Maryland, 1986.

[4] James, W., *The Principles of Psychology*, Harvard University Press, 1981.

[5] Kahneman, D. & Loewenstein, Explaining the Endowment Effect, working paper, Department of Social and Decision Sciences, Carnegie Mellon University, 1991.

[6] Keeney, R. L. & Raiffa, H., *Decisions with Multiple Objectives: Preferences and Value Tradeoffs*, New York: Wiley, 1976.

[7] Simon, H. A., Rationality as Process and as Product of Thought, *American Economic Review*, 1987, **68**: 1—16.

[8] Slovic, P. & Lichtenstein, S., Preference Reversals: A Broader Perspective, *American Economic Review*, 1983, **73**: 596—605.

[9] Tversky, A. & Shafir, E., The Disjunction Effect in Choice under Uncertainty, *Psychological Science*, 1992, **3**(5): 305—309.

[10] Van Praag, B. M. S., The Individual Welfare Function of Income In Belgium: An Empirical Investigation, *European Economic Review*, 1971, **20**: 337—369.

[11] Von Neumann, J. & Morgenstern, O., *Theory of Games and Economic Behavior*, Princeton University Press, 1971.

[12] Waldman, M., Systematic Errors and the Theory of Natural Selection, *American Economic Review*, 1994, **84**: 482—497.

[13] Wu, G. & Gonzalez, R., Dominance Violations and Event Splitting, unpublished manuscript, University of Chicago Graduate School of Business, 1998.

[14] Yaari, M. E., The Dual Theory of Choice under Risk, *Econometrica*, 1987, **55**: 95—115.

[15] Zaller, J., *The Nature and Origins of Mass Opinion*, Cambridge University Press, 1992.

[16] Zelizer, V. A., *The Social Meaning of Money: Pin Money, Paychecks, Proof relief, and Other Currencies*, New York: Basic Books, 1994.

第四章 效用理论

幸福,一个很古老也很现代的问题,即使那些最善于用抽象的、精确的、高度概括的科学术语来描述客观事物的科学家、哲学家们,在对幸福进行了无数次的讨论之后,也依然没有为大家献上一个绝大多数人认为最理想、最科学的对幸福的定义。

古希腊罗马奴隶制时代,幸福论具有明显的朴素的自然主义特征,即人们把幸福问题同现实生活、物质利益联系起来,把幸福归为某一种或几种能够使人得到快乐的行为方式。

中世纪封建社会时代,幸福论更注重脱离物质生活去追求精神世界。在这一期间,占统治地位的是宗教神学超自然主义的幸福论,它虽然有着消极的一面,但也促进了幸福论在精神方面的探讨。

近代资本主义时期的幸福论,则由萨缪尔森在前人的幸福理论的基础上通过自己的探索,运用极为精练的经济学术语概括而出:幸福=效用/欲望。

幸福是美好的,人人都向往它,追寻它。这一章让我们从行为经济学的角度来解析幸福。

第一节 体验效用

卡尼曼在其论文《体验效用与客观幸福》(*Experienced Utility and Objective Happiness: A Moment-based Approach*)中明确区分了幸福的类型,他将幸福分为主观幸福和客观幸福两种。主观幸福主要指人们对幸福的主观感受,这主要是基于记忆的,要求对近期的"过去"作出主观的判断;而客观幸福是基于即时感受的,指事物给人的即时的客观影响,它可以根据一系列标准化的规则度量。一句话,客观幸福是可测的。仿照感官学对人类对色彩感觉的研究,卡尼曼引入"情感坐标空间"来说明人类对幸福的感觉。这样,他将人们的客观幸福感描绘到了二维坐标所形成的空间中,并将其划分为两种"积极情感"和两种"消极情感"。人们一生中任何时间所有的境遇、行为、外界事物的影响都可以在这一空间中找到唯一的对应点;这一点的位置可以描述人们的幸福感,确切地说是客观幸福感。

情感坐标的建立是衡量客观幸福的基础,它拥有四个公理性的性质:

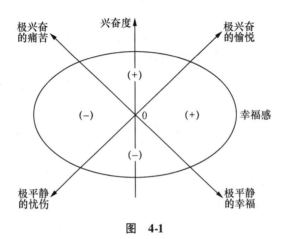

图 4-1

资料来源：Kahneman, D., Experienced Utility and Objective Happiness: A Moment-based Approach, in Kahneman, D. & Tversky, A., ed. *Choices, Values and Frames*, New York: Cambridge University Press and the Russell Sage Foundation, 2000.

1. 客观幸福的概念仅仅局限于事物给人的即时的、当期的影响或效用。客观幸福的概念是较狭隘的，它仅仅是人类生活福利(或说生活质量)的一个要素。人们的生活目的、生存心态、看待生活的态度等因素的确会影响人们的主观幸福感，但是这些方面在一定程度上属于哲学范畴的因素，不在我们的考虑之中。例如某个周末，你有一篇论文要写，但是由于写论文给你的效用为负，你选择了放弃论文而看电影，虽然看电影时你会觉得自己应当去写论文而感觉愧疚、后悔，但是我们认为看电影给你的客观幸福感并没有发生变化。

2. 不同情况下的相同度量标准。考虑一个小问题：给你两种选择，你是愿意失去一条腿还是受到最最亲密朋友的背叛和诬蔑？这是一个极难回答的问题，因为通常情况下，生理上的和精神上的影响是难以比较的。但是在客观幸福的假定下，我们认为可以通过分别把它们转化为相同的衡量标准下的幸福感而加以比较。这种转化也就是给不同体验所产生的效用以相同的范围限定和等级划分。

3. 有独立的零点。坐标轴的建立离不开零点的确立，在对幸福的衡量中似乎零点的确立有一定的困难：究竟什么算是"既不幸福也不痛苦"？一个和我完全无关的人今天买了一件衣服，我"既不幸福也不痛苦"；看一场没有任何偏好的电影，想看就看、不想看就睡一会儿，我"既不幸福也不痛苦"；早晨起床整理课本，我"既不幸福也不痛苦"。这种"感情中立"的事情似乎有太多太多，究竟哪一个才算零点？事实上，虽然给你中立感觉的经历各个不同、多种多样，但是它们给你的感觉其实都是一样的，也就是说这种中立的感情并没有变化，"情感坐标"的零点并没有变化,变化的仅仅是它的表现形式。

4. 人与人之间的可比性。你永远无法说一对热恋中的青年和一对相濡以沫的老人哪个更幸福。主观的幸福在人与人之间是无法比较的,毕竟"汝非鱼,安知鱼之乐"。但是客观幸福不再面对这个问题。研究显示,对于不同的人来说,生理影响和心理反映之间的关系在很大程度上是一致的,这就决定着客观幸福的衡量在不同的人之间是可以比较的。

"幸福可测",似乎经济学家们都这么说,那么幸福究竟应当如何测量呢? 解决问题的矛头几乎都指向一处——"效用"。幸福测度和效用测度紧紧地联系在一起,效用测度就是幸福测度的基础。那么经济学家又用什么测量效用呢? 让我们来看看效用测度的发展吧!

第二节 期望值理论和期望效用理论

效用理论有着丰富的内容,期望值理论和期望效用理论是传统经济学中效用测度的重要理论,它的发展显示了人们对幸福、效用认识的发展过程。从开始时的"金钱"是人们衡量的标准到"效用"才是人们决策的依据,经济学对人们决策行为的分析、预测更加合理。那么究竟什么才是期望值理论和期望效用理论呢?

一、期望值理论(Expected Value Theory)

假如有一天,你走进一家赌场,现在有两种博彩让你选择:一种是80%的可能赢得3 000元,20%的可能输掉1 000元;另一种是30%的可能赢得4 000元,70%的可能输掉800元,想一想,你会选择哪种博彩进行"投资"呢? 显然,人们会选择第一种博彩。对此,早期的经济学家是用"期望值理论"进行分析的。

期望值理论的基本理论是说,在各种决策的收益分布已知的情况下,人们可以由其概率分布计算出各种决策的期望收益,并根据期望收益最大化的原则进行决策。假设一种决策可能会有 n 种结果发生,每种结果的收益为 w_i,发生的概率为 p_i,则该决策的期望收益可以表示为:$I = \sum_{i=1}^{n} w_i p_i$。现在,回到开始的例子,第一种博彩的期望收益为2 200元,而第二种博彩的期望收益仅为640元,人们自然应当选择第一种博彩。

从上面的例子也可以看出,期望值理论可以有效地解释不确定条件下人们的决策行为。但是,考虑下面两种博彩选择:

博彩 A:100%的可能得到1 000元;

博彩 B:50%的可能得到2 100元,50%的可能什么都得不到。

事实上,虽然博彩 B 的期望值大于博彩 A 的期望值,但是当面对这两种选择时,大多数人们会选择 A 而不选择 B。为了对这一现象进行充分的解释,经济学家 Von Neumann 和 Morgenstern 在期望值理论的基础上发展出了"期望效用理论",把不确定条件下人们决策行为的发展推进了一大步。

二、期望效用理论(Expected Utility Theory)

1. 期望效用理论的基本框架

效用是西方经济学中一个极其重要的概念,它指商品或服务满足人欲望的能力,也就是消费者在消费商品或服务时所感受到的满意程度。大约以 20 世纪 30 年代为界,效用论先后经历了基数效用论和序数效用论两个发展阶段,并形成了边际效用分析和无差异曲线分析两种决策分析方法,但是无论哪种分析方法都严格遵循着"追求效用最大化"这一重要原则。

20 世纪 40 年代,Von Neumann J. 和 Morgenstern 创立的期望效用理论开始在经济学的风险决策行为分析中得到广泛应用。该理论指出,只要人们的效用函数满足下面的几个公理,就能建立起一个与之一致的效用函数,用来确定不确定条件下的决策行为。下面列出了期望效用理论中有关决策人偏好的几个公理(其中,$L(P,A,B)$ 代表一种不确定事件,它产生 A 结果的概率是 P,产生 B 结果的概率是 $1-P$):

(1) 可比较性公理(Comparability Axiom):个体在任意两个可以选择的方案 A 和 B 之间总是可以比较的,即要么偏好 A 胜过 B,即 $A>B$;要么偏好 B 胜过 A,即 $A<B$;或两者之间无差异,记为 $A \sim B$。

(2) 连续性公理(Continuity Axiom):如果 $A>B>C$,那么存在一个概率 P 使得确定事件 B 与不确定事件 $L(P,A,C)$ 之间无差异。

(3) 概率不等公理(Unequal-Probability Axiom):假定决策者偏好 A 胜过 B,即 $A>B$,那么对于不确定事件 $L_1(P_1,A,B)$、$L_2(P_2,A,B)$,当且仅当 $P_1>P_2$ 时,决策者偏好 L_1 胜过 L_2,即 $L_1>L_2$。

(4) 传递性公理(Transitivity Axiom):在彩票 1、2、3 之间如果存在 $L_1>L_2$,$L_2>L_3$,那么一定有 $L_1>L_3$;如果 $L_1 \sim L_2$,$L_2 \sim L_3$,那么一定有 $L_1 \sim L_3$。

(5) 独立性公理(Independence Axiom):当决策者面临两个行为选择 A 和 B 时,如果决策者选择 A 而放弃 B,则对任何选择 C 及不确定事件 $L_1(P,A,C)$、$L_2(P,B,C)$,决策者都会选择 L_1 而放弃 L_2。

(6) 可分性公理(Decomposability Axiom):如果一个复合的不确定事件 L^* 由两个简单不确定事件组成,即 $L^*=(P,L_1,L_2)$,其中简单事件 L_1、L_2 分别为 $L_1(P_1,A,B)$、$L_2(P_2,A,B)$。那么复合不确定事件 L^* 可以用简单事件的形式表

达为:

$$L^* = P \cdot L_1(P_1, A, B) + (1 - P)L_2(P_2, A, B)$$

接着,期望效用理论假设每个决策者都有一个与上面六个公理相一致的实值效用函数,该效用函数以决策者决策行为的每种结果可能得到的收益值为自变量,并且每种行为结果产生的收益,也就是自变量都只有 n 个可能的取值(记为 $W_1, W_2, \cdots, W_n$),即每种结果到其收益之间是单映射。假设现有行为 I 和行为 II 供决策者选择。行为 I 将会使结果 W_i 以 p_i 的概率实现,而行为 II 使结果 W_i 以 q_i 的概率实现。若决策者选择行为 I 而放弃行为 II,则必有行为 I 产生的期望效用大于行为 II 产生的期望效用。用数学表达为:

$$\sum_{i=1}^{n} U(W_i)p_i > \sum_{i=1}^{n} U(W_i)q_i$$

于是,对于一个决策人来说,在给定市场外部条件(即给定可能的行为结果集 $\{W_i\}$ 以及其每个元素所对应的概率 P_i)时,其决策的过程就可视为一个期望效用最大化的过程,即

$$\text{Max} U = \sum_{i=1}^{n} U(W_i)P_i$$

期望效用理论对六条公理的符合,在此没有必要逐条证明,我们仅仅看一看"独立性公理":当决策者面临两个行为选择 A 和 B 时,如果决策者选择 A 而放弃 B,则对任何选择 C,决策者都会选择概率组合 $pA + (1-p)C$,而放弃 $pB + (1-p)C$。对于概率组合 $pA + (1-p)C$ 和 $pB + (1-p)C$,期望效用函数中,都含有相同的部分 $U(C) \cdot (1-p)$,不同的部分为 $U(A) \cdot p$ 和 $U(B) \cdot p$。由于决策者选择 A 而放弃 B,即 $U(A) \cdot p > U(B) \cdot p$,则有

$$U(C) \cdot (1-p) + U(A) \cdot p > U(C) \cdot (1-p) + U(B) \cdot p$$

故而决策者会选择概率组合 $pA + (1-p)C$ 而放弃 $pB + (1-p)C$。请记住该公理,在下面的部分中它将有重要的应用。下面让我们用一个一般性的例子来了解期望效用理论的简单应用。

2. 一个简单的实例

假设某决策人有一笔数量为 W 的资金,可用于储蓄或是购买某种股票。银行的利率为 r_b;股票发生损失的概率为 p,损失率为 r_1,否则就可以得到 r_g 的收益。该决策人的效用函数为 $U = U(y)$(其中 y 为收益)。由期望效用理论,设该人存入银行的资金为 x,则其预期效用函数为:

$$E(U) = U[x(1+r_b)] + U[(W-x)(1-r_1)] \cdot p$$
$$+ U[(W-x)(1+r_g)] \cdot (1-p)$$

对于一个理性人来说,只需要对上式作求导变换,就可以得到使其期望效用最大

化的 x 值,也就是在上述市场条件下的最优决策。

现在回过头来看刚刚提到的期望值理论不能解释的那个博彩决策吧。设决策人效用函数为 $U = U(y)$(其中 y 为收益)。博彩 A 的预期效用为 $U_A = U(1\,000)$;博彩 B 的预期收益为 $U_B = 0.5 \cdot U(2\,100)$。由货币的边际效用或边际替代率递减规律,有 $U' < 0$,故虽然博彩 A 的预期值小于博彩 B,但有可能 $U_A > U_B$。

期望效用理论在经济学界得到广泛的认同,并取得较大的发展,应用于风险决策、资本资产定价等各个方面。但是,随着经济学研究的深入,经济学家们逐渐发现了越来越多的期望效用理论难以解释的现象。

第三节 不理性的效用决策

上世纪末,对人类经济行为的进一步分析和心理学的引入,使得期望效用理论暴露出来的破绽愈来愈多,大量经济学家本着求真的态度对这一经典理论提出了质疑。下面就是他们主要的观点。

一、风险厌恶

马修·拉宾(Matthew Rabin)在他的论文《风险回避和预期效用理论:一种度量法则》(*Risk Aversion and Expected-Utility Theory: A Calibration Theorem*)中提出,人们的偏好具有"风险厌恶"的基本特性。在期望效用的理论框架中,对风险厌恶的唯一解释就是财富的效用函数曲线是凹形的;对于额外财富的需求,人们在富裕时比贫穷时的边际效用低,所以人们都不喜欢自己的财富具有太大的不确定性,也就是风险厌恶来自于货币边际效用递减。这有助于解释为什么风险大时,人们倾向于降低风险消费和决策行为的不确定性。在期望效用理论中,拒绝含有小风险的投机意味着货币的边际效用必须随财富中的微小变化而快速地减少。例如,假设你的初始财富为 W,由于递减的边际效用,你可能会拒绝有 50% 可能失去 10 元或得到 11 元的投机,那么必然有 $U(W + 11) - U(W) < U(W) - U(10)$,此时你对 W 与 $(W + 11)$ 之间每一元钱的平均估价至多相当于你对 W 与 $(W - 10)$ 之间每一元钱估价的 10/11,由效用函数的凹性,你一定认为,在你现有财富水平上的第 11 元钱至多等值于第 10 元钱的 10/11,这反映了货币在决策人心目中价值的贬值率。而拉宾指出期望效用理论暗含的贬值率实际上比这个例子中的更快,所以传统的期望效用函数存在一定的系统错误。只有当效用函数中的偏好与概率呈非线性关系时才能更好地解释人类的行为,因此,对小风险的回避与递减的财富边际效用无关。

二、对小风险和大风险的厌恶不一致性

拉宾在同一篇论文中还指出:期望效用理论在对小风险的厌恶和大风险的厌恶间的关系中作了错误的预测,因为该理论假设的是,对待这两种风险的态度是派生于同样的财富效用函数的,因此它把对小风险的极小厌恶都解释成对大风险的不合理的厌恶。拉宾通过一个实例说明了该结论的含义,即若一个期望效用最大化者常拒绝含有小风险的投机,那么他将拒绝含有大风险的投机。假设,从任何初始的财富水平出发,如果某人拒绝损失 100 元或得到 110 元的概率各占 50% 的投机,那么他将拒绝损失 1 000 元或得到任意金额收益的概率同样各为 50% 的投机;同理,如果某人拒绝损失 1 000 元或得到 1 050 元的概率各占 50% 的投机,那么他将拒绝损失 20 000 元或得到任意金额收益的概率各占 50% 投机。这是对待风险问题的不合理的厌恶。所以,该理论并不能正确解释对待小风险的态度。下面我们来看拉宾的一个例证:

假定股票市场的平均真实回报率为 6.4%,标准差是 20%,债券市场的无风险投资回报率为 0.5%。假设某投资人有一恒为风险回避的效用函数,并且他将在任何财富水平上拒绝 50% 赢得 G 元、50% 失去 L 元的博彩,那么通过这两个数据可以得到该人的一个"风险回避系数",记为 ρ①。在上述投资环境下,该投资人将对股票投资 X 元,可以得到表 4-1 所示的结果。

表 4-1

L/G	ρ	X(元)
100/101	0.0000990	14 899
100/105	0.0004760	3 099
100/110	0.0009084	1 639
100/125	0.0019917	741
100/150	0.0032886	449
1 000/1 050	0.0000476	30 987
1 000/1 100	0.0000908	16 389
1 000/1 200	0.0001662	8 886
1 000/1 500	0.0003288	4 497
1 000/2 000	0.0004812	3 067
10 000/11 000	0.0000090	163 889
10 000/12 000	0.0000166	88 855
10 000/15 000	0.0000328	44 970
10 000/20 000	0.0000481	30 665

资料来源:Matthew Rabin, Risk Aversion and Expected-Utility Theory: A Calibration Theorem, *Econometrica*, 2000, **68**(5): 1281—1292.

---

① ρ 的来源过程及表格数据来源在此不再赘述,有兴趣者请参看文中所提到的论文。

从上面的表格可以看出,如果一个投资者拒绝50%赢得1 200元、50%失去1 000元的博彩,那么无论他在股票市场和债券市场的总投资额是多少,他在股票市场的最大投资额是一定值——8 886元。那么如果他拒绝50%赢得100元、50%失去110元的博彩,无论总投资额多少,他就仅仅会在股票市场上保持最多1 639元的投资额,而这些显然是与实际不符的。为了合理地解释人们对小风险和大风险的态度,我们必须放弃期望效用理论而寻找一个新的解释。

三、"效用"的不一致

卡尼曼在其论文《体验效用与客观幸福》与《对"理性人"假定的新挑战》(*New Challenges to the Rationality Assumption*)中,区分了"效用"的两种不同含义:一种是边沁使用的,指快乐和痛苦的体验,称为体验效用;另一种是现代意义的,指决策的权重,称为决策效用。另外,根据效用的作用,还有预期效用(一种对未来体验效用的预期)、总效用(一种体验效用的当期测度。它源于对当期效用的测度)、回忆效用(体验效用基于回忆的测度,对生命时期或事件的回顾性估价)。其中体验效用是人们对事物进行评价和判断的依据;但是,人们在对未来进行决策时依据的是自己对未来效用的预期,也就是预期效用。这里便产生了一些问题:人们能够在多大程度上正确判断自己未来的"体验效用"?人们真正知道他们曾经喜欢过什么、未来又会喜欢什么吗?另一方面,人们在作出自己的决策时,又是否将自己对同一事物效用评价的不确定性考虑在内呢?在期望效用理论中,经济学家假定人们是理性且偏好稳定的,但是行为经济学对人类真实行为的研究却发现这一假定并不符合事实:人类的"效用"并不是永远一致的。

四、阿莱斯悖论(Allais Paradox)

现实生活中有许多证据表明,许多风险下的决策结果明显地违背了期望效用理论的预测结果。最早提出这一问题的是莫里斯·阿莱斯(Maurice Allais)。1953年,他提出了著名的"阿莱斯悖论",指出一定风险条件下的决策偏离期望效用理论这一事实,并凭此获得了1988年的诺贝尔经济学奖。先来做一个实验。

实验 1

博彩 1：请在下面两个博彩间进行选择：

博彩 A：33% 的机会得到 2 500 元，66% 的机会得到 2 400 元，1% 的机会什么也得不到；

博彩 B：100% 的机会得到 2 400 元；

记下你的结果。

博彩 2：

博彩 C：33% 的机会得到 2 500 元，67% 的机会什么也得不到；

博彩 D：34% 的机会得到 2 400 元，66% 的机会什么也得不到。

这是卡尼曼和特维斯基在他们著名的论文《前景理论：一种风险条件下的决策分析》(*Prospect Theory: An Analysis of Decision under Risk*) 中提到的诸多实验之一，实验结果如表 4-2 所示。

表 4-2

博彩 1			
博彩 A	18%	博彩 B	82%*
博彩 2			
博彩 C	83%*	博彩 D	17%

注：① 参加实验总人数为 72 人；② 加 * 数据在 0.1 的水平上是显著的。

资料来源：Kahneman, D. & Tversky, A., Prospect Theory: An Analysis of Decision under Risk, *Econometrica*, 1979, **47**(2): 263—292.

由上面的实验 1，可以得到：$U(2\,400) > 0.33U(2\,500) + 0.66U(2\,400)$，而从实验 2，恰恰可以得到相反的结论。事实上，实验 2 仅仅是在实验 1 的基础上将比较双方的期望效用分别减去 $0.66U(2\,400)$，然而决策人的决策却发生了重大变化。这一事实明显违反了前面证明过的"独立性定理"。

我们再看一个与之相似的例子，下面这个例子较上面那个例子更加简单，也更具代表性。

实验 2

博彩 1：
博彩 A：80% 的机会得到 4 000 元，20% 的机会什么都得不到；
博彩 B：100% 的机会得到 3 000 元。
博彩 2：
博彩 C：20% 的机会得到 4 000 元，80% 的机会什么都得不到；
博彩 D：25% 的机会得到 3 000 元。

这个例子同样来自于卡尼曼和特维斯基的论文《前景理论：一种风险条件下的决策分析》，实验结果如表 4-3 所示。

表 4-3

博彩 1			
博彩 A	20%	博彩 B	80%*
博彩 2			
博彩 C	65%*	博彩 D	35%

注：① 参加实验总人数为 95 人；② 加 * 数据在 0.1 的水平上是显著的。

分析：第一次博彩中，人们的决策明显偏重于博彩 B，即有 $80\%U(4\,000) < U(3\,000)$；在第二次博彩中，人们的决策则明显侧重于博彩 C，这表明 $20\%U(4\,000) > 25\%U(3\,000)$。事实上，对于效用函数来说，不过是在不等式的两边同时乘以 25%，不等式的方向却发生了改变，这显然是不符合期望效用理论的。细心的读者可能会发现上面的两个例子都是关于货币的，下面，再来看一组其他收益形式的例子，同样来自上面提到的那篇论文。

实验 3

博彩 1：
博彩 A：50% 的机会获得一次免费的英、法、意三周旅行；
博彩 B：100% 机会获得一次免费的英国一周旅行。
博彩 2：
博彩 C：5% 的机会获得一次免费的英、法、意三周旅行；
博彩 B：10% 的机会获得一次免费的英国一周旅行。

这个实验的实验结果如表 4-4 所示。

表 4-4

博彩 1			
博彩 A	22%	博彩 B	78%*
博彩 2			
博彩 C	67%*	博彩 D	33%

注:① 参加实验总人数为 72 人;② 加 * 数据在 0.1 的水平上是显著的。

分析:实验 3 是实验 2 的变体,同样是在效用不等式的两边同乘一个数,不等号方向却发生改变。博彩 1 的效用分析式为 $50\% U(三周旅行) < U(一周旅行)$,而对博彩 2 却有 $5\% U(三周旅行) > 10\% U(一周旅行)$,两边同乘以 10%,不等号方向发生了改变,幸福感再次逆转。

经济学家们发现了包括这个例子在内的大量实证,这些例子都与传统期望效用理论对人类行为的预测不一致,这些事实成为质疑期望效用理论最有效的武器,期望效用理论框架开始出现危机。经济学家们展开大量的工作,力图解释阿莱斯悖论。一部分希望能够"挽救"期望效用理论的经济学家发展了一般化的期望效用理论;而卡尼曼和特维斯基则完全摒弃了期望效用理论框架,直接从解释行为的角度出发,利用实验结论及有效的分析,发展了"前景理论"。2002年,诺贝尔经济学奖颁发给卡尼曼及史密斯(此时,特维斯基已经去世),这标志着主流经济学对行为经济学的认可,从此行为经济学开始作为主流经济学的一部分登上经济学殿堂的宝座。

越来越多的研究表明,期望效用理论仅适用于理性经济人在不确定情况的决策,而人们常常——甚至绝大多数情况下——是不理性的。那么在人们不理性的时候又如何来进行决策呢?依据前景理论!行为经济学家给予我们一个明确的答复。

第四节 前景理论

期望效用理论描绘了理性行为的特征,而前景理论(Prospect Theory)则描述了实际行为。虽然期望效用理论为某些简单和透明的决策问题的现实选择提供了准确的依据,但大多数现实生活中的决策问题是复杂的,需要更加丰富的行为模型。在上一节,我们已经看到了一些用期望效用模型无法解释的案例,这一节,我们就来学习一个新的理论——前景理论,以更好地解决我们的问题。

一、前景理论

期望效用理论的模型表达是:假定对财富 w 存在一个实际价值函数 u,如果行动 a 使出现不同 w_i 的概率为 p_i,行动 b 使出现不同 w_i 的概率为 q_i,那么当满足下列条件时决策者选择 a 行动而不选择 b 行动:

$$\sum p_i u(w_i) > \sum q_i u(w_i)$$

相比之下,前景理论认为人们在作选择时所比较的是期望预期($E(p)$),即可能收益值(v_i)与该收益发生的心理概率(w_i)的内积之和。它规定了两个函数的存在,即 v(价值函数)和 π(权重函数)。当满足下列条件时,决策者选择 a 行动,不选择 b 行动:

$$\sum \pi(p_i) v(w_i) > \sum \pi(q_i) v(w_i)$$

由此我们可以看出,两个理论模型存在几点区别。

第一,在前景理论中,决策者感兴趣的不是财富的最终价值,而是财富相对于某一参照点的变化 Δw。卡尼曼和特维尔斯基认为,一个决策问题具有两个阶段。为了给眼前的决策确定一个合适的参照点,问题首先被"编辑",接着选择的后果被"编码":超过参照点的视为赢利,低于的视为亏损。编辑阶段之后是评价阶段。

第二,关于前景理论中的价值函数 v(图4-3)。除了该函数的自变量是财富的变化之外,这个函数还呈 S 形。凹的部分是收益,凸的部分是损失,图形显示了价值对两种方向上的变化的敏感性的逐步降低。而且,它在 0 的位置上有一个拐弯,少量损失比少量收益上的函数更加陡峭。相反,期望效用理论中的效用函数 u 在任一点都是平滑、凹陷的(图4-2)。

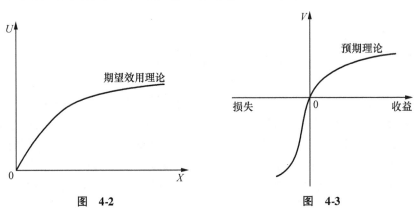

图 4-2   图 4-3

第三,前景理论中的决策权重(Decision Weight)函数(图4-4)是目标概率 p

和 q 的变形。这个函数单调上升,在 0、1 处间断,它系统性地给小概率过多的权重,给大概率过小的权重。

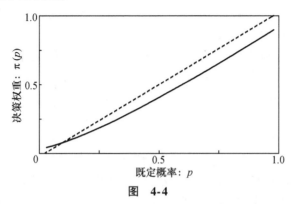

图 4-4

第四,期望效用理论假设人们是风险规避的,即人们面对任何不确定性选择时都是风险规避的。而前景理论不同,它有着自身的两大假设:① 人们在面临获得的情况下是风险规避的;② 人们在面临损失的情况下是风险喜好的。

期望效用理论是自明之理,而前景理论则是描述性的,是从经验观察中以归纳的方式发展而成,而不是从一组逻辑公理中演绎而来的。但事实上两种方法都是必需的:期望效用理论描绘了理性行为的特征,而前景理论则描述了实际行为。

前景理论对期望效用理论的发展主要在于让人们的经济行为更加精确,更加贴近实际,更为准确地描述风险条件下的个人行为。它与我们的很多经济事实相符,解释了很多在期望效用理论下不能解决的问题。

根据前景理论,人们对风险的态度不是只由效用函数决定,而是由价值函数和权数函数联合决定的。概括起来,前景理论的主要结论有四点:

(1) 人们不仅看重财富的绝对量,更看重财富的变化量。与投资总量相比,投资者更加关注的是投资的盈利或亏损数量。

(2) 人们面临条件相当的损失前景时更倾向于冒险赌博(风险偏好),而面临条件相当的盈利前景时更倾向于实现确定性盈利(风险规避)。

(3) 一定量的财富减少产生的痛苦与等量财富增加给人带来的快乐不相等,前者大于后者。

(4) 前期决策的实际结果影响后期的风险态度和决策,前期赢利可以使人的风险偏好增强,还可以平滑后期的损失;而前期的损失加剧了以后亏损的痛苦,风险厌恶程度也相应提高。对于投资者来说,投资者从现在的赢利或损失中获得的效用依赖于前期的投资结果。

二、价值函数和权重函数

前景理论用两种函数来描述人的选择行为：一种是价值函数 $v(x)$，替代了期望效用理论中的效用函数；另一种是决策权重函数 $\pi(p)$，用决策权重替代了期望效用函数中的概率。人们在风险下的决策是由价值函数和权重函数联合决定的，权重函数 $\pi(p)$ 描述未来前景中单个事件概率 p 的变化对总体效用的影响，主观价值函数 $v(x)$ 直接反应前景结果 x 与人的主观满足大小之间的关系。

1. 价值函数

前景理论中的价值函数是一个主观价值函数。它有一个财富增加或减少的参照点，该点的位置取决于决策者的主观印象。前景的结果 x 表示财富水平与该参照点的偏离，而不是绝对的财富水平，价值函数衡量盈利或亏损对人的主观满足的影响，价值函数曲线在参照点处开始转折，它是财富增加或减少的分界线。

价值函数在盈利的定义域中是凹的（$x>0, v''(x)<0$），而在亏损的定义域中是凸的（$x<0, v''(x)>0$），同样是 5 美元的差别，但 10 美元与 15 美元盈利之间主观价值的区别大于 100 美元和 105 美元盈利之间主观价值的区别，当亏损发生时这一性质依然成立。通常情况下由于人们是风险厌恶的，价值函数曲线为 S 型，在损失区域比在盈利区域更加陡峭（见图 4-3）。

2. 权重函数

前景理论以不确定事件的概率作为效用权数。权重曲线（真实概率为横轴，主观权数为纵轴）是一条斜率大于 0，小于 1 的曲线（见图 4-4）。

权重函数具备以下属性：

① 权重函数是概率 p 的增函数，且 $\pi(0)=0, \pi(1)=1$；

② 亚确定性（Subcertainty）：除极低概率事件外，权数函数数值通常比相应的概率低 $\pi(p)<p$。在低概率区域权数函数是次加性函数，即对任意的 p，有 $p<\pi(p)$。

③ 极低和极高概率事件的权重主要取决于投资者的主观感觉。人有对极低概率事件高估的倾向，这是保险和赌博的原因和吸引力所在，因为它们都是以较小的相对固定成本换取可能性非常小却十分巨大的潜在收益。人们花两元购买概率只有 0.001 而奖金为 10 000 元的彩票，该博彩行为反映了人的主观偏好：$\pi(0.001)v(10\ 000)+\pi(1)v(-2)>0$。

3. 两种结果下的联合效用方程

前面我们考虑的都是只有一种结果 x 的简单效用方程 $E(p)$，下面我们开始介绍含有两个结果 x、y 的联合效用方程。举个例子，很容易就明白了。

一个事件出现结果 x、y 的概率分别为 p、q，记为 $(x,p;y,q)$，则总效用就可表示为 $U(x,p;y,q) = \pi(p)v(x) + \pi(q)v(y)$，即联合效用方程就是各种概率下的结果的效用方程的加总。

三、前景理论对期望效用理论的一些解释

1. 确定性结果趋向问题

当面临两种选择，A：80% 的概率赢得 300 元，

　　　　　　　　B：100% 的概率赢得 200 元。

人们往往选择 B，这可以用权重函数有关知识解释。前面我们谈到，对于大概率事件，权重函数往往低估（Underweighting）。问题中 80% 的概率是一个大概率，因为权重函数对于其概率的低估，从而使真实概率减少，而 100% 的概率却不变，于是人们就趋向于确定性结果。

2. 阿莱斯悖论

在第三节中，我们提到了阿莱斯悖论，那时我们用传统的期望效用模型无法解释它，现在，在了解了前景理论之后，我们就可以解释它了。

在博彩 1 中，82% 的人们选择了 B"100% 的机会得到 2 400 元"；在博彩 2 中，83% 的人们选择了 C"33% 的机会得到 2 500 元；67% 的概率什么都得不到"，如果用传统的期望效用模型我们知道这是不可解释的，但用前景理论的相关知识进行分析我们知道，这个问题与我们刚刚研究的"确定性结果趋向问题"其实是一样的，同样可以用权重函数对之进行分析。

至此，我们用前景理论的有关知识解决了阿莱斯悖论问题。

任何理论都是在不断地更新和发展的。前景理论的出现，改变了人们用期望效用函数模型进行决策分析的传统做法，极大地丰富了风险决策理论，标志经济学正向着更准确地描述风险条件下的个人行为迈出了重要的一步。但是，它也存在不足和缺点。

在介绍价值函数的时候，我们谈到了"参照点"问题，但是前景理论却没有说明是什么决定了参照点的位置。在介绍权重函数的时候，我们也谈到了"大概率和小概率"的不同估计问题，但是前景理论中也没有说明很大概率和极小概率的区别。于是，1992 年，卡尼曼和特维斯基又提出了"积累性预期理论"（Cumulative Representation of Uncertainty），并改善了原来的单一权重函数，引入了两种概率加权函数：$w^+(p)$——获得时的概率加权函数，$w^-(p)$——损失时的概率加权函数。

通过这样的完善，积累性预期理论解决了前景理论中的一些不足。由于篇幅有限，我们这里就不展开论述，欲了解详细内容可参阅本书的附录 3。积累性

预期理论的提出并不意味着有关"效用测度"理论的终结,人们的认识是不断发展的,我们期待着它的进一步发展。

本章小结

效用理论有丰富的内容。期望值理论和期望效用理论是传统经济学关于效用测度的重要理论,它们的发展显示了人们对幸福、效用认识的发展过程,在过去的几十年中,一直在效用理论中占有主导地位。但是近几年来,这些理论也产生了很多问题,有些甚至是很严重的问题。为了解决这些问题,行为经济学提出了"前景理论",解释了对少量结果的风险预期时存在的主要问题。它包括两个最基本的要素:① 价值函数。这个函数对收入是凹的,而对损失是凸性的,并且在损失的部分要更陡些。② 权重函数对可能性的非线性变换。这个变换强调小概率而弱化大概率。

本章思考与练习

一、请简述期望效用理论的主要内容及其存在的主要问题。

二、请举出现实生活中体现阿莱斯悖论的一个实例。

三、你认为前景理论是期望效用理论的一个很好的修正吗?如果不是,你还有什么新的想法?

四、简述价值函数的基本假定和具体形式。

五、结合你自己的想法,写出一个你自己的测度幸福的函数。

本章参考文献

[1] Allais, M. & Hagen, O. E., *The Expected Utility Hypothesis and the Alliasis Paradox*, Dordrecht: Reidel, 1979.

[2] Camerer, C. F., Recent Tests of Generalizations of Expected Utility Theories, in W. Edwards, ed. *Utility Theories: Measurement and Applications*, Dordrecht: Kluwer Academic Publishers, 1992.

[3] Fiegenbaum, A., Prospect Theory and the Risk-Return Association, *Journal of Economic Beha- vior and Organization*, 1990, **14**: 187—203.

[4] Fishburn, P. C., SSB Utility Theory and Decision-Making under Uncertainty, *Mathematical Social Science*, 1984, **8**: 253—285.

[5] Fishburn, P. C., *Nonlinear Preference and Utility Theory*, the Johns Hopkins

University Press, 1988.
[6] Gilboa, I., Expected Utility with Purely Subjective Non-additive Probabilities, *Journal of Mathematical Economics*, 1987, **16**(1): 65—88.
[7] Kahneman, D., New Challenges to the Rationality Assumption, *Journal of Institutional and Theoretical Economics*, 1994, **150**(1): 18—36.
[8] Kahneman, D., Experienced Utility and Objective Happiness: A Moment-based Approach, in Kahneman, D. & Tversky, A., ed. *Choices, Values and Frames*, New York: Cambrige University Press and the Russell Sage Foundation, 2000.
[9] Kahneman, D. & Tversky, A., Prospect Theory: An Analysis of Decision under Risk, *Econometrica*, 1979, **47**(2): 263—292.
[10] Kahneman, D. & Tversky, A., Advances in Prospect Theory: Cumulative Representation of Uncertainty, *Journal of Risk and Uncertainty*, 1992, **5**: 297—324.
[11] Keren, G., Additional Tests of Utility Theory under Unique and Repeated Conditions, *Journal of Behavioral Decision Making*, 1991, **4**: 297—304.
[12] Kerer, G. & Wagenaar, W. A., Violation of Utility Theory in Unique and Repeated Gambles, *Journal of Experimental Psychology: Learning, Memory and Cognition*, 1987, **13**: 387—391.
[13] Loewenstein, George, Because It Is There: The Challenge of Mountaineering… for Utility Theory, *Kyklos*, 1999, **52**: 315—344.
[14] MacCrimmon, K. R. & Larsson, Utility Theory: Axioms versus Paradoxes, in M. Allais & O. Hagen, ed. *The Expected Utility Hypothesis and the Allais Paradox*, Dordrecht: Riedel, 1979: 333—409.
[15] Matthew Rabin, Risk Aversion and Expected-Utility Theory: A Calibration Theorem, *Econometrica*, 2000, **68**(5): 1281—1292.
[16] Starmer, C., Developments in Non-expected Utility Theory: The Hunt for a Descriptive Theory of Choice under Risk, *Journal of Economic Literature*, 2000, **38**: 332—382.
[17] Swalm, R. O., Utility Theory-Insight into Risk Taking, *Harvard Business Review*, 1966, **44**: 123—136.
[18] Tversky, A. & Kahneman, D., Cumulative Representation of Uncertainty, *Journal of Risk and Uncertainty*, 1992, **5**: 297—323.

[19] Von Neumann J. & Morgenstern O., *Theory of Games and Economic Behavior*, Princeton University Press, 1944.
[20] 董保民:《非期望效用理论与道德风险下的最优保险》,工业出版社 2000 年版。

第五章

公平和互惠

传统经济学假设人类行为都是理性(Rational)且自利的(Self-Interested),这会自动导致个人和社会整体福利水平的最大化。不过公平和效率并重的社会价值,在许多情况下都不能兼容,经济人不会为了公平的目的而牺牲自我利益。

但行为经济学认为,纯粹的自利无法解释人类生活中存在的许许多多的"非物质动机"和"非经济动机"现象,例如社会存在一些真正的"公平人"自愿捐献、干旱时自愿节水以解决能源危机,另外一些人却牺牲金钱从而对不公平的待遇进行报复等。行为经济学认为,由于偏离了狭义的自利,人们会选择那些不会最大化自身收益的行为,当这些行为影响他人收益时,人们会在交易中牺牲自身收益以惩罚那些对他们不利的人,或是与那些没有要求分配的人分享收益,或是自愿为公共物品作贡献(Camerer & Fehr,2001)。所以,人类经济行为的动机不仅仅只是理性和自利,也有情感、观念导引和"社会目标"引致的成分。因此,很有必要将社会动机的一种形式——人们对他人福利的关心纳入经济分析中。

第一节 公平和自利[①]

一、不公平厌恶(Inequity Aversion)

尽管大量的经济学模型都假设人只关注自身的利益,而对于社会目标并不关心,但是现实的经验告诉我们,人们的效用水平不仅取决于自身的收益,而且和分配的公平性密切相关。中国自古就有"不患寡而患不均"的说法,这说明人们不仅关心他们自身的物质收益,而且十分在意他们和其他个体在收益上的相对差异。当出现不公平的情形时,人们会表现出不满和怨恨,行为经济学家称这一现象为不公平厌恶。

二、度量收益和公平的效用函数

在实证研究方面,大量的证据表明人的行为模式和公平动机有着紧密的联

[①] 本节主要参考 Fehr, Ernst & Klaus M. Schmidt, A Theory of Fairness, Competition and Cooperation, *Quarterly Journal of Economics*, 1999, **114**(3): 817—868.

系。例如,很多证据表明:工人对"公平的工资"的理解能够在一定程度上制约厂商如何制定工资(Blinder & Choi,1990;Agell & Lundborg,1995;Bewley,1995;Campbell & Kamlani,1997)。这使得在萧条的情况下,厂商不敢减少工人的工资,因为工人认为削减工资是不公平的,如果厂商这么做很可能会对工人的积极性产生不利影响。另外,由于消费者非常关注企业短期定价的公平性,一些垄断厂商并不能充分利用它们在定价上的权利(Kahneman,Knetsch & Thaler,1986)。

但是,在某些时候,公平似乎又显得无足轻重。一些实验表明,在完全竞争并销售同质产品的市场上,几乎所有的个体都只关注它们自己的物质利益。即使竞争性的均衡意味着贸易导致了不均等的收入分配,这样的均衡仍然能够在短期中得以维持(Smith & Williams, 1990; Roth, Prasnikar, Okuno-Fujiwara & Zamir, 1991;Kachelmeier & Shehata, 1992;Güth, Marchand & Rulliere,1997)。

也就是说,在某些情形下人们十分关注公平,而在另一些情形下更注重自身的物质收益水平而对公平漠不关心。Fehr 和 Schmidt 在 1999 年提出了一个模型来解释公平和自利行为。该模型并没有放松理性假设,而是试图用一个统一的效用函数来研究公平和自利这两种看似矛盾的行为模式。他们假设行为个体是不公平厌恶的,具体体现为:当人们的收益少于或多于他人的收益时,他们会感到不公平。而且在一般情况下,当个体在收益上处于劣势时要比处于优势时承受更多的不公平感。由此,Fehr 和 Schmidt 得到的具体效用函数为:

$$U_i(x) = x_i - \alpha_i \frac{1}{n-1} \sum_{j \neq i} \max\{x_j - x_i, 0\} - \beta_i \frac{1}{n-1} \sum_{j \neq i} \max\{x_i - x_j, 0\}$$

其中,n 代表行为个体的数量,U_i 表示第 i 个人的效用水平,$i \in (1,2,3,\cdots,n)$,x_i 表示第 i 个人的货币收益,$\alpha_i \geq \beta_i$ 且 $0 \leq \beta_i < 1$。

这个效用函数的特点是,它不仅包括了行为个体的收益 x_i,而且包含了自己和他人之间的收益差距,可以度量由不公平所减少的效用。这样,Fehr 和 Schmidt 就把公平问题和自利问题统一到一个分析框架中,以便用一个模型同时解释这两种现象。而对于两个人的模型,我们可以用更简化的公式表示:

如果第 i 个人的收益比 j 低,也就是 $x_j - x_i \geq 0$,则第 i 个人的效用是:

$$U_i(x) = x_i - \alpha_i(x_j - x_i)$$

如果第 i 个人的收益比 j 高,也就是 $x_i - x_j \geq 0$,则第 i 个人的效用是:

$$U_i(x) = x_i - \beta_i(x_i - x_j)$$

所以,在给定第 i 个人的货币收益时,他的效用可以看作是第 j 个人货币收益的分段函数,如图 5-1 所示。

显然,当 $x_j = x_i$ 时,第 i 个人的效用达到最大值。而且与 $x_j < x_i$ 时相比,在 $x_j > x_i$ 时第 i 个人的效用下降的速率要快得多,即收益上的劣势所导致的不公平

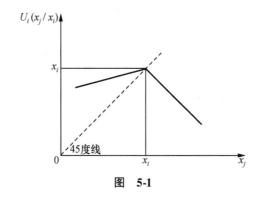

图 5-1

感要比收益处于优势时所带来的不公平感强烈得多。

对于参数 α_i、β_i 的说明:

Fehr 和 Schmidt 假设 $\beta_i<1$,其原因在于若 $\beta_i \geq 1$,第 i 个人将会发现如果他扔掉一单位货币,他的效用水平会有所增加。为了说明这一点,我们不妨假设第 i 个人手中有 L 单位的货币,而且比第 j 个人的货币多 M 个单位($M>0$),如果 $\beta_i=1$,那么他此时的效用是 $U_i=L-M$。如果第 i 个人扔掉 δ 单位的货币,那么他的效用则变为 $U_i=L-\delta-(M-\delta)=L-M$。也就是说第 i 个人对继续持有 δ 单位货币和扔掉 δ 单位货币是无差异的,这显然和现实中个体行为有较大差距,而且运用类似的推导我们同样可以证明 $\beta_i>1$ 的情形也是不合理的。这里,读者可能会产生疑问,为什么 β_i 要大于零?现实中某些个体的 β_i 似乎是小于零的。这个问题等价于:当人们发现他们的收益超过他人时,他们的效用到底是因幸灾乐祸而增加还是因义愤填膺而减少?事实上,$\beta_i<0$ 并不会影响均衡结果,后文将对这一点作出清楚和深入的解答。

另一方面,α_i 是没有上界的。为了清楚地说明这一点,不妨假设第 i 个人手中有 L 单位的货币,而且比第 j 个人的货币少 N 个单位($N>0$),此时他的效用水平为 $U_i=L-\alpha_i N$。为了使第 i 个人放弃 δ 单位的货币,第 j 个人必须同时放弃 $(1+\alpha_i)\delta/\alpha_i$,以保证第 i 个人的效用水平不变。如果 $\alpha_i=5$,那么第 j 个人必须放弃 1.2 单位的货币,这样才能使第 i 个人放弃 1 单位的货币。在交易和公共物品博弈中,我们确实可以发现一些个体的 α_i 非常之高。

三、最后通牒博弈(Ultimatum Game)与公平

最后通牒博弈中包含两个游戏者,建议者(Proposer)和反应者(Responder)。博弈的规则是游戏双方共同分配一笔钱,首先由建议者提出分配的建议,再由反应者决定是否接受这一提议:如果他接受,则双方按照建议者的提议分配这笔

钱;如果他不接受,则双方得不到任何的货币收益。

为了更加清晰简明地表达游戏的规则,我们用 $k(k \in [0,1])$ 来代表反应者所分得货币的比例,用 $1-k$ 表示建议者分得货币的比例。反应者可以接受或拒绝 k,如果他接受,则他的货币收益为 $x_2 = k$,建议者的收益为 $x_1 = 1-k$。反之,如果反应者拒绝建议者的提议的话,那么他们的收益为 $x_1 = x_2 = 0$。运用传统博弈论的知识我们可以知道,一个只关注自己收益的反应者应该接受任何大于零的 k,而在 $k = 0$ 时,他对拒绝和接受建议是无差异的。因此,在均衡中,建议者所提供的 k 应该无限接近于零。

但是,许多实证检验发现在现实中个体的行为与理论预测相差很大(Thaler, 1988;Güth & Tietz, 1990;Camerer & Thaler, 1995;Roth, 1995)。研究人员发现,在最后通牒博弈中人们的行为大致服从以下的规律:

(1) 所有建议者提供的 k 都是小于或等于 0.5 的。

(2) 所有研究中,大约 60%—80% 的建议者提供的 k 值落在 $[0.4, 0.5]$ 这一区间中。

(3) 几乎所有的 k 值都大于 0.2,只有 3% 的 k 值小于 0.2。

(4) 大部分提供过低 k 值的提议都被反应者拒绝,而且被拒绝的概率随着 k 的上升而下降。

不仅如此,Cameron(1995)、Hoffman, McCabe & Smith(1996)以及 Slonim & Roth(1997)的研究发现,即使在实验中提供相当高的货币激励,个体的行为模式依然服从上述的四条规律。这一点非常值得关注,因为当货币激励的数额相当高时,即使 k 值仅为 0.1,反应者仍然可以通过接受建议而获得可观的收入。如果反应者依然拒绝,则充分说明了公平的重要性,以至于人们宁愿放弃一定的物质收入来避免不平等现象的出现。所以,Cameron 等人的研究说明了反应者拒绝提议并不是因为实验中货币激励过小而被人忽略,而确实是由于他们对公平的追求。

四、模型解释

下面,我们将概述 Fehr 和 Schmidt 如何利用他们提出的效用函数来解释最后通牒博弈中的实验现象。不妨用 (α_1, β_1) 来刻画建议者效用函数中的参数,用 (α_2, β_2) 来刻画反应者效用函数中的参数。对于反应者而言,如果对方提出的 k 值大于或等于 0.5,那么他接受这一提议的效用为 $U_2(k) = k - \beta_2(2k-1)$。由于 $\beta_2 < 1$,所以反应者接受提议的效用是正值,这显然要优于拒绝提议,因为拒绝对方的建议意味着他的效用水平为零。如果 k 小于 0.5,那么只有当他能获得非负的效用水平时,反应者才会接受建议者的提议。也就是说,只有当

$U_2(k) = k - \alpha_2(1-2k) \geq 0$,即 $k \geq \alpha_2/(1+2\alpha_2)$ 时,建议者的提议才可能被接受。经过上述简单的推导,不难发现:反应者的占优策略是接受任何 ≥ 0.5 的 k 值,而在 $k < 0.5$ 时,他应该接受任何大于 $k'(\alpha_2)$ 的提议,拒绝小于 $k'(\alpha_2)$ 值的提议,其中 $k'(\alpha_2) = \alpha_2/(1+2\alpha_2) < 0.5$。

另一方面,建议者不会提供大于 0.5 的 k 值,因为如果 $k > 0.5$,他的效用水平是负值,而 $k = 0.5$ 时他的效用是 0,所以在任何情况下建议者都只会提供小于或等于 0.5 的 k 值。另外,如果建议者知道反应者的效用函数,那么在均衡中,他会提供:

$$k^* = \begin{cases} 0.5, & \text{当 } \beta_1 > 0.5 \\ \in [k'(\alpha_2), 0.5] & \text{当 } \beta_1 = 0.5 \\ k'(\alpha_2) & \text{当 } \beta_1 < 0.5 \end{cases}$$

因为当 $\beta_1 > 0.5$ 时,建议者的效用实际上是 k 的增函数($k \leq 0.5$),所以在均衡中他必然提供 $k = 0.5$ 的提议;当 $\beta_1 = 0.5$ 时,则不难证明建议者对于持有一单位货币和将这一单位货币转移给反应者是无差异的,也就是说他对于 $[k'(\alpha_2), 0.5]$ 区间内任何的提议都是无差异的;而当 $\beta_1 < 0.5$ 时,建议者的效用随着 k 的上升而减少,所以他会尽可能降低 k,同时必须保证自己所提供的 k 一定可以被反应者接受。因此,他会选择 $k'(\alpha_2)$ 来最大化其效用水平。

如果建议者不知道反应者的偏好,而仅知道 α_2 的分布函数 $F(\alpha_2)$,且 α_2 的取值范围在 $\underline{\alpha}$ 和 $\bar{\alpha}$ 之间($0 \leq \underline{\alpha} < \bar{\alpha} < +\infty$),也就是说 $F(\bar{\alpha}) = 1$ 且 $F(\underline{\alpha}) = 0$。这时候,建议者所给出的 $k \leq 0.5$ 的提议被接受的概率为:

$$p = \begin{cases} 1, & \text{当 } k \geq k'(\bar{\alpha}) \\ F[k/(1-2k)], & \text{当 } k'(\underline{\alpha}) < k < k'(\bar{\alpha}) \\ 0, & \text{当 } k \leq k'(\underline{\alpha}) \end{cases}$$

由此可以得出均衡情形下,k^* 的取值为:

$$k^* = \begin{cases} 0.5, & \text{当 } \beta_1 > 0.5 \\ \in [k'(\bar{\alpha}), 0.5], & \text{当 } \beta_1 = 0.5 \\ \in (k'(\underline{\alpha}), k'(\bar{\alpha})], & \text{当 } \beta_1 < 0.5 \end{cases}$$

显然,根据分布函数的定义,我们知道 $F(\alpha_2) = P(\alpha < \alpha_2)$。由于任意 α_2($\underline{\alpha} \leq \alpha_2 \leq \bar{\alpha}$)都必然对应着某一 k 值($k = k'(\alpha_2)$),所以我们把 $F(\alpha_2)$ 改写成 $F[k/(1-2k)]$ 表示建议 k 被接受的概率。当 $k \geq k'(\bar{\alpha})$ 时,$k/(1-2k) \geq \bar{\alpha}$,可以得出 $F[k/(1-2k)] = 1$,当 $k \leq k'(\underline{\alpha})$ 时,$k/(1-2k) \leq \underline{\alpha}$,可以得出 $F[k/(1-2k)] = 0$。所以对于 $\beta_1 < 0.5$ 的建议者来说,他所提供的 k 值必须大于 $k'(\underline{\alpha})$,才能保证他的建议被接受的概率为正数。而对于 $1 > \beta_1 \geq 0.5$ 的建议者,他们的决

策过程和确定性条件下的结论是类似的。

利用这些结论,我们可以解释上面提到的四个规律。由于提供 $k=0.5$ 比 $k>0.5$ 带来更多的效用,所以没有任何建议者提供大于 0.5 的 k,而且接受大于、等于 0.5 的 k 值是反应者的占优策略,所以 $k=0.5$ 的提议很容易被反应者接受。通过分析效用函数的性质我们可以得出,提议被接受的概率 $F[k/(1-2k)]$ 随着 k 的增加而增加($k \leq k'(\bar{\alpha}) < 0.5$)。过低的 k 往往被拒绝,因为这时候 k 小于临界值 $k'(\alpha_2)$,并且这一临界值随着 α_2 的增加而增加,并当 $\alpha_2 \to \infty$ 时,$k'(\alpha_2) \to 0.5$。也就是说,反应者对由劣势导致的不公平越敏感,则他们所要求的最低分配比例 $k'(\alpha_2)$ 越接近于 0.5。

最后,我们将回答前面曾经遗留的问题:β_i 是否可以小于零?我们不得不承认,在现实中有一些人会因为他们处于优势而洋洋得意,但是这并不能影响均衡的结果。实际上,$\beta_i < 0$ 不过是 $\beta_i < 0.5$ 的一种特殊情况。因此,即便某个建议者的 β 是非正的,但是他仍然要根据反应者的 α 来决定如何分配以最大化自己的效用,而他所作出的最终抉择和 $0 < \beta_i < 0.5$ 的人没什么两样。

五、不公平厌恶模型在囚徒困境(Prisoner Dilemma)中的应用

囚徒困境是经济学中的一个难题,因为当个人追求自身利益的最大化时,整个集体实际上陷入了较差的境地。但是,在不公平厌恶的情况下,困境也许不再是困境。因为当博弈中考虑了其他人的行为对行为个体的影响时,他的行为也会发生一定的改变。现在让我们把原囚徒困境的收益矩阵和改进后囚徒困境的效用矩阵进行对比:

表 5-1 囚徒困境及其发展

(情景1:收益矩阵)	合作	拒绝
合作	2,2	0,3
拒绝	3,0	1,1
(情景2:效用矩阵)	合作	拒绝
合作	2,2	$0-3\alpha, 3-3\beta$
拒绝	$3-3\beta, 0-3\alpha$	1,1

在上述例子中,情景 1 是经典囚徒困境中的收益矩阵。情景 2 则是我们利用上述效用函数得出的效用矩阵。同时还假定 A(横向选择者)和 B(纵向选择者)都具有相同的不公平厌恶的倾向,也就是具有相同的参数 α 和 β(并且都大于 0)。行为经济学家发现,如果 B 期望合作,那么 A 面临的收益为 2 或者 3。

但是考虑了人们的厌恶偏好后,当 A 的收益为 2 时,由于不存在不平等问题,A 的效用为 $U_A = 2$;但是当他的收益是 3 时,因为他具有领先的不平等优势,此时他的效用变为 $U_A = 3 - 3\beta$。因此,如果 A 对不公平的厌恶程度很高,以至于 $\beta > 1/3$,A 将会选择合作而不是拒绝的策略,因为前者能带来更大的效用。如果 A 拒绝,B 合作的话,B 的效用为 $U_B = 0 - 3\alpha$;如果他选择拒绝,效用为 1。这将意味着在给定 A 拒绝的前提下,B 会选择拒绝,否则他不但面临较少的收益而且会因为收益上处于劣势而承受更多的不公平感。

所以情景 2 显示:如果 $\beta > 1/3$,则该博弈存在两个纯策略纳什均衡:(合作,合作)或者(拒绝,拒绝)。于是,在存在不公平厌恶的情形下,囚徒困境变成了一个确信博弈(Assurance Game)。如果游戏者相信他的对手会合作,而且他知道对手也相信他会合作,那么他也将最终选择合作。所以,如果行为个体对公平因素足够重视,那么受益矩阵的变化很可能使博弈的均衡也随之改变,从而使囚徒困境问题得以解决。

第二节 互惠行为

在本章第一节中,我们着重介绍了行为经济学里关于公平的研究。而行为经济学中还有一个与公平紧密相关的概念——互惠(Reciprocity)。和公平类似,传统理论对于互惠的解释是不充分的,尽管在某些时候人们会对他人友善的行为采取更友好的行动,但是这往往是因为他们追求未来的利益。例如在"针锋相对"的博弈策略中,尽管人们会对他人"礼尚往来"或"以牙还牙",但是这都是基于他们当前或未来自身利益所采取的行动。而在大量的实证分析中,研究人员发现:即便需要付出很大的代价,而且并不能在当时或未来产生任何收益,或者即便他们面对的是陌生人,仍然有相当一部分人会报答友善的行为,报复敌对的行为。对此,我们引出积极互惠和消极互惠两个概念。

一、积极互惠和消极互惠(Positive and Negative Reciprocity)

首先,我们有必要区分几个重要的概念——互惠、合作、复仇和利他。Fehr & Gachter(2000)强调互惠和重复性博弈中的"合作"和"报复"是不同的。如前面提到的,这些行为的出现是因为个体可以通过这些手段在未来获得物质收益。而互惠指的是,即使没有可以预期到的未来收益,个体仍然对友好和敌意的行为采取相应的反应。另外,互惠和纯粹的利他主义是不同的,因为利他主义是无条件的,也就是说个体采取利他行动并不是因为他获得了别人的利他行为。这正与互惠形成对比;互惠强调对别人行为的反应。

再有,不同于通常的概念,在行为经济学中互惠是一个中性词,它既包括对友善行为的报答,也包括对敌对行为的报复。所以行为经济学家把前者称为积极互惠而把后者称为消极互惠。

二、现实中的证据

在现实生活中,我们很容易找到关于互惠的例子。例如,战争和黑帮犯罪往往和消极互惠有关。在古代,当一些游牧部落倾尽全力征服另一个民族后,他们往往会采取诸如屠城之类的野蛮报复行为。又例如,武侠小说中经常提到"冤冤相报何时了",一些人物可以说是为了复仇而生,甚至牺牲了自己的生活和前途。类似地,积极互惠也广泛存在于社会活动之间。例如,义务献血的人可以在危难时刻优先获得他人的献血。许多商店、餐厅和宾馆对服务人员的表情和举止要求十分严格,因为人们很难拒绝他人的微笑和热情。

在现实中,由于人们可以通过互惠行为或多或少地在未来获得物质收益,所以行为经济学家设计了大量的实验来排除这一影响。他们为互惠行为设定了真实的甚至是相当可观的成本,使得匿名的参与者在采取行动时不得不考虑互惠行为的代价,而且预期不到任何未来的收益。很多研究表明,人群中相当大比例的人具有互惠的倾向。本章第一节提到的最后通牒博弈就是消极互惠的典型例子:当建议者提供给反应者的货币小于某一临界值时,反应者就会拒绝这一提议,即使这样会使他失去更多的物质收益。这个实验的可信度是相当高的,因为美国、欧洲、日本、印尼、以色列等诸多国家和地区的研究者对这一博弈进行过反复研究。

而积极互惠则在信任博弈(Trust Game)或礼物交换博弈(Gift Exchange Game)中得到了很好的体现(Fehr,Kirchsteiger & Riedl,1993;Berg,Dickhaunt & McCabe,1995;Fehr & Tougareva,1995;McCabe,Rassenti & Smith,1996)。在这些博弈中,博弈的双方分别为建议者和反应者。首先,实验的设计者向建议者无偿提供 X 的货币收益。然后,建议者从他所获得的 X 中选择一定数量的收益 $Y(Y \in [0,X])$ 分给反应者。这时候,实验的设计者将反应者的收益扩大到 $3Y$,接着让他选择一定数量的收益 $Z(Z \in [0,3Y])$ 返还给建议者。实验结果表明,很多的建议者愿意将一些收益赠送给反应者,而反应者也倾向于回赠。并且,Y 和 Z 之间存在着正的相关性,即当建议者将更多的货币赠送给反应者时,反应者也愿意返还更多的货币收益。

在众多实验数据的基础上,一些学者(Gachter & Falk,1999;Berg,Dickhaunt & McCabe,1995;Fehr & Falk,1999)提出人群之中存在不同行为模式,并把人群分为自利人群(指没有互惠行为而且是完全自私的人群)和互惠人群(指具有上述互惠行为模式特点的人群)。前者大约占了 20%—30%，后者占了 40%—66%。不管这个百分比数字是否准确,至少有一点是很清楚的:互惠行为模式确实存在,而且在很多人身上都存在。承认并充分地认识它,将会对经济学模型理论产生非常重要的影响和改变;把它加入到经济学假设中,也将有利于经济学更加真实确切地反映现实。

三、互惠行为模式的应用

1. 公共物品

我们知道,人们在决定是否对公共物品作出贡献时,面对着一种特殊的囚徒困境。由于个人贡献的边际收益小于个人贡献的边际成本,他们会选择不对公共物品作出贡献,即使在全部个体都作出贡献时所有的人都可以获得更好的结果。传统经济学简单地用理性人单纯追求个人利益最大化和搭便车者(Free Rider)来解释这一现象;行为经济学则认为这种结果是自利人群与互惠人群相互作用的结果:由于互惠人群的特点就是根据别人的行为来作出相应反应,所以如果他意识到自利人群的存在并且同时预期到自利人群会为了他们的自身利益作出不利于自己的行为,就会采取相应的报复手段,在这个实验环境中报复手段就是自己也选择不对公共物品项目作出任何贡献。这样,互惠人群就表现出了自利行为;也就是说,尽管所有人都没有作出贡献,这些人在行为模式上却是不同的——自利人群影响了互惠人群并使其采用了与自己相同的表现(Fehr & Schmidt,1999)。

相反,行为经济学家认为互惠人群也有可能影响自利人群并使其采用与自己相同的表现。一些学者在实验室中通过更改实验规则,得到了非常有启发意义的结果。Fehr 和 Gachter 在他们的公共物品实验中加入了对搭便车者的直接惩罚机制——所有个体对公共物品的贡献都是公开的,这样互惠人群可以观察到他人是否有搭便车行为,而且他们可以减掉搭便车者 X 金额的收入来实施惩罚,但是他们自己也要付出 $X/3$ 的成本。实验表明,不少个体会选择对搭便车者实施这种惩罚,可以说这些人都是互惠人群。而这种直接惩罚机制的存在使得最后的社会效用相对于没有直接惩罚机制时有了很大改善。在后续的重复实验和绝对陌生人重复实验中,被测试者的选择甚至达到了接近社会效用最大化的选择。这些结论说明了制度设计的重要性,并且行为经济学家也在利用这些理论来解释和模拟社会规范的存在和不完全契约的履行等现实问题。

2. 劳动力效率、工资与失业

互惠行为模式也被运用到了一些宏观经济学问题的研究中。比如,在研究劳动者与雇主的关系时,有学者将互惠行为模式纳入到分析框架之中,提出了

"公平工资-努力"假说(Fair Wage-Effort Hypothesis)(Akerlorf & Yellen,1986)。该假说可以用下面的等式来表达：

$$e = \min(w/w^*, 1)$$

e 代表有效劳动的投入(Effective Labor Input)，w 代表实际工资，w^* 代表劳动者主观认为应得的公平工资。该等式的意义就是：劳动者会根据实际工资与公平工资的差距来决定自己的有效劳动投入。如果得到的实际工资小于公平工资，那么劳动者就会只付出与实际工资相对应的有效劳动。除了理论上的分析，研究者通过社会调查为这个假说找到了很多实证的证据。

另外，这个假说也被放进了传统经济学模型中。模型的结论为宏观经济学提供了一些启发式的观点。比如对非自愿失业周期性波动、技能与失业成反比现象等，公平工资假说都提供了新的解释角度。

第三节　公平和互惠在博弈论中的理论延伸[①]

在前面两小节中我们分别对公平和互惠进行了讨论，尽管涉及一些博弈过程，但我们并没有过多地使用博弈论来分析问题，而是更偏重于效用函数的构造和实证研究的介绍。在本节中，为了对人类行为模式进行深度理论挖掘，我们将更换研究问题的角度，运用博弈论的分析方法来研究公平和互惠行为。首先我们再次回顾一下日常生活中常见的三个事实：

(1) 人们愿意牺牲自己的福利来帮助那些对自己好的人。

(2) 人们愿意牺牲自己的福利来惩罚那些对自己不友好的人。

(3) 在需要牺牲的福利相对较小时，上面提到的两种心理对于人的行为有着更大的影响。

这三点事实勾勒出了日常生活中人们对于公平的理解，或者说是对积极互惠和消极互惠的概括。下面我们将把这些行为模式添加到经济学模型中，并通过模型分析来研究它们会不会显著地改变人们最终的决策结果(如表 5-2 所示)。

表 5-2

	策略	男士	
		看歌剧	看拳击
女士	看歌剧	$2X, X$	0, 0
	看拳击	0, 0	$X, 2X$

[①] 本节内容主要参考 Rabin, Matthew, Incorporating Fairness into Game Theory and Economics, *American Economic Review*, 1993, **83**(5)：1281—1302。

我们用表 5-2 来说明下面将要描述的这个模型。在表 5-2 中,设定 X 只能取正值。这是一个典型的"性别大战"博弈过程:两个人都愿意一起度过这个夜晚,但是他们又都有不同的选择倾向:男方愿意去看拳击赛,而女方愿意去看歌剧。也就是说,一般来讲,他们愿意的结果是(看歌剧,看歌剧)或(看拳击,看拳击),但是他们两个个体又都分别偏向于不同的均衡结果,如双方不能够进行信息沟通,这样的一个博弈过程往往就会出现(看歌剧,看拳击)的结果,从而导致两败俱伤。

在这个决策过程中,假设女士有以下两点信念:1. 男士将看拳击;2. 男士相信女士将看拳击,那么女士就会觉得男士选择了一个让双方都好的决策。在这一假定下,男士既没有表现出慷慨,也没有表现出卑鄙。因此,女士在作自己的决策时,公平的观念便不会起任何作用。在女士信念中的两条预期假定下,她将选择观看拳击来实现自身收益的最大化。这样,他们最终达成的均衡结果便是(看拳击,看拳击)。

现在将上面的公平理论引入性别大战的分析中。假设女士有以下两个不同于上文的信念:1. 男士将去看拳击;2. 男士相信女士将去看歌剧。在这种信念下,男士是在牺牲自己的收益来惩罚女士。这样,女士会对男士产生敌意,并且牺牲自己的收益来损害男士的收益。在这种情况下,女士很有可能选择去看歌剧,而非看拳击,从而造成(看歌剧,看拳击)的博弈结果。在这一结果下两人的收益均为 0,显然要次于(看拳击,看拳击)中两人的收益。公平观念在其中起了主要的作用,直接导致女士同样在预期男士会看拳击的情况下,选择看歌剧。

通过上面的例子我们可以看出预期在决策过程中的重要性。女士的决策并不完全取决于她自己的收益,她对男士的预期也起了很大的作用。

现在,我们介绍一个二人模型(John Geanakoplos,David Pearce & Ennio Stacchetti,1989)。S_1 和 S_2 分别是两个参与者 1 和 2 的决策集,定义 $\pi_i: S_1 \times S_2 \rightarrow R$ 是参与者 i 的物质收益。我们假定,每个参与者在考虑自己的决策时主要考察下面的三个因素:(1) 他自己的决策;(2) 他信念中另一个决策者的决策;(3) 他认为的他人信念中的他的决策。这里我们使用 $a_1 \in S_1$ 和 $a_2 \in S_2$ 分别代表两个参与者的决策,$b_1 \in S_1$ 和 $b_2 \in S_2$ 代表两个参与者信念中对方的决策,$c_1 \in S_1$ 和 $c_2 \in S_2$ 则相应地代表参与者相信的对方信念中他自己的决策。

要将公平和互惠概念加到我们的分析中,首先我们要构造出一个善良函数 $f_i(a_i, b_j)$ 来衡量参与者 i 对于参与者 j 的态度。如果参与者 i 相信参与者 j 将作出决策 b_j,参与者 i 将从所有可能的收益集合 $\Pi(b_j) = \{(\pi_i(a_i, b_j), \pi_j(b_j, a_i)) \mid a \in S_i\}$ 中作出选择。通过选择 $\Pi(b_j)$ 中的不同值就可以推断出参与者 i 的善良程度。定义 $\pi_j^h(b_j)$ 和 $\pi_j^l(b_j)$ 分别为参与者 j 在 $\Pi(b_j)$ 中可能的帕累托边界点上的最大以及最小收益，将公平收益定义为 $\pi_j^e(b_j) = [\pi_j^h(b_j) + \pi_j^l(b_j)]/2$。最后，定义 $\pi_j^{\min}(b_j)$ 为参与者 j 在 $\Pi(b_j)$ 中可能的最差的收益。

根据以上的准备工作，现在可以定义善良函数了。我们将对于参与者 j 来说，参与者 i 的善良函数定义为

$$f_i(a_i, b_j) \equiv \frac{\pi_j(b_j, a_i) - \pi_j^e(b_j)}{\pi_j^h(b_j) - \pi_j^{\min}(b_j)}$$

并且定义如果 $\pi_j^h(b_j) - \pi_j^{\min}(b_j) = 0$，那么 $f_i(a_i, b_j) = 0$。

现在我们来分析这个定义有什么具体的经济学含义。在这样的定义下，当且仅当参与者 i 试图给参与者 j 他的公平收益时才有 $f_i(a_i, b_j) = 0$。如果 $f_i(a_i, b_j) < 0$，那么参与者 i 给参与者 j 的公平收益少于他自己应得的。

下面我们再来将参与者 i 信念中参与者 j 对他的善良函数定义为，

$$\tilde{f}_j(b_j, c_i) \equiv \frac{\pi_i(c_i, b_j) - \pi_i^e(c_j)}{\pi_j^h(c_j) - \pi_i^{\min}(c_j)}$$

以上的两个定义 $\tilde{f}_j$ 和 f_i 的值一定落在区间 $\left[-1, \frac{1}{2}\right]$ 之间。

现在这两个定义可以被用来定义两个参与者的效用函数了。参与者 i 选定决策 a_i 来最大化他的预期效用 $U_i(a_i, b_j, c_i)$。预期效用被定义为

$$U_i(a_i, b_j, c_i) \equiv \pi_i(a_i, b_j) + \tilde{f}_j(b_j, c_i) \cdot [1 + f_i(a_i, b_j)]$$

这一效用函数反映了我们前面讨论过的一些重要的思想。如果参与者 i 相信参与者 j 对他有恶意，即 $\tilde{f}_j < 0$，那么参与者 i 将选定一个 a_i 使得 f_i 值偏小甚至为负。反之，如果参与者 j 对参与者 i 友好，那么 $\tilde{f}_j$ 将为正。

在这里，要对模型的构建作一个小小的说明，预期效用的形式被设定为

$$U_i(a_i, b_j, c_i) \equiv \pi_i(a_i, b_j) + \tilde{f}_j(b_j, c_i) \cdot [1 + f_i(a_i, b_j)],$$

而非 $V_i(a_i, b_j, c_i) \equiv \pi_i(a_i, b_j) + \tilde{f}_j(b_j, c_i) \cdot f_i(a_i, b_j)$，这是因为根据前面的讨论，$f_i(a_i, b_j)$ 是在 $\left[-1, \frac{1}{2}\right]$ 内取值的。所以效用函数会出现取值为负的情况，而在 $f_i(a_i, b_j)$ 前加上 1 就有效地解决了这一问题。

相对于传统经济学理论中的纳什均衡，在引入公平理念之后，我们将定义一个全新的均衡——公平均衡，来解释上面的例子中出现的不同于纳什均衡的情况。

当一对决策 $(a_1, a_2) \in (S_1, S_2)$，对于 $i = 1, 2, j \neq i$，满足以下两个条件时，便称他们为公平均衡：

（1）$a_i \in \underset{a \in S_i}{\mathrm{argmax}}\, U_i(a, b_j, c_j)$

（2）$c_i = b_i = a_i$

将这一定义运用到我们前面讨论的问题当中去。如果 $c_1 = b_1 = a_1 =$ 看歌剧，$c_2 = b_2 = a_2 =$ 看拳击，那么男士便会感到敌意，此时 $f_2 = -1$。在这种情况下女士看歌剧的效用就为 $0(f_1 = -1)$，而看拳击的效用为 $X - 1(f_1 = -1)$。因此，如果 $X < 1$，那么女士宁可看歌剧而不看拳击，(看歌剧，看拳击)就成了一个均衡。在这一均衡下，两个参与者互相敌视，不愿意与对方合作，因为合作就意味着为了很少的收益而向一个很自私的人让步，这在公平观念下是不可能的。

当然，如果两个参与者合作，那么他们将不会感到有任何的敌意，因此(看歌剧，看歌剧)、(看拳击，看拳击)也是这个博弈过程的均衡结果，并且这两个均衡是更加普遍的结果。而在上面的表述中，由于两者之间存在着敌意，最终导致了两败俱伤，这一结果是传统理论中不曾出现过的。

公平理论不仅表明博弈的参与双方有可能会牺牲自己的收益来报复对方，同样有可能在感受到对方善良的基础上，牺牲自己的收益去帮助对方。

表 5-3

		囚徒 2	
	策略	忠诚	背叛
囚徒 1	忠诚	$4X, 4X$	$0, 6X$
	背叛	$6X, 0$	X, X

表 5-3 是我们熟悉的囚徒困境。大家都熟知的结果是最终两人会选互相背叛，来最大化自己的利益。但是如果在双方都知道对方将坚定不移地保守秘密时，决策者对对方的"好感"会很高，也就是 f_i 为正。在这种情况下，只要背叛的诱惑不够大(当 $X < 1$ 时)，两个囚徒就会走出各自的囚徒困境，最终选择(忠诚，忠诚)。这里的(忠诚，忠诚)就是我们上面提到的公平均衡解。

当然，(背叛，背叛)也是这个博弈过程的纳什均衡解，出现这样的博弈均衡时，说明他们内心并不信任对方，每个人都不愿意为了对方而牺牲个人收益并担当一定的风险。在这种情况下，充满敌意的两个人都选择了牺牲自己的收益来惩罚对方，来表示对不公平状况的不满。在这个意义上，(背叛，背叛)也是一个公平均衡解。

到这里为止，从我们所讨论的囚徒困境的例子中，我们可以看出，并没有完全意义上的"利他主义"，(背叛，背叛)和(忠诚，忠诚)都是公平均衡解。这一点是和现实生活中的情况相一致的。在某些情况下，人们会选择合作，有时候甚至会牺牲自己的收益来帮助对方；但是当合作双方不能从对方身上看出足够的信任的时候，他们又会选择背叛，极端的情况是牺牲自己的收益来惩罚对方，这在日常生活中常被称为"损人不利己"。

从囚徒困境中得到的第二个启发是:正如我们前面所说的,人们在一个博弈过程中作决策时,要考察对方对自己的"友好"程度,而这在很大程度上是由决策者信念中(或是想象中)对方将要采取的行动来决定的。因此,信念中对方将要采取的行动和对方实际采取的行动是同等重要的。并且在大多数情况下,对最终决策起关键性作用的是信念中的行动而非最终实际采取的行动。下面我们再用表5-4来说明这一点。

表 5-4

		囚徒 2
	策略	忠诚
囚徒 1	忠诚	$4X,4X$
	背叛	$6X,0$

在表5-4中,假定囚徒2被迫选择忠诚,而非出于自愿,那么,虽然囚徒2选择了忠诚,但是囚徒1并没有从对方的行动中感受到对方对自己的"友善"。因此囚徒1并不会选择忠诚,借此来报答囚徒2,这一情况下两个囚徒的公平均衡是(背叛,忠诚),即囚徒1通过背叛来获得自己最大的收益。这个事例再次说明了一个道理:如果其他人的利他行为是被迫而非自愿的,人们永远不会对其他人心存感激。

第四节 利他行为

行为经济学对传统西方经济学的驳斥有很多,但其核心无非是对西方经济学强调的"经济理性"提出了质疑。以《国富论》为依据,我们会认为斯密是一个自利主义者,但是我们也必须看到"利他"与"经济人"也是有联系的。我们可以发现,斯密所认同的原则确切地说是"自利与社会丰裕",他在强调每一个人都有利己心的同时也认为这种利己心是可以自动促进社会丰裕的实现的,也就是说,利他行为在人类诞生之日起就已经存在,而且一直持续到今天,只要我们相信人类还能够延续下去,那么不论我们败德到什么地步,它都一定会在社会上顽强地存在着。这种利他是被动的而不是主动的,是潜在的而不是彰显的,是在众多的自利的个体之间被一只"看不见的手"指引着,不自觉地实现的。

"利他行为"在字面上的意思就是有利于他人的行为,它要求人们在短时间内作出个人利益的牺牲,以产生正的外部性。① 社会学一般把"利他行为"分为以下三种:"亲缘利他"(Kin Altruism)、"纯粹利他"(Group Altruism)和"互惠利他"(Reciprocal Altruism)。

"亲缘利他"是指有血缘关系的生物个体为自己的亲属提供帮助或作出牺牲,例如父母与子女、兄弟与姐妹之间的相互帮助。一般情况下,这种以血缘和亲情为纽带的利他行为并不含有任何"功利"的目的,因此有人把它称为"硬核的利他"或"硬利他"(叶航,2002)。这种利他并不易于解释,因为它并不牵涉十分明显的动机,不过是大部分生命体都具有的本能的表现罢了。当然,如果你愿意的话,你可以说一个母亲爱她的孩子的原因是因为她在施与爱的过程中实现了广义效用的最大化,不过我们不认为一个母亲在拯救她的孩子于危难之中时会先验性地考察一下自己的行为效用问题。我们更愿意承认,"亲缘利他"不太易于用分析人类行为的理论来进行解释,因为即使是在大脑并不健全的其他动物种群中,亲缘利他的行为依然是确实存在的。

下面是生物学界对于"亲缘利他"的部分新研究成果,在这里,"亲缘利他"被认为给接受自然选择过程的物种带来了较强的竞争力。从中我们可以看到,即使是"亲缘利他"行为的发生,也没有离开某一"有利于后代和种群生存繁衍"的目标,"亲缘利他"尽管并非完全是由动机引致的,客观上却成为一个种群整体利己行为的体现。

> 根据生物学中的某些研究成果,"亲缘利他"对生物个体来说并非是没有"回报"的。根据生物学中的"亲缘利他"理论,生物个体的进化取决于"基因遗传频率的最大化",能够提供"亲缘利他"行为的物种和生物个体在生存竞争中具有明显的进化优势。因此,"亲缘利他"不仅在人类社会,而且在整个生物世界都是一种非常稳定、非常普遍的行为模式。例如,当幼鸟遇到攻击时,许多鸟类父母都会挺身而出,用伪装受伤的方法把猛禽引向自己,从而使子女得以逃脱。在这一行为过程中,父亲或母亲虽然可能因此丧生,但由于父母与子女之间有 1/2 的基因是完全相同的,从"基因遗传频率最大化"的角度看,原则上只要能使 2 只以上的幼雏得以逃生,父亲或母亲作出的牺牲就是值得的。如果考虑到年幼子女丧生的几率要远远超过经验丰富的父母,这类行为对生物繁衍所具有的"效率"就更一目了然了。所

---

① 我们对于利他可以从两个方面更精确地定义:从结果上讲,只有确切地产生了利他的结果的行为才是"利他行为";而从动机上则不要求行为产生特定的结果,只要行为的发生出于人的利他心,那么我们就可以说这种行为是"利他行为"。这两种不同定义的冲突突出地表现在哲学界对道德评判标准的功利论和义务论之争上。

以，无论在人类社会或生物世界，"亲缘利他"在父母与子女关系上表现得尤为充分和感人。而随着亲缘关系的疏远，"亲缘利他"的强度也会逐步衰减。生物学家甚至设计出所谓的"亲缘指数"，并根据它来计算"亲缘利他"行为的得失和强弱。在这方面，生物学与经济学所包含的内在逻辑相当一致：所有生命体的行为看上去总好像设法使"目标函数"中的某一价值"最大化"。有人曾经对《美国经济评论》和《美国博物学家》刊载的文章进行过比较，结果发现这两门学科有着惊人的相似。典型的论文都是运用优化的方法来预测某种现象，然后再作出统计检验。(叶航,2002)

所谓的"纯粹利他"，即利他主义者施行利他行为时不追求任何个体的"回报"，而只注重个人精神的满足。从经济意义上看，这种行为的"投资风险"与"预期回报"存在着极大的不对称性(叶航,2002)，但是我们仍然可以把它们统一于人的"自利心"上，只不过"纯粹利他"行为是受一种广义的自利动机推动的。这种行为体现于社会生活中，也就是我们通常意义上所说的"道德"。

其实，还有一种利他行为在生物界中也不少见，例如，有一种被称为汤姆逊瞪羚的生物在遭受猛兽袭击时会表现出"利他行为"：当狮子或猎豹接近时，往往会有一只瞪羚在原地不停地跳跃向同伴们发出警告，并以此吸引偷袭者的注意力使其他羚羊有更充分的逃生时间。生物学家观察到，这是一种非常特殊的行为方式，它只发生在最早发现危险的汤姆逊瞪羚身上。按照一般的行为原则，最早发现危险应该最早逃跑才是最佳的生存策略。但是汤姆逊瞪羚所表现出来的"英雄主义"显然放弃了在第一时间逃生的机会，并以此代价向同伴报警，却使自己暴露在捕食者面前。尽管汤姆逊瞪羚所保护的并非是它的子女或亲属，我们也不能得知那只勇敢的汤姆逊瞪羚何以会选择这种"死亡的舞蹈"但我们可以感到他与亲缘利他的行为比较相似，而且在涉及整个种群生存竞争的问题时，它的意义要更为重大，因而尽管在定义上这种行为像是一种"纯粹利他"行为，但从内容上我们还是倾向于认为它是一种"亲缘利他"行为，或者说把它定义成为一种"拟亲缘利他"行为(叶航,2002)。

所谓的"互惠利他"，是指没有血缘关系的生物个体为了回报而相互提供帮助。生物个体之所以不惜降低自己的生存竞争力而帮助另一个与己毫无血缘关系的个体，是因为它们期待日后得到回报，以获取更大的"收益"。"互惠利他"非常类似于某种期权式的"投资"。与"硬利他"相比，这种利他有着更为苛刻的条件限制和环境要求，他不是必然要发生的，因此有人也把它称为"软核的利他"或"软利他"。我们由此可以看到这种利他行为是基于狭义的利己动机产生的,尽管在动物界它也有所体现,但是只有在人类社会它才能如此完整而深刻地表现出来。

有一种生活在非洲的蝙蝠,以吸食其他动物的血液为生,如果连续两昼夜吸不到血就会饿死;因此,一只刚刚饱餐一顿的蝙蝠往往会把自己吸食的血液吐出一些来反哺那些濒临死亡的同伴,尽管它们之间没有任何"亲属"关系。生物学家发现,这种行为遵循着一个严格的"游戏规则",即蝙蝠们不会继续向那些"知恩不报"的个体馈赠血液。显然,这是一种非常典型的"互惠利他"。在人类社会中,"互惠利他"则表现得更加广泛,几乎在任何领域,都有形形色色的"互惠利他"行为的发生,事实上,也正是人类理性的互惠,才使得贸易成为可能,并构建了社会信任与社会公平的基础(叶航,2002)。

传统的西方经济学根据"边际效用递减规律"对"互惠利他"行为作出了解释,当"施惠者"与"回报者"互相换位时,同样数量的资源将产生更大的"边际效用"。不过,由于"施惠"与"回报"存在着时间差,从而使这种期权式的"投资"具有很大的不确定性风险。因此,"互惠利他"必然存在于一种较为长期的"合作博弈"关系中,而且还要求形成某种"识别机制",以便抑制个体的"机会主义"倾向。这种精密的"互惠利他"模型直到20世纪晚期才由博弈论专家阿克塞罗德建立起来,但它的基本思想却在二百多年前斯密论述那只著名的"看不见的手"时,就被一针见血地指出过了(叶航,2002)。但另一方面,也正是由于人们互惠性偏好的存在,产生了诸多与新古典经济学经济理性相背离的地方,行为经济学才在这里找到了突破口。

让我们来看下面的一个实验。

实验

互惠性偏好

博弈1:由B单方面决定自己和A的收入,方法为从两种收入分配(750,375)和(400,400)中进行选择,其中,括号中的前一项代表B的收入,后者为A的收入。

博弈2:在B作选择之前,A有一个(800,0)的选择,如果A不采用该选择,则B面对的选择与博弈1中的相同(即要求B在(750,375)和(400,400)中作出选择)。

博弈3:我们对A给出了(550,550)的选择,如果A不采用该选择,则B面对的选择与博弈1中相同。

为了研究互惠性的作用,行为经济学家研究了"博弈 2":在 B 作选择之前,A 有一个(800,0)的选择,如果 A 不采用该选择,则 B 面对的选择与"博弈 1"中相同。实验表明有 72% 参加测试的"B"的会选择(400,400),这个比例比"博弈 1"中作出相同选择的"B"的比例大。所以,与 A 不作任何选择相比,当 A 更仁慈地作出其选择时,B 将作出更大的"牺牲",这就是前面所说的"积极互惠"。

另外,行为经济学还比较不同情况下 B 选择(0,0)胜过(800,200)的倾向。当人们对 A 的态度是中立的时候,几乎没有人选择(0,0);但是当人们对 A 的态度变化,例如觉得 A 不够意气时,(0,0)的结果也许会出现。这就是前面所提到的"消极互惠"。

本章小结

在经济学里,公平和互惠问题一直备受关注。大量实证研究说明社会中确实存在一些真正的"公平人",他们偏离了狭义的理性和自利。本章首先引用了一个建立在不公平厌恶基础上的模型来解释公平现象,值得注意的是这一模型并没有放松理性假设,而是把公平直接纳入到效用函数中进行分析。本章的第二节介绍了行为经济学的互惠概念以及研究互惠现象的一些实证研究,并且给出了互惠在行为经济学中的应用。同时,我们还重点讨论了将公平和互惠因素考虑到合作博弈情况中得到的一些全新结论。另外,本章还简单介绍了利他的行为模式。

本章思考与练习

一、名词解释

不公平厌恶　最后通牒博弈　积极互惠　消极互惠　公平均衡

二、简述第一节中基于不公平厌恶效用函数的性质,并解释为什么 $\alpha_i \geq \beta_i$ 且 $0 \leq \beta_i < 1$。在最后通牒博弈中,为什么 $\beta_i \leq 0$ 不会影响最后的均衡结果?

三、互惠、利他、合作和报仇这几个概念之间的联系和区别是什么?

四、在本章第一节中,公平动机是符合理性行为的,因为研究人员把公平纳入到效用函数当中。如果互惠行为需要付出较大的代价,而且并不能预期到未来的收益,那么人们采取互惠行为是不是理性的?在什么样的分析框架下,这一行为就有可能是理性行为?

五、考虑本章第三节的内容,在加入公平因素之后,博弈的公平均衡是否是纳什均衡?如果我们从两人博弈扩展到多人博弈,会得出什么样的结论?

本章参考文献

[1] Agell, Jonas & Per Lundberg, Theories of Pay and Unemployment: Survey Evidence from Swedish Manufacturing Firms, *Scandinavian Journal of Economics*, 1995, **97**: 295—308.

[2] Akerlorf, G. & Yellen, J., *Efficiency Wage Models of the Labour Market*, Cambridge University Press, 1986.

[3] Berg, Joyce, John Dickhaut & Kevin McCabe, Trust, Reciprocity and Social History, *Games and Economics Behaviors*, 1995, **10**: 122—142.

[4] Bewley, Truman, A Depressed Labor Market as Explained by Participants, *American Economic Review*, 1995, **85**: 250—254.

[5] Blinder, Alan S. & Don H. Choi, A Shred of Evidence on Theories of Wage Stickiness, *Quarterly Journal of Economics*, 1990, **105**: 1003—1016.

[6] Camerer Colin & Richard Thaler, Ultimatums, Dictators, and Manner, *Journal of Economic Perspectives*, 1995, **9**: 209—219.

[7] Camerer C. F. & Ernst Fehr, Measuring Social Norms and Preferences Using Experimental Games: A Guide for Social Scientists, in Henrich et al., ed. *Foundations of Human Sociality-Experimental and Ethnographic Evidence from 15 Small-Scale Societies*, New York: Oxford University Press, 2004.

[8] Cameron, Lisa, Raising the Stakes in the Ultimatum Game: Experimental Evidence from Indonesia, discussion paper, Princeton University, 1995.

[9] Campbell, Carl M. & Kunal Kamlani, The Reasons for Wage Rigidity: Evidence from a Survey of Firms, *Quarterly Journal of Economics*, 1997, **112**: 759—789.

[10] Fehr, Ernst & Armin Falk, Wage Rigidity in a Competitive Incomplete Contract Market, *Journal of Political Economy*, 1999, **107**: 106—134.

[11] Fehr, Ernst & Elena Tougareva, Do High Stakes Remove Reciprocal Fairness: Evidence from Russia, discussion paper, University of Zurich, 1995.

[12] Fehr, Ernst, Georg Kirchsteiger & Arno Riedl, Does Fairness Prevent Market Clearing? An Experimental Investigation, *Quarterly Journal of Economics*, 1993, **108**(2): 437—460.

[13] Fehr, Ernst & Klaus M. Schmidt, A Theory of Fairness, Competition and Cooperation, *Quarterly Journal of Economics*, 1999, **114**(3): 817—868.

[14] Fehr, Ernst & Simon Gachter, Fairness and Retaliation: The Economics of

Reciprocity, *Journal of Economic Perspectives*, 2000, **14**(3): 159—181.

[15] Gachter, Simon & Armin Falk, Reputation or Reciprocity, working paper, Institute for Empirical Research in Economics, University of Zurich, 1999, No. 19.

[16] Güth, Werner & Reinhard Tietz, Ultimatum Bargaining Behavior: A Survey and Comparison of Experimental Results, *Journal of Economic Psychology*, 1990, **11**: 417—449.

[17] Güth, Werner, Nadège Marchand & Jean-Louis Rulliere, On the Reliability of Reciprocal Fairness: An Experimental Study, discussion paper, Berlin: Humboldt University, 1997.

[18] Hoffman, Elisabeth, Kevin McCabe & Vernon Smith, On Expectations and Monetary Stakes in Ultimatum Games, *International Journal of Game Theory*, 1996, **25**: 289—301.

[19] John Geanakoplos, David Pearce & Ennio Stacchetti, Psychological Games and Sequential Rationality, *Games and Economic Behavior*, 1989, **1**: 60—79.

[20] Kachelmeier, Steven J. & Mohamed Shehata, Culture and Competition: A Laboratory Market Comparison between China and the West, *Journal of Economic Organization and Behavior*, 1992, **19**: 145—168.

[21] Kahneman, Jack L. Knetsch & Richard Thaler, Fairness as a Constraint on Profit Seeking: Entitlements in the Market, *American Economic Review*, 1986, **76**(4): 728—741.

[22] McCabe, Kevin, Stephen Rassenti & Vernon Smith, Game Theory and Reciprocity in Some Extensive Form Experimental Games, *Proceedings of the National Academy of Science*, 1996, **93**: 13421—13428.

[23] Rabin, Matthew, Incorporating Fairness into Game Theory and Economics, *American Economic Review*, 1993, **83**(5): 1281—1302.

[24] Roth, Alvin E., Vesna Prasnikar, Masahiro Okuno Fujiwara & Shmuel Zamir, Bargaining and Market Behavior in Jerusalem, Ljubljana, Pittsburgh, and Tokyo: An Experimental Study, *American Economic Review*, 1991, **81**: 1068—1095.

[25] Roth, Alvin E., Bargaining Experiments, in J. Kagel & A. Roth, ed. *Handbook of Experimental Economics*, Princeton University Press, 1995.

[26] Slonim, Robert & Alvin E. Roth, Financial Incentive and Learning in Ultimatum and Market Games: An Experiment in the Slovak Republic, *Econometri-*

ca, 1997, **66**: 569—596.

[27] Smith, Vernonl & Arlington W. Williams, The Boundaries of Competitive Price Theory: Convergence Expectations and Transaction Costs, in L. Green & J. H. Kagel, ed. *Advances in Behavioral Economics*, New Jersey: Ablex Publishing Corporation, 1990.

[28] Thaler, Richard H., The Ultimatum Game, *Journal of Economic Perspectives*, 1988, **2**(4): 195—206.

[29] 董志勇:《从行为经济学谈社会公平和互惠》,《经济理论与经济管理》,2003年第11期。

[30] 叶航:《利他行为的生物学和经济学解释》,2002年西安中国经济年会论文集。

[31] 叶航:《广义效用论——经济学效用范式重构》,《中国经济评论》创刊号,纽约,2001年。

[32] 叶航:《超越经济理性的人类道德》,《经济学家》,2000年第5期。

[33] 叶航、汪丁丁、罗卫东:《作为内生偏好的利他行为及其经济学意义》,《经济研究》,2005年第8期。

第六章 时间贴现和跨期选择

时间在行为经济学领域主要涉及时间贴现、跨期选择及拖延行为等方面,这些术语听起来也许有些乏味,其实不然,请先看几个非常有趣的问题:

如果要你考虑今天或明天消费一个苹果,你会偏好今天的一个苹果还是明天的呢?显然大部分人希望今天消费;如果再要你考虑100天后或101天后消费一个苹果,也许答案就没有这么明显了,这其实说明了人们在今天对明天的关心程度和100天对101天的关心程度是不一致的,也就是说时间的贴现是会变化的。为什么我今生要吃苦?因为来世可以进入天堂,这是大多数信仰宗教的人的心态,实际上,这就是一种跨期选择。

在决策时,人们总是会综合权衡现在以及未来多个时期的收益,而所谓的跨期选择,其实就这么简单。

第一节 传统贴现效用模型

跨期选择指的是在不同时间段上进行成本收益的权衡,在生活中基本上每个人都会面临跨期选择,比如说到底要将一笔钱存入银行,还是要立即消费掉,就需要权衡当前消费带来的效用与放弃货币的流动性、存入银行所得的本息在未来带来的效用孰大孰小。

经济学界关于跨期选择及时间贴现的理论已经有了很大的发展,新古典西方经济学里面被最广泛接受的是萨缪尔逊(Paul Samuelson,1937)在 *A Note on Measurement of Utility* 一文中提出来的贴现效用模型(The Discounted Utility Model,本文简记为 DU 模型)。萨缪尔逊希望通过 DU 模型给出跨期选择的一般分析框架,下面我们来看 DU 模型的具体形式。

设若决策者对于消费束$(c_t,\cdots,c_T)$的跨期偏好符合效用的完备性、传递性及连续性,则跨期效用函数可以表示为$U^t(c_t,\cdots,c_T)$。进一步地,对于离散时

间,萨缪尔逊假定跨期效用函数满足如下形式[①]:

$$U^t(c_t,\cdots,c_T) = \sum_{k=0}^{T-t} D(k)u(c_{t+k}), \quad D(k) = \left(\frac{1}{1+\rho}\right)^k$$

在上述方程中,$u(c_{t+k})$代表决策者在$t+k$期的即时基数效用,$D(k)$用来表示决策者的贴现函数,即对各时期的即时效用所加的权数。ρ代表决策者的纯时间偏好率,即贴现率。

下面我们来看 DU 模型的特点。

1. 贴现率时间上恒定

我们知道,任何的贴现函数都可以一般地表示成这种形式:

$$D(k) = \prod_{n=0}^{k-1}\left(\frac{1}{1+\rho_n}\right)$$

其中ρ_n代表在时期n时的贴现率,也就是说,贴现率将随着时期n的变化而变化。但是,在 DU 模型中,我们可以看到,对于所有的n,$\rho_n = \rho$,这意味着 DU 模型中包含着一个重要假定——时间贴现率在每一期均相同。

时间贴现率恒定的假设意味着决策者的跨期偏好是时间一致(Time-consistent)的,也就是说后期的偏好可以"证实"(Confirm)前期的偏好。更正规地,可以这样写:

我们说跨期偏好是时间一致的,如果决策者面临两个消费束$(c_t,\cdots,c_T)$和$(c'_t,\cdots,c'_T)$,且有$c_t = c'_t$,当且仅当$U^{t+1}(c_{t+1},\cdots,c_T) \geq U^{t+1}(c'_{t+1},\cdots,c'_{T+1})$时,有

$$U^t(c_t,c_{t+1},\cdots,c_T) \geq U^t(c'_t,c'_{t+1},\cdots,c'_T)$$

决策者需要做的就是估计出未来每一期的效用流,然后通过一个统一的折现率ρ折算成现值,静态的效用最大化问题就转化为动态的效用现值最大化问题。

2. 正的时间偏好和递减的边际效用

在 DU 模型中,贴现率ρ是正的,这就说明了时间偏好是正的,消费者更偏好于当期。与边际效用递减相对应,正的时间偏好促使人们更多地在当期消费。

同时,在 DU 模型中,即时效用函数$u(c_t)$是凹函数,也就是说,边际效用是递减的。这意味着人们将更愿意把消费分散到各个时期,而不是集中于某一个时期。

---

① 更一般地,连续的跨期贴现效用函数可以表示为:

$$U^t(\{c_\tau\}_{\tau \in [t,T]}) = \int_{\tau=t}^{T} e^{-\rho(\tau-t)} u(c_\tau)\,d\tau$$

为简单起见,本文只考虑离散的跨期贴现效用函数。

3. 跨期决策时决策者会将新的备择计划和现有的计划结合起来考虑

DU 模型的一个中心假设就是人们在跨期决策时会将现有的计划与新的备择计划结合起来考虑。比如说,一个人现有的消费计划为 $(c_t,\cdots,c_T)$,他面临一个跨期决策 X,这一跨期决策同放弃现有的 5 000 美元以获得 5 年后的 10 000 美元的跨期决策很类似。我们说决策者在跨期决策时会将新的备择计划与现有的计划结合起来考虑,也就是说,人们不会孤立地考虑跨期选择 X,而会根据 X 对将来各个时期总消费的影响作出决策。所以,在评价跨期选择 X 时,决策者会考虑决策后新的消费路径 $(c'_t,\cdots,c'_T)$,只有当 $U^t(c'_t,\cdots,c'_T) > U^t(c_t,\cdots,c_T)$ 时,决策者才会接受跨期选择。

也可以这样理解,假设决策者的初始禀赋为 E_0,接受跨期决策 X 将会增加其禀赋,变为 $E_0 \cup X$,定义 $B(E)$ 为决策者在禀赋水平为 E 时的预算集,根据 DU 模型,决策者将会接受跨期选择 X,如果满足:

$$\max_{(c_t,\cdots,c_T) \in B(E_0 \cup X)} \sum_{\tau=t}^{T} \left(\frac{1}{1+\rho}\right)^{\tau-t} u(c_\tau) > \max_{(c_t,\cdots,c_T) \in B(E_0)} \sum_{\tau=t}^{T} \left(\frac{1}{1+\rho}\right)^{\tau-t} u(c_\tau)$$

4. 各期效用独立

DU 模型还假定一系列结果的总效用等于各期效用的求和。也就是说,各期的效用都是相互独立的。

5. 各期消费独立

DU 模型的一个外在假定为决策者在 $t+k$ 期的状况独立于他在其他期的消费状况。在跨期选择中,决策者在一个时期的效用不会受其前面或后面某期状况的影响,比如说,决策者对意大利或者泰国旅馆的偏好,不会受他昨晚是否在意大利旅馆居住或者他明天是否在意大利旅馆居住的影响。用萨缪尔逊的话来说,就是"昨天晚上我所喝的酒或者明天我将会喝的酒,将不会对我今天关于酒和牛奶的偏好产生影响。"

6. 即时效用 $u(c_{t+k})$ 不随时间变化

在 DU 模型中,经常假定即时基数效用不随时间而变化,也就是说,一个人在任何时期由任何活动带来的效用都是一样的。很多经济学家都对这一点提出过质疑,因为很容易看到人的偏好会随时间变化而变化。在 DU 模型中作此假定纯粹只是为了方便而已。

7. 贴现函数 $D(k)$ 独立于消费

DU 模型假定跨期决策中的贴现函数不依赖于任何消费形式,即贴现函数是独立于消费的。这一假定对时间偏好的概念非常重要,如果对于不同的消费形式人们的效用贴现率也不同,那么单一时间偏好的概念也就变得没意义了。我们将会对不同的消费对象使用不同的时间偏好称呼,如"香蕉时间偏好(Banana Time Preference)"、"度假时间偏好(Holiday Time Preference)"等。

第二节 传统 DU 模型的"反常"

在过去的 20 年中,跨期选择的经验性研究已经揭示出了 DU 模型的不足之处和"反常"(Anomalies):

首先,经验研究发现在不同时期中的贴现率并不是常数,而可能是递减的,这个理论经常被称作双曲线贴现理论(Hyperbolic Discounting),本文将在下面介绍。

实际上,在 DU 模型发展之前,经济学家们就已经开始了对时间贴现和跨期选择的研究,而且,与 DU 模型不同的是,他们并没有简单地将贴现率规定为常数,他们承认行为学、心理学方面的因素对贴现率的影响。

亚当·斯密曾经指出,个人的跨期选择不仅会影响到个人的健康、财富和总的幸福,还可能对国家经济的繁荣有决定影响。

在斯密将人们的目光吸引到跨期决策对国民财富的重要性之后不久,苏格兰经济学家约翰·雷(John Rae)就已经将社会学和心理学方面的因素纳入跨期决策的研究。斯密曾经指出国民财富由在资本生产中的劳动量的分配决定,而雷认为斯密没有进一步指出这种分配的决定因素是什么,没有考虑到"有效积累欲望"(The Effective Desire of Accumulation)的因素。

雷认为跨期决策行为是由促进或限制"有效积累欲望"因素的组合产生的,最重要的两个促进有效积累欲望的因素是"遗产动机"(Bequest Motive)和"自我节制倾向"(Propensity to Exercise Self-restraint),而限制有效积累欲望的因素主要有生命的不确定性(Uncertainty of Human Life)以及即时消费的兴奋效用、推迟此可得到的满意所引起的不快等。例如,欧洲人的生活安定,人民生活也比较节俭;而生活跌宕的海员和战士则花钱大手大脚。

威廉·S.杰文思(William S. Jevons,1888)和他的儿子赫伯特·S.杰文思(Herbert S. Jevons,1905)以及 Böhm-Bawerk 等人又继续对此进行了深入研究。

DU 模型的不足之处还表现在,经验研究中发现贴现率很多时候是随时间轴递减的,这也就是动态不一致(Dynamic Inconsistency)的现象。比如说:

符号效应(Sign Effect):收益的折现率高于损失的折现率;人们甚至宁愿当时就承受某一固定损失,也不愿把损失延期,所谓长痛不如短痛。这也可以解释为什么人们会为自己的财产买巨额保险。

程度效应(Magnitude Effect):小额效用流的折现率高于大额效用流;对大结果的贴现比对小结果的贴现少。

"延迟—加速"不对称现象(Delay-speedup Asymmetry):对延期的事件折现更多,也就是说对延迟某一给定时点的回报所要求的补偿要高于为使其提前所愿意付出的代价;Loewenstein(1988)的研究显示,如果某人本来不指望马上得到VCR,这时如果 VCR 被意外地获得,他愿意为此支付 54 美元;如果本该立即得到 VCR,但被意外地拖延,他要因此索要 126 美元作为补偿。因此,结果出现的日期是被拖延还是加速,将对贴现率产生显著影响。

逐期改善序列偏好(Improving Sequences Effect):在选择结果序列时,人们更偏好逐期改善序列而非逐期恶化序列;在生活中,人们也喜欢把最好的东西留在最后。

背离独立性和分散偏好:效用和消费的独立性不成立以及跨期选择时不同时期的选择相互影响等。

DU 模型是理论简化,应用于实际中会出现一些偏离。但仅仅考虑这些偏离仍不足以解决实际问题,在这里我们介绍几个不同于 DU 的其他模型。

一、扩展即时效用函数的模型

很多对 DU 模型的偏离可以归结为混淆了贴现因子和即时效用函数,根据实际情况调整即时效用函数可以解决一些对 DU 模型的偏离。

在习惯—形成模型中,以前的消费对当期消费有影响。第 τ 期的即时效用函数为 $u(c_\tau;c_{\tau-1},c_{\tau-2},\cdots)$,$\frac{\partial^2 u}{\partial c_\tau \partial c_{\tau'}} > 0$,$\tau' < \tau$。特别地,记增加的变量 $z_\tau = \sum_{i=1}^{\infty} \gamma^i c_{\tau-i}$,第 τ 期的即时效用函数为 $u(c_\tau;z_\tau)$,$\frac{\partial^2 u}{\partial c_\tau \partial z_\tau} > 0$。至于习惯对即时效用的影响方向,它取决于已消费的量和当前消费的量是否增加未来效用。比如,考虑昨天饮酒量对今天效用的影响,如果昨天饮酒过多,对今天的影响就是负面的。

习惯—形成模型应用广泛,它可以解释上瘾行为,说明过去和未来价格对当前消费上瘾物的影响;也可以解释资产定价异常。习惯—形成模型与商业周期模型结合,可解释资产价格的变化。我们知道高储蓄能带来高增长,而这个模型启发了另一种可能:高增长也可能带来高储蓄。此外,在关于外部冲击对消费调整的长期影响研究中,这个模型被用来解释消费对冲击的"峰形回应"。

二、参照点模型

这个模型借鉴了前景理论的思想。第 τ 期的即时效用函数为 $u(c_\tau,r_\tau) = v(c_\tau - r_\tau)$,其中 r_τ 为参照点,它取决于过去的消费、预期以及社会比较。前景理论的另一论点是损失厌恶:与参照点负偏离的效用损失幅度大于与参照点正偏离的效用增加幅度。前景理论的第三个论点是敏感度递减:随着偏离参照点的幅度增加,效用的变化率递减。

因此,参照点模型可以解释一些偏离 DU 模型的现象。损失厌恶可以解释"信号效应",对回报的贴现比对损失的贴现多。敏感度递减可以解释"程度效应":例如根据参照点模型,$\frac{v(200)}{v(100)} > \frac{v(20)}{v(10)}$,这就解释了人们对大结果的贴现比对小结果的贴现少。此外,参照点模型还能解释"拖延-加速不对称":永久收入假说认为永久收入的变化不改变消费增长率,但是考虑某人永久收入减少的情形,永久收入假说认为他将每期减少 10% 的开支,但损失厌恶导致他当期不愿削减 10%,这样他以后就得削减 10% 以上,所以消费增长率降低。在政策制定上,参照点模型和前景理论提示我们,工人对未来工资减少的反应比对当前工资上涨的反应强烈。

三、融入预期效用的模型

Loewenstein 提出一个融入预期效用的正规模型。对某一 $\gamma < 1$,第 τ 期的即时效用函数为 $u(c_\tau; c_{\tau+1}, c_{\tau+2}, \cdots) = v(c_\tau) + \alpha[\gamma v(c_{\tau+1}) + \gamma^2 v(c_{\tau+2}) + \cdots]$。它表示,人们对未来效用的预期影响到当前的幸福感,其中 $\frac{\partial u}{\partial c_{\tau'}} > 0, \tau' > \tau$。

这个模型可以解释"信号效应"。因为要把未来考虑到即时效用中,所以拖延损失必然会降低即时效用,因此人们不愿把坏结果拖到后面。

另一方面,与我们后面专门介绍的双曲贴现模型不同,此模型支持时间一致性的假设。它否定即时行乐,认为把好结果放在未来会增加即时效用。当然,前提是这个好结果是确定的,一定能在未来某期获得。为使这个模型更具普遍性,应根据实际情况加入焦虑、怀疑等心理因素。

四、本能影响

这里的本能包括饥饿感、性欲、生理疼痛和渴望等。加入本能的即时效用函数为 $u(c_\tau, d_\tau)$,d_τ 为即时本能状态向量。d_τ 有内生性,比如现在的饥饿感与以前消费的食物量有关,因此本能影响破坏了 DU 模型的消费独立性假设。

本能可以解释偏好逆转,因为时间临近能刺激人的本能。此外,空间临近也会通过气味、声音等途径激发本能,引致短视行为。比如吸毒者在酒吧等环境下往往不能自控,而选择即时行乐。但这个模型也暗示人们可能为了避免本能导致的后果而拒绝对本能作出充分反应,比如人们经常拒绝回应暴怒、恐惧等本能。

还应注意,本能只能改变反映决策选择吸引力的"决策效用",而不能改变反映已有财富的"经验效用"。

第三节 与 DU 根本性偏离模型

一、投射偏误

一般模型都以理性预期为前提,事实是,虽然人们能预料到他未来决策会发生变化,但人们通常低估了这个变化幅度,这就是所谓"投射偏误"。这里以习惯—形成模型为例说明投射偏误。让一个决策者在第 t 期预测第 τ 期的即时效用。记他在第 τ 期的实际即时效用为 $u(c_\tau;z_\tau)$,在当前状态下的第 τ 期即时效用为 $u(c_\tau;z_t)$,那么他预测的效用为:

$$\tilde{u}(c_\tau;z_\tau \mid z_t) = (1-\alpha)u(c_\tau;z_\tau) + \alpha u(c_\tau,z_t), \quad \alpha \in [0,1]$$

即他的预期在第 τ 期的实际即时效用和在当前状态下的第 τ 期即时效用之间。投射偏误导致人们低估当期消费对未来效用的"挤出"作用,诱使人们在当期过度消费。

只要偏好随时间改变,投射偏误就会发生,无论这种偏好变化由习惯形成引起,由改变参照点引起,还是由本能变化引起。投射偏误扭曲了时间偏好的衡量。

二、心理账户模型

我们很少看到有人为一瓶饮料讨价还价,但是多数人在购买家庭影院时都要货比三家。为什么人们在小消费项目上慷慨大方,而在大额消费上谨慎节俭?这是因为人们在心理上把不同的钱归在不同的账户上。小钱归在消费账户,大钱归在储蓄账户,所以消费时区别待之。也就是说,人们把不同的消费归在不同的心理账户上,通过比较在不同项目上付账带来痛苦的程度,决定消费哪个项目。为了回避付账痛苦,人们愿意为一次性度假预付账单,而不愿在一辆年年要钱的汽车上预付钱财;人们喜欢一口价的服务项目,而不愿接受那种随做随付的服务。

三、"选择托架"

我们把在同一时期考虑的选择叫作"选择托架",不同的"选择托架"突出不同的心理动机,会导致不同的跨期选择。如果问你想在一个月后还是两个月后享受满汉全席,大多数人可能选择在一个月后享用,这反映了人们的"迫切"心理。但如果有另外两种选择:一个月后享受满汉全席,接下来的两个月在家吃;或在家吃两个月,之后再过一个月享受满汉全席,多数人会选择后者,这说明人们偏好效用递增的序列。这两次选择的转变明显违背时间偏好一致性,却可以用"选择托架"来说明。第一次选择的"托架"中只有满汉全席,而第二次选择的"托架"中除了满汉全席,还有"在家吃",形成了一个序列,从而人们对效用递增序列的偏好显现出来了。这种偏好可能源于参照点模型,也可能源于加入预期效用的模型等。

四、诱惑效用

传统经济学认为,没有选中的可能行为对效用没有影响,但 Gul & Pesendorfer(2001)提出"诱惑效用"说:一个能选但没选好的选择对决策者来说就是损失。决策者甚至愿意花钱把那个充满诱惑而又覆水难收的潜在选择消除掉,也不愿因为它的存在而懊悔不已。

五、双曲贴现(Hyperbolic Discounting)

术语"双曲贴现"通常被用来描述人们时间偏好的递减率,即 ρ_n 会随着 n 的增大而减小,目前行为经济学界已有很多关于双曲贴现的实证研究。① 其中,反映贴现率递减的双曲贴现函数形式要比指数函数形式更好地拟合数据。

下面是 Laibson 等人提出的双曲贴现的函数形式:

$$D(k) = \begin{cases} 1 & \text{if } k = 0 \\ \beta\delta^k & \text{if } k > 0 \end{cases}$$

它假定当前期和接下来一期的贴现率为 $\frac{1-\beta\delta}{\beta\delta}$,而将来任何两期之间的贴现率为 $\frac{1-\delta}{\delta} < \frac{1-\beta\delta}{\beta\delta}$,于是,这个 (β,δ) 方程假定了当前期和第二期的递减的贴现率以及这时期之后的不变贴现率。

双曲贴现率(Loewenstein & Prelec,1992):τ 时期以后发生的结果的贴现要加上权数 $(1+\alpha\tau)^{-\gamma/\alpha}$,其中 $\alpha,\gamma > 0$。

下面是指数贴现曲线和双曲贴现曲线的图形表示,我们将参数分别取为 $\alpha = 4$ 和 $\gamma = 1$。

从图 6-1 可以看出,双曲贴现曲线与传统指数贴现曲线的不同在于:它强调

---

① 其他的相似研究可见于 Uri Benzion, Amnon Rapoport & Joseph Yagil, 1989; Gretchen B. Chapman, 1996; Chapman & Arthur S. Elstein, 1995; John L. Pender, 1996; Daniel A. Redelmeier & Daniel N. Heller, 1993。

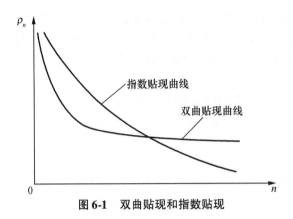

图 6-1　双曲贴现和指数贴现

了在短期内的贴现率要比长期内大得多,而传统指数模型却认为贴现率是恒定不变的。反映在图上就是在短期内双曲贴现曲线下降得比指数贴现曲线更快,而在长期内下降得要慢。

双曲线贴现模型有如下的优点:首先它简单清楚,对于分析自我控制的问题非常方便。其次,它校准起来也很简便,便于人们作经验分析和预测。

Harris 和 Laibson 在 2001 年曾作过双曲消费型家庭和指数消费型家庭的分析,为双曲贴现理论再次提出了坚实基础。[1] 他们在研究中发现,相比于指数消费型家庭,双曲型家庭会持有更低水平的流动性财富,无论该流动性财富的衡量标准是劳动收入还是股票分红。双曲家庭在信用市场上更大胆地借债,但是在固定资产方面他们却更积极地储蓄。由于双曲家庭持有很低水平的流动资金和很高水平的信用债务,在可预见的收入变化范围内,他们无法使消费支出和收入得到平衡。

更一般地,双曲模型为人类的一些"自我击败"(Self-Defeating)的行为提供了分析基础,经济学家经常假定理性的单位会为了自己的利益最大化而采取行动。实际上,双曲贴现型的单位可能会有一个理性的预期,但是他们却很少可能会作出有效的选择。双曲贴现模型的提出,对解释储蓄不足、过度消费、拖延损

---

[1]　见 Christopher Harris & David Laibson, Hyperbolic Discounting and Consumption, in Mathias Dewatripont, Lars Peter Hansen & Stephen Turnovsky, ed. *Advances in Economics and Econometrics: Theory and Applications*, Eighth World Congress, 2002: 258—298。

失等"自我击败"行为提供了很好的基础。[①]

第四节 时间偏好

古典经济学的理论通常假定时间偏好是一致的,但是,无意的观察、自省及心理学研究都证明时间一致性假设是极端错误的。我们追求的短期即时行乐与长期偏好并不一致。比如说,当我们今天觉得明天最好不要暴饮暴食时,明天却有可能会倾向暴饮暴食;当我们今天认为明天必须写一份仲裁报告时,明天却可能再拖延。总之,当我们协调未来的两个时刻时,我们倾向于更早的时刻,因为它更临近我们。

我们来看一个实验,要求测试者在一系列选择中陈述他们的偏好,每个人都要在更早更少的奖赏和更迟更多的奖赏作出选择。在有金钱奖励的实验中,当奖赏拖延时,24 个测试者中 23 人一致将自己的选择从更早更少的奖赏转到更迟更多的奖赏。金钱风险和延误是基本相当的——平均推后了 2 周半,测试者平均拿到了 21.50 美元(Kris Kirby & Herrnstein,1995)。

因此,和将来相比,人们倾向于今天得到奖励,而这种偏好不同于将来面对同样延误时他们可能会有的偏好,所以偏好同时间是不一致的。这种时间变化偏好的正规模型已经逐渐发展起来了。

一个简单的两个参数的模型便说明了人们即时行乐的喜好,这个模型对指数贴现进行了少许修改(Edmund Phelps & Robert Pollak,1968)。

假定在 t 时间的暂时偏好为 U_t,U_t 表示人们在一段时间 t 中的即时效用:

$$U_t(u_t, u_{t+1}, \cdots, u_T) = \delta^t u_t + \beta \sum_{\tau=t+1}^{T} \delta^\tau u_\tau$$

β 和 δ 都位于 0 到 1 之间,参数 δ 就好像在指数贴现中一样决定了一个人坚持时间一致性偏好的程度。

如果 $\delta = 1$,那么这些偏好就是简单的指数贴现。

但是当 $\delta < 1$ 时,这些偏好便体现了我们所看到的时间不一致性。

这些偏好是如何捕捉到人们喜爱即时行乐的偏好呢?假设你有机会选择在 4 月 14 日做一项需要 10 小时完成的不喜欢的工作,或是在 4 月 15 日花 11 小时

[①] 虽然有很多证据支持双曲贴现模型,但贴现因子递减仍远非真理。Daniel Read(2000)提出的"次加性贴现"是对双曲贴现最普遍的一种心理学解释,它可以替代贴现因子递减理论。"次加性贴现"是指一个跨期行为的总贴现率随着对这个时期的细分而增加。例如,把 24 个月平均分为三个连续的时期,三个子期的复合平均贴现率高于原平均贴现率。这个现象可以用"次加性贴现"来解释,却不能用贴现率递减解释。

完成同一项工作。假设你认为工作对你的效用在任何时候都与工作时间负相等,即有 $U_t(10) = -10, U_t(11) = -11$。那么对推迟一天来说,假如 $\delta = 1$,而 $\beta = 0.8$,你就会宁愿选择今天获得效用,明天损失部分效用,虽然获得的效用只是失去效用的 80%。

假如今天就是 4 月 14 日,你正在考虑要不要去工作。你可以选择今天工作但获得 10 的负效用,也可以选择将工作拖延到明天,效用值为 $0.8 \times (-11) = -8.8$。显然,你将会选择拖延。

假如你不是 4 月 14 日决定何时去工作,而是被老板要求 2 月 1 日就决定,那么你又会如何选择呢?

由于 2 月 1 日作决定使你在 4 月 14 日和 4 月 15 日工作的效用都通过 β 的变化贴现了,因此你会选择只需工作 10 小时的 4 月 14 日而不是工作 11 小时的 4 月 15 日。也即在 2 月 1 日的时候,你认为拖延 4 月份的事情是不值得的。可见,对同一个问题,你 2 月 1 日的决定同 4 月 14 日的决定有很大的差异:在 4 月 14 日,我们大多数人都倾向于把工作拖延到 4 月 15 日,即使工作量会增多。如果这两天没有实质区别,那么在 2 月 1 日可能没有人会选择拖延。

一、时间偏好不一致性的实证

行为经济学家的确发现了偏好时间不一致的有利证据[①],我们来看萨勒所做的实验:

表 6-1 实验报酬设计

现在	1 个月后	一年后	10 年后
15 元	20 元	50 元	100 元

被实验者要求回答和 15 元无差异的一个月后、一年后和 10 年后的收入,回答结果是 20 元、50 元和 100 元,也就是说,被调查者认为 10 年后的 100 元、一年后的 50 元、一个月之后的 20 元和现在的 15 元是无差别的。这意味着一个月期限的年折现率是 345%,一年期限的是 120%,10 年期限的是 19%,即被实验者明显表现出时间偏好的不一致,这个结论被后来的众多实证研究所证实。

除了偏好的时间不一致外,行为经济学还发现了很多古典经济学难以解释的现象,在对新古典跨期选择模型进行批评的基础上,发展出了自己的一系列模

---

① 关于偏好时间不一致的讨论的综述参见 Shane Frederick, George Loewenstein & Ted O'Donoghue, Time Discounting and Time Preference: A Critical Review, *Journal of Economic Literature*, 2002, 40: 351—401。

型,比如上面已经介绍过的 Laibson 的双曲贴现模型就非常著名①。在下面我们将看到更多的行为经济学家对传统理论的挑战。

二、延期和定期

我们的研究表明,在人们的跨期选择过程中,延期(Delay)和定期(Date)发生着不同的影响。

延期是指从当前期开始在一段时期以内的拖延,着重于时期概念。而定期指的是针对未来某一确定时点的跨期决策,着重于时点概念。

跨期选择指的是针对不同时期结果的选择,通常(但并不总是)人们要在"小而快"的结果和"大而迟"的结果之间权衡取舍。

假设区间限制条件的相似性决定时间贴现,我们将用表 6-2 的例子解释什么是区间限制的相似性。

对于一个面临跨期决策的决策者来说,从第 1 个月到第 2 个月的时间区间和第 12 个月到第 13 个月的时间区间是不一样的,因为,从当前期开始的第 1 个月到第 2 个月的时间区间是一个短期概念,时间贴现率更高;从当前期开始的第 12 个月到第 13 个月的时间区间是一个长期概念,时间贴现率更低。也就是说,在相当长的时期中,相邻的两个月对于决策者来说是无差别的,但是在短期中,决策者会比较注重这种差别。

表 6-2

| 第 1 个月→第 2 个月 | 有差别 | 高的时间贴现 |
| 第 12 个月→第 13 个月 | 无差别 | 低的时间贴现 |

我们再按照表 6-3,设计一个新的实验,如下所示:

表 6-3

选择一	选择二
1 000 元	1 000 元
9 月 26 日(意味着定期)	4 个月内(意味着延期)

---

① 参见 Laibson, David I., Life-Cycle Consumption and Hyperbolic Discount Functions, *European Economic Review*, 1998, **42**: 861—871。

实验 1

假设实验进行的当天是 2003 年的 5 月 26 日。

实验对象被给定两种选择,一种是在 9 月 26 日得到 1 000 元,这里的 9 月 26 日是一个时点概念,也就是所谓的定期。另一种选择是在 4 个月之内得到 1 000 元,这里所说的 4 个月以内是一个时期概念,也就是所谓的延期。

实验结果表明,更多的人选择了第二种选择,即在相同的结果下(两种选择所得钱数均为 1 000 元),更多的人愿意选择延期,因为延期将使得决策者认为有更高的贴现率。

人们通常偏好延期还因为定期的方式有一个计算成本,人们不愿意为定期的计算而费功夫。比如说,假使一个学生需要交一份作业,他会更希望听到老师要求在一个月之内交上来而不是在某一天交上来。显然,如果规定在某天必须交,学生还需要计算在这天之前必须完成,还要努力记住这一个日期,而如果只要求在一个月之内交,学生会感觉自己在这一个月中有很大的自由空间,他可以选择在这段时间内的任何时候完成作业。

实验 2

在这个实验中,受调查者被要求在小而快(SS, Small and Swift)的结果与大而迟(LL, Large and Late)的结果中作出选择,结果分别被描述成延期和定期的形式。

表 6-4

	问 题							
	A		B		C		D	
	SS	LL	SS	LL	SS	LL	SS	LL
钱数	370	450	520	740	770	1 480	900	1 200
定期	03-09-26	04-06-25	03-07-25	04-11-26	03-11-28	06-05-26	03-08-29	04-11-24
月数	4	13	2	18	6	36	3	16
星期数	17	56	9	78	26	156	13	65

(续)

假设实验进行的当天是2003年的5月26日。
以下面的形式来提问被调查者：

表 6-5

	选择1	选择2
你将得到	370美元	450美元
在时间	03-09-26	04-06-25
你将选择	□	□

上面是一个在定期描述形式下的问题，被调查者要求在方框中作出自己的选择。实验中还有被分作月和星期的两种延期形式的问题。

下面是实验数据：

表6-6 在不同的描述上选择LL的人数所占百分比

问题	描述		
	定期(%)	月(%)	星期(%)
A	60	29	14
B	63	18	7
C	60	43	32
D	53	18	21
均值	59^1	27^2	19^2
N	30	28	28

注：同一行中拥有相同上标数据的差异在Tukey HSD检验上不显著。

从实验数据可以看出，当结果被描述成定期形式时，人们会比在延期形式下更倾向于选择大而迟的结果LL。

我们通过上述实验得出的结论在实际中的应用：

1. 如果你希望人们得到更低的贴现，就应该将时期描述为定期方式。
2. 当描述成定期方式时，投资变得更有吸引力。
3. 如果你希望人们得到更高的贴现，就应该将时期描述为延期方式。

三、递增序列和非递减序列

现在一般的跨期选择模型都习惯地假设人的行为是急躁的(Impatient)，更偏好较早得到的结果，而且假定人的偏好满足独立性和可分性，也就是说序列发生的结果的效用与各部分的效用之和是相等的。但是，Loewenstein和Drazen Prelec的研究表明，这些假定也是不正确的，当结果是以序列方式出现的时候，人们会更偏好于递增序列，已经有很多的行为经济学家对此作了研究。

行为经济学家曾做过一个实验,给实验对象制造短暂的不适,时间持续 2 到 20 分钟,一组的不适感是渐渐增加的,另一组则是递减的,他们发现实验对象表现出了对递减的不适感的强烈偏好,即使是在两组的总不适感实际上完全相同。

Ross 和 Simonson 在 1991 年也做过类似的实验,他们列出一系列的假想选择,有的选择序列以损失结束(如获取 85 美元,然后又损失 15 美元),有的选择序列以获得结束(如损失 15 美元,然后获得 85 美元)。实验结果发现,实验对象对递增序列(以获得结束)表现出了强烈的偏好。

下面来看我们根据 Loewenstein 等人的基本思想所做的一组实验。

实验对象是中国人民大学的 100 个学生,他们被要求回答一组问题,假定在回答时不考虑他们已有的行动计划。

实验 3

1. 当两者都为免费时,你更偏好哪一个?　　　　　n = 100
   A. 优雅的法国餐厅的一顿晚餐　　　　　91%
   B. 本地普通餐厅的一顿晚餐　　　　　　9%

   选项后面的百分比表示选择的人数所占总体比例。

   我们可以看出,91% 的人选择了优雅法国餐馆,针对这些人,继续进行下列提问:

2. 你会偏好哪一个?　　　　　　　　　　　n = 91
   C. 一个月后一个星期五在法国餐馆的一顿晚餐 81%
   D. 两个月后一个星期五在法国餐馆的一顿晚餐 19%

3. 你更偏好哪一个?　　　　　　　　　　　n = 91
   E. 一个月后的星期五在法国餐馆的一顿晚餐和两个月后的星期五在中国餐馆的一顿晚餐　40%
   F. 一个月后的星期五在中国餐馆的一顿晚餐和两个月后的星期五在法国餐馆的一顿晚餐　60%

从上面的实验结果中我们可以看出,在 91% 的偏好法国晚餐的实验对象中,81% 的更偏好较早的结果(C 选项),也就是当结果是单个存在时,人们更偏好的是一月后的法国晚餐,然而,当变成序列结果时(第 3 题),只有 40% 的人选择一月后的法国晚餐,产生这个逆转的原因就在于序列结果中中国晚餐的影响,实验结果表明,由于多数人考虑到了中国晚餐(对实验对象而言,法餐优于中国晚餐)的影响,所以更多地选择了一个递增序列,即先消费中国晚餐再来消费法国晚餐。

可以看出,似乎有两个因素在影响着人们的时间偏好,那就是急躁心理(Impatience)与对递增序列的偏好,其中急躁心理是指人们会急于实现选择的结果而缺乏等待的耐心。到底哪个因素占主导取决于选择是被描述为单独的结果还是序列的结果。在单独的结果里,急躁心理将占主导;而在序列结果里,偏好递增序列的心理将占主导地位。

但是,在很多情况下,我们不能很清楚地确定一个特定的结果集到底是单独的还是成序列关系。比如,当组成序列的结果不可通约时,或各个结果间有很长的时间间隔时,有理由将结果序列当作一个个单独的结果来考虑。在此,我们有必要对所谓的偏好递增序列中的"序列"概念加一些约束。

当结果是可通约的而且是紧密相邻的时候,我们就有充分的理由将各个结果当作一个结果序列来考虑。一般来说,对于一连串的结果,它的"完整性"越强,我们就越能将其视为结果序列加以考虑。

下面的例子是从变化连串结果的"完整性"来看时间偏好的变化。这个实验的对象是中国人民大学经济学院的 50 个学生。

实验 4

假设你必须把两个周末的时间花在对你曾经居住的一个城市的探访上,而且在这次出门后你不打算再探访这个城市。

再假设一个周末你必须与一个令人厌烦的厨艺糟糕的大婶相处,另一个周末你则会与一个招人喜欢的前同事共度,那么在下面的情况下你会作出怎样的选择呢?

(1) 若这两次出门探访的时间分别是当前这个周末以及下一个周末:

这个周末	下个周末	
A. 前同事	令人厌烦的大婶	[10%](5/50)
B. 令人厌烦的大婶	前同事	[90%](45/50)

(2) 假设这两次出门探访的周末分别是当前这个周末以及六个月后(26 周后的周末):

这个周末	26 周后的周末	
A. 前同事	令人厌烦的大婶	[46%](23/50)
B. 令人厌烦的大婶	前同事	[54%](27/50)

(续)

(3) 假设这两次出门探访的周末分别是 26 周后的周末和 27 周后的周末:		
26 周后的周末	27 周后的周末	
A. 前同事	令人厌烦的大婶	[14%] (7/50)
B. 令人厌烦的大婶	前同事	[86%] (43/50)

在第一个问题中,两个结果是在时间上紧密相邻的,人们对递增序列的偏好显示出来。这里有 90% 的受调查者选择了递增序列。

在第二个问题中,两个结果之间的时间间隔非常长(26 周),从而降低了连串结果的"完整性"。在本题中,偏好递增序列的心理减弱,只有 54% 的选择递增序列。

在第三个问题中,连串结果之间的时间间隔有一次被缩短到一个星期,"完整性"增强,对递增序列的偏好心理增强,在本题中,可以看出,86% 的人选择了递增序列。但是相比于第一个选择,选择递增序列的人却略为减少,这可以解释为在第三个选择中结果的完整性不如第一个,因为它们发生在离现在更远的时间内,于是人们将不愉快的结果尽快结束的心理稍微减弱。

第五节 时间贴现的衡量

为了衡量时间贴现,经济学家做了大量实验和调查(Frederick, Loewenstein & O'Donoghue, 2002),得到各时期贴现因子的散点图。本节我们先讨论各种影响时间贴现估计的混杂因素,然后给出衡量贴现的过程,并考虑各种混杂因素对衡量过程的影响。

一、影响贴现的因素

衡量时间贴现,一般是得到各期效用的权重 δ,再用 NPV(净现值)折算出贴现率。比如当前 100 元和明天的 120 元无差异,那么 $100 = \frac{1}{1+\rho} 120$ 成立。如果某人对一个低效廉价的灯管和一个价格高出 100 元但每年省电费 20% 的灯管无差异,那么由 $100 = \sum_{t=1}^{10} \left(\frac{1}{1+\rho}\right)^t \cdot 20$,得 $\rho = 15.1\%$。尽管这一方法得到广泛应用,但它暗含大量假设,并受一系列混杂因素的影响。

(1) 消费跨期分配

这种计算假设各期效用是独立的、分离的,效用都是在当期兑现;而且跨期消费不能随着对未来得失的预期而改变。事实上,在跨期回报的消费流中有更复杂的选择。比如今天的 50 元与明年的 100 元以及今天的 50 单位与明年同一天的 100 单位的比较是不同的。

(2) 跨期套利

净现值比较以跨期套利的可行性和有效的资本市场为前提。比如在今天的 50 元与明年的 100 元之间,某人可能选择今天的 50 元,因为他认为通过有效投资这 50 元可以在明年获得比 100 元更多的收益,这样,明年 100 元的现值就不如今天的 50 元。但是,由于人们对套利信息把握并不全面,或由于他们没有足够的套利能力,跨期套利的假定并不符合现实。比如人们可能因为借贷困难而无法购买昂贵的节能电器,虽然它可能比廉价的耗能电器更划算。另外,中国居民在银行利率很低的情况下仍然将大笔财富存在银行,这违背了跨期套利原理,它背后肯定有其他原因,比如时间偏好或延期的不确定性。

(3) 凹性效用函数

净现值法假定效用对货币收益(损失)是线性的。实际上,由于货币的边际效用递减,效用对货币量不是线性的,而是凹性的。如果当前 100 元和明天的 200 元无差异,那么贴现率为 100%,但实际上 200 元的效用不到 100 元效用的两倍,所以贴现率不到 100%。可见净现值法往往高估贴现率。研究表明,即使对于小量货币,效用对货币也非线性。

我们可用技术方法解决这个问题,用"吸引力"指标代替货币值,再用净现值法计算;另一方法是获得效用关于货币的函数,计算效用贴现,取代货币贴现。

(4) 不确定性

净现值法假定未来的收益(损失)能兑现。对野外研究来说,就是指节能电器的节能性在未来能兑现,但经验告诉我们延期的结果往往伴随不确定性。

不确定性的出现可能改变贴现率。我们用一个实验(Keren & Roelofsema,1995)说明这一问题。先让决策者在现在的 100 元和一个月后的 110 元中选择,82% 选择前者;再让他们在现在以 50% 概率获得 100 元和一个月后以 50% 概率获得 110 元中选择,只有 39% 选择前者。这说明在事件变成不确定的后,贴现率显著变小。

(5) 通货膨胀

净现值法没有考虑通货膨胀因素,所以它往往高估了货币在未来的效用,也就高估了贴现率。这个估计偏误的大小与个人关于通货膨胀的经验和对通货膨胀的预期有关。

(6) 对效用改变的预期

考虑现在和一年后,由于一年后财富基数增大,所以同样是增加100元,这笔增量在今天的效用比在一年后的效用要大。净现值法忽视了这一点,因此高估某一数量的货币在未来的效用,高估了贴现率。

(7) 习惯形成、预期效用、本能影响

习惯形成、预期效用、本能影响是 DU 模型忽略掉的因素,也是净现值算法忽略掉的。假定净现值算法认为当前的100元和明天的200元无差异,如果习惯形成使得某人偏好上升的消费序列,那么200元的效用大于它本身,因此净现值算法低估了贴现率。如果对未来的预期也影响即期效用,那么同样,200元的效用大于它本身,净现值算法低估了贴现率。如果本能刺激使人们偏好临近效用,那么净现值算法低估了100元的效用,高估了贴现率。

二、衡量贴现的过程

衡量贴现主要有两种方法:野外研究和实验研究。野外研究是指从人们的日常经济决策中获得贴现率。实验研究是指通过请决策者对真实的或假想的跨期收益前景作出评价来获得贴现率。

(1) 野外研究

真实世界中人们常常面对各种近期和远期之间的权衡。其中一类是在电器的现期价格和长期中消耗的成本之间权衡。野外研究显示这些贴现率远高于市场利率,说明人们对远期效用的心理权重很大。研究还显示,贴现率根据产品的不同而不同:空调 17%—20%,汽取暖器 102%,电取暖器 243%,冷冻器 138% ……另一类是工资-风险权衡:决定是否接受一份高风险、高收入的工作——在生命质量和生命长度间权衡,得到的贴现率大约 2%—17%。在宏观经济学方向,对生命周期储蓄行为的研究得到的贴现率为 4%—13%(Emily Lawrence,1991)。

美军裁军补偿的一项研究说明,野外研究得到的贴现率不能完全体现时间偏好,它是由多种因素决定(Warner,Pleeter,2001)的。裁军后服役人员可以选择两种补偿方式:一次性补助或年度补偿。尽管年利率 7%,从服役者的决策计算出的贴现率竟高达 17.5%,大多数服役者选择一次性补助,这体现了对未来回报可信性等因素的预期。

野外研究的一个优势是回避了"各期效用独立"的假设,把各期统一起来考虑。还有一个重要优点就是社会生态学的有效性。不用担心贴现率是否符合真实情况,因为它就是从实际中得来。

但是野外研究也有很多缺点,现实中众多混杂因素模糊了贴现率的意义。

比如电器的高贴现率可能归因于人们对高效电器的节能性不了解,或者他们不相信那些电器真地具备那么高的节能性,或者他知道这些信息,却没有能力把信息转化为决策,或者人们考虑高效电器有一些隐藏成本(光线不好等)。

(2) 实验研究

相比野外研究,应用更广的是实验研究法:用纸笔写出对真实的或假想的跨期收益前景的回应,主要有以下四种方法:

(a) 选择。例如在当前的 100 元和一年后的 120 元之间选择,如果选择前者,说明贴现率下限为 20%。这个方法的缺陷是只能给出贴现率的上下限,而不是精确值。此外"锚定效应"也影响实验结果的可靠性。如果第一题是现在 100 元 vs 一年后 103 元,第二题是现在 100 元 vs 一年后 130 元,人们很可能通过比较就在第二题选择了一年后 130 元,而不是根据独立想法选择。为此,须对出题模式作改进,比如按以下顺序:① 今天 100 元还是一年后 101 元? ② 今天 100 元还是一年后 10 000 元? ③ 今天 100 元还是一年后 105 元?……但即便如此,题目还是假定人们必须将未来正贴现,这可能高估贴现率。

(b) 配对。例如完成填空:现在 100 元 = 一年后_____元。这种方法能给出贴现率的精确值,而且避免"锚定效应"。但要注意,人们在填空时常常受一些简单法则的影响而不经过仔细考虑,比如粗糙地把即时货币值的某个整数倍填入空格。另外,四种不同的提问方式也会对结果产生影响。① 使某期与现在某值无差异的那个未来值;② 使现在与未来某值无差异的那个现在值(Albrecht & Weber 1996);③ 愿意为获得未来更大收益并放弃当前可获得的较小收益而等待的最长期限(Ainslie & Haendel,1983;Roelofsema,1994);④ 愿意接受当时即可获得的较小收益并放弃以后某期更大收益的最晚日期。①、③结果不同,Roelofsema(1994)实验中人们要求为等待九个月索要 250 元的补偿,而为了获得 250 元的补偿,他们只愿意等待三个星期,贴现率比前者高 12 倍以上。①、②也不同,Frederick(2000)认为①得到的贴现率远高于②,实验中为了与现在的 100 元无差异,他们要求 30 年后得到 10 000 元(未来值只值现在的 1%);而对 30 年后的 100 元,他们认为现在的 50 元与之无差异(未来值只值现在的 1/2)。

选择和配对过程都不可避免地要考虑时间,而以下两种方法就可以回避时间问题。

(c) 评级。让决策者根据厌恶和喜欢的程度为某期结果赋值,再根据各期的值计算贴现率。

(d) 定价。让决策者根据厌恶和喜欢的程度为某期结果付钱,再根据各期"价格"计算贴现率。

此两种方法是对各期单独评价,不存在不同时间的比较问题。

时间起到的作用可用下例说明:在 Loewenstein(1988)的一项研究中,问一组人为即日生效的 100 元的餐厅礼券愿付多少钱,问另一组人为 6 个月后生效的同样礼券愿付多少钱,两组的结果没有显著差别,说明贴现率为负。而当问及愿意为延迟(提前)获得礼券索要(支付)多少钱,时间就变得重要,前一组索要 23 元,后一组支付 10 元。

实验研究面临的另一问题是:回报要真实的还是假想的?真实的回报下得到的结果更有实际意义;而假想的回报也有优势,人们决策的范围可以放宽到无限大,而不受实验条件的限制。但假想回报的缺陷是不能确定人们是否愿意、是否能够在实际中照他假想的那样行事。Maribeth Coller & Melonie Williams (1999)在实验中比较了真实回报和假想回报。他们请决策者在一个月后得到 500 元和三个月后得到 (500 + x) 元之间选择,x 是从 1.67 到 90.94 的 15 个不同的选择。第一组中收益是假想的,第二组中随机抽取决策者获得他选择的实际现金。结果第一组得出的贴现率比第二组低。

为理解时间偏好和各种跨期行为的贴现率,行为经济学把偏好解释为三个动机:冲动、强迫和抑制。冲动是指自发、无计划的行动;强迫是指自律、按计划行事;抑制是指克制冲动的行动。三种动机可以分别衡量,也可以预测不同行为。例如,等红灯时后面的车对你按喇叭,你会很愤怒,这可解释为正面的"冲动"和负面的"抑制"。定期看牙医、按时付账单可解释为"强迫"。储蓄行为、信用卡余额可以通过贴现率来预测。

本章小结

本章针对传统的 DU 模型的不足之处,阐述了行为经济学对时间贴现和跨期的独到理论。行为经济学认为,贴现率很多时候是随时间轴递减的,也就是动态不一致的现象,例如收益的折现率高于损失的折现率;小额效用流的折现率高于大额效用流;对延期的事件折现更多,也就是说对延迟某一给定时点的回报所要求的补偿要高于使其提前所愿意付出的代价;人们的序列偏好:在选择结果序列时,人们更偏好逐期改善序列而非逐期恶化序列;效用和消费的独立性不成立以及跨期选择时不同时期的选择相互影响等。所有这些,都为经济学更为接近揭示和解释现实问题提供了一些独到的视角。

同时,时间偏好的含义并不明确。多年以来,关于时间偏好的含义的争论从未停止。一方面,时间偏好在时间上不一致,作为一个概念,它不具备时间稳定性。另外,大量研究表明时间偏好的各种表现(货币的贴现、健康的贴现、收益的贴现、损失的贴现等)之间相关度不高,即各种跨期行为贴现率之间相关度不高。冲动、强迫和抑制帮助我们更准确地分析和预测与时间偏好相关的问题。

本章思考与练习

一、如果时间偏好不一致,如何表达跨期效用?

二、个人跨期选择为什么会影响国家经济?

三、请解释:双曲消费型家庭在信用市场上更大胆地借债,但是在固定资产方面他们却更加积极地进行储蓄。

四、考虑人们的时间偏好不一致性,为银行贷款业务涉及一个客户细分方案。

五、请你自己设计一个方案,衡量出一个特定的时间贴现率。

本章参考文献

[1] Abel, Andrew, Asset Prices under Habit Formation and Catching Up with the Jones, *American Economic Review*, 1990, **80**: 38—42.

[2] Frederick, Shane, George Loewenstein & Ted O'Donoghue, Time Discounting and Time Preference: A Critical Review, *Journal of Economic Literature*, 2002, **40**: 351—401.

[3] Kirby, K. N. & Herrnstein, R., Preference Reversals Due to Myopic Discounting of Delayed Reward, *Psychological Science*, 1995, **6**(2): 83—89.

[4] Laibson, D. I., Life-cycle Consumption and Hyperbolic Discount Functions, *European Economic Review*, 1998, **42**: 861—871.

[5] Loewenstein, G. & Perlec, D., Anomalies in Intertemporal Choice: Evidence and an Interpretation, *Quarterly Journal of Economics*, 1992, **57**: 573—598.

[6] Loewenstein, G. & Perlec, D., Preference for Sequences of Outcomes, *Psychological Review*, 1993, **100**(1): 91—108.

[7] O'Donoghue, T. & Rabin, Doing It Now or Later? *American Economic Review*, 1999, **89**(1): 103—124.

[8] Read, D., Is Time-discounting Hyperbolic or Subadditive? *Journal of Risk and Uncertainty*, 2001, **23**(1): 5—32.

[9] Read, D. & Roelofsma, Subadditive versus Hyperbolic Discounting: A Comparison of Choice and Matching, *Organizational Behavior and Human Decision Process*, 2003, **91**(2): 140—153.

[10] Samuelson, P., A Note on Measurement of Utility, *Review of Economic Studies*, 1937, **4**: 155—161.

[11] Strotz, R. H. , Myopia and Inconsistency in Dynamic Utility Maximization, *Review of Economic Studies*, 1955, **23**(3): 165—180.

[12] Thaler, Richard H. , Some Empirical Evidence on Dynamic Inconsistency, *Economic Letters*, 1981, **8**: 201—207.

[13] Thaler, Richard H. , Mental Accounting and Consumer Choice, *Management Science*, 1985, **4**: 199—214.

[14] Thaler, Richard H. , Mental Accounting Matters, *Journal of Behavioral Decision Making*, 1999, **12**: 183—206.

[15] Tversky, Amos & Daniel Kahneman, Extensional vs. Intuitive Reasoning: The Conjunction Fallacy in Probability Judgment, *Psychological Review*, 1983, **90**: 293—315.

[16] Tversky, Amos & Derek J. Koehler, Support Theory: A Nonextensional Representation of Subjective Probability, *Psychological Review*, 1994, **101**(4): 547—567.

第七章 自我控制与有限意志

在行为经济学中,人的自我控制行为是研究的一个重点,人们在进行跨期决策时,可能会因预测到自己的行为在未来产生的效用而控制自己现在的行为。由行为经济学导出的时间变化偏好模型来预测的行为,经常与传统经济学的指数模型预测的行为大相径庭。最明显的例子是人们在自控方面的努力:因为不喜欢将来的某种行为方式,所以可能会调整自己的选择。

第一节 拖延实证

让我们先看一个发生在信息经济学的鼻祖——美国经济学教授阿克洛夫(Akerlof)身上的"斯蒂格利茨(Stiglitz)的箱子"的经典故事。

斯蒂格利茨在一次离开印度返回美国时,由于民航限制行李数量,留下一箱衣物让阿克洛夫抽空寄回,但当时印度的邮政系统服务很差,效率很低,阿克洛夫估计如果寄这个箱子要花掉至少一天的时间,于是"拖延行为"就出现了,他一直在思考,是今天寄呢,还是明天寄?结果日复一日,一直拖了8个月,箱子还没有寄过去,最后他干脆作出决定,不寄了,等年底回美国的时候顺便带过去。

阿克洛夫从这个例子得出一个结论:每次决定把事情拖延到下期再做的时候,决策者是没有理性预期的。要阻止这类"病态"拖延行为的继续,必须有一个最后通牒的期限。

我们可以清楚地意识到,在平时的生活中,类似于阿克洛夫的这种拖延行为是屡见不鲜的。比如说一群经济学专业的大学生,就可能为了即时的欢愉,而拖延需要完成的经济学作业,他们可能不愿意承受即刻完成经济学作业带来的效用损失,而宁愿承受在未来某期再完成作业的损失。在作出此拖延决策时,他们是预期在未来期完成作业的效用损失要小于即刻完成作业的效用损失的,或者说,拖延作业带给当前期的效用要大于带给未来期的效用,不然,拖延决策是不可能作出的。

当学生决定拖延时,他们就陷入了阿克洛夫的困境:作出非理性的决策,这种决策导致决策者总是决定把事情拖延到下期再做。这种拖延行为一般是可以持续地进行下去的,因为决策者在每一期都可能决定再拖延一期。怎样才能结束这种拖延呢?正如阿克洛夫所认识到的那样,必须有一个最后通牒的期限。

比如说,必须在星期三早上交上作业,那样,在星期三这个最后通牒期限到来的前夜,拖延者可能会为了完成原本早可以完成的作业而挑灯夜战,甚至不眠不休。

在最后通牒期限的约束下,拖延行为结束了,但是我们显然也看到,在最后一刻未完成作业而不眠不休的学生,其效用损失要大于采取不拖延决策时的效用损失,这清楚地表明拖延决策的非理性。

再看一个更有趣的例子:

表 7-1 三场电影效用指数表

星期一	星期二	星期三
电影1:《无极》	电影2:《霍元甲》	电影3:《千里走单骑》
效用:5 单位	效用:10 单位	效用:15 单位

如上面表格所示;对于一个大学生来说,在星期一到星期三这三天中分别有三场电影:《无极》、《霍元甲》和《千里走单骑》,若它们对该大学生的效用可测,分别为5个单位、10个单位和15个单位;并且,这个学生在星期三必须交出一份经济学作业。于是,该学生就面临着在拖延作业看前面的电影还是不拖延看后面的电影之间进行权衡。在实际生活中常存在的一种状况就是,该学生会为了即刻看电影的欢愉而选择拖延做作业,这样,该学生为了在星期三交出作业,不得不错过电影3,学生所获得的效用为电影1的效用加上电影2的效用,即为15个单位。然而我们可以看到,如果他作出不拖延的决策,用错过电影1的代价来完成作业,他将能够悠闲地享受电影2和电影3所带给他的效用,即为25个单位。25个单位的效用显然要大于15个单位,由此我们可以看到拖延行为的非理性。

拖延行为在社会生活中是到处存在的,比如说,你可能早就筹划花一天或一小时高高兴兴和孩子们一起玩玩,却因为工作太多或有要事缠身而一拖再拖。同样,你总是因为太忙而不能在晚上抽时间与家人出去吃顿饭、看场电影或观看体育节目;有心做些家务活,如清扫房间、修理门窗、缝缝补补等,但却迟迟不动手,好像你要是耐心等下去,这些活儿或许就不用做了似的。甚至,当同事、朋友、家人、推销员或售货员有错误或与之有误解时,避而不说,不愿去澄清事实,将这些问题,一拖再拖,尽管当面把问题讲清楚可能更利于改善相互的关系。人们总喜欢把当下的事情拖延到明日,但是"明日复明日,明日何其多?我生待明日,万事成蹉跎!"

拖延行为如此普遍地发生,似乎拖延是天生地隐藏在人潜意识中的一种欲望。拖延到底为什么会产生呢?

首先，拖延能够维持一种自我欺骗效应，对于不愿意做的事情，人们可以通过拖延的方法来摆脱这种头疼的事情所带来的烦恼，从而能创造一种暂时的轻松和安稳感。

其次，人们希望通过拖延来等待事情出现转机，甚至等待奇迹的突然出现。

还有，人们喜欢即刻的欢愉，只愿意考虑当下，认为将来的事情还很远，将来的事就等到将来再考虑。所以，人们总是会拖延那些需要立刻付出而将来才会获利的工作，例如修剪草坪；但却会立刻去做那些现在享乐，以后付出的事情，例如看电影。传统经济学家们将这种喜好假定为人们喜欢把随时间成指数变化的效用贴现。指数贴现的一个重要特征是它暗示着人的偏好与时间具有一致的特性。但是，人的偏好真的与时间相一致吗？

第二节 自我控制与有限意志

一、自我控制

跨期选择经济学模型中的一个标准假设是人们有时间一致偏好：无论一个人何时被问及，他在早期和晚期对福利的偏好相同。然而事实并非如此，大量的证据表明人们有自控问题：在决策的初期，他们希望保持耐性；但随着行动时刻的临近，他们迫不及待地想要采取行动。自控问题的存在已经被心理学研究证实和讨论。他们的重要结论是人们有递减的贴现率——就是说，随着日期 τ 临近"现在"，相对于日期 $\tau+\Delta$，人们对日期 τ 的偏好更明显。

再想想那个工作的例子。假如你的老板并没有要求你在 2 月 1 日必须作出何时工作的决定，而是给你 3 种选择：在 4 月 14 日完成任务；在 4 月 15 日完成任务；或者你可以等到 4 月 14 日再决定何时工作。那么你会选择哪一个？延后再决定的优势非常明显：由于你的任何决定都不会被阻止，因此如果从现在到 4 月之间出现的所有突发事件都已经被解决，那么你会认为自己一直维持的这种适应性很有价值。

然而有时我们的行为却会限制自己将来的适应性。如果所有事都很确定，你可能会将日期从 2 月 1 日推到 4 月 14 日。如果你目前的偏好是希望早日完成工作，那么你会约束自己将来不要拖延。

总之，研究者们已经探究了很多用以限制我们未来选择的自我约束模式，例如戒酒中心、减肥中心，在那儿你不能随意离开，不能拥有电视，而这些都归功于"圣诞节俱乐部"，因为直到圣诞节，它才允许你提款，允许你购买小包装的诱人美食，避免你到家后过量饮食。另外即使你没有参加自我控制中心，你也可以通过各种"自我要求规则"控制自己。

考虑一个模型的一种形式（Phelps & Pollak,1968）：

$$U^t(u_t, u_{t+1}, \cdots, u_T) \equiv \delta^t u_t + \beta \sum_{\tau=t+1}^{T} \delta^\tau u_\tau$$

这个模型是标准贴现效用模型的简单修正。系数 δ 是标准贴现率,表示"时间一致"的迫不及待。系数 β 引入了一种时间非一致的对即时行乐的偏好,反映了人们的自控问题,它表示决策者对当前的偏好,即"当前—偏误"偏好。如果 $\beta=1$,则说明没有"当前—偏误"偏好。特别地,对任意 $\beta<1$,在任何一个给定的时期,人们相对未来对"现在"都有额外的偏爱。

以这个模型为基础,分析看电影的例子。

假设某人可以选择在时期 2 看《卧虎藏龙》或在时期 3 看《十面埋伏》,相应的即时效用如下所示：

时期 2 看《卧虎藏龙》：$u_1=0, u_2=4, u_3=0$

时期 3 看《十面埋伏》：$u_1=0, u_2=0, u_3=6$

当 $\delta=1, \beta=1/2$ 时,考虑某人的偏好：从时期 1 的观点看,这个人的偏好为 $U^1(u_1, u_2, u_3) \equiv u_1 + u_2/2 + u_3/2$。因此,此人偏好《十面埋伏》,因为这样得到即时效用 $(1/2) \times 6 = 3$,而看《卧虎藏龙》只能得到即时效用 $(1/2) \times 4 = 2$。在时期 2,这个人的偏好改为 $U^2(u_2, u_3) \equiv u_2 + u_3/2$。结果,他现在更喜欢看《卧虎藏龙》,因为这样得到的即时效用是 $1 \times 4 = 4$,而看《十面埋伏》的即时效用只有 $(1/2) \times 6 = 3$。

这个例子说明这些 (β, δ) 偏好如何增加了自控问题：尽管早期人们想耐心行事并观看更好的电影,在行动的时刻他却迫不及待并在现在观看次等的电影。

人们对自控问题的认识程度对行为产生影响。你可能估计到自己不会按计划行事,或是天真地认为你未来的偏好和目前的偏好一致。如果今天你决定明天不过量饮食,你可能会天真地坚信第二天当你面对一盒诱人的冰淇淋时,你还会有同样的想法;如果 2 月 1 日你决定 4 月 14 日少干些活,4 月 15 日多干些,那么你可能相信到了 4 月你还会这样认为。

二、有限意志和夸张贴现

有限意志理性选择理论认为行为人具有完全意志能力,能够保证其效用函数具有有序性和单调性。有序性保证行为人在不同行动方案下得到的效用是可以比较的。单调性则保证行为人能够在不同的效用之间判断出偏好程度的差异,并进行排列。

有序性和单调性使行为人对自己的效用函数有着清醒的认识,使之符合最大化的要求。但是行为人的效用不一定都是社会所认可和激励的效用,甚至与行为人自身的整体、长期效用最大化也是有区别的。社会要求每个成员都对其效用进行自我控制,但更多的情形是:一是有些效用在某些情况下成为了主导效用,行为人没有或难以对自己的整体效用进行控制;二是行为人同时具有多个效用目标追求,而难以对它们进行排序。

行为人的意志力是有限的:(1) 习惯、传统、嗜好体现的是过去行为对当前行为选择的影响。习惯重复了过去的行为,但并不代表着被重复实施的行为就是最有效率的行为;对传统的维护更多的是与"现状偏见"联系在一起的,行为人坚持了与当前的效用水平一致的选择;嗜好则是行为人在过去的实践中体验到的能使其感到快乐的行为,尽管在很多情形下不良嗜好会带来降低行为人效用水平的后果(如吸烟),但行为人多坚持满足自己的嗜好。(2) 生理欲望如饥饿、干渴、性欲、睡眠、疼痛等都是人类本性所产生的欲望,它们不同于从过去行为中建立起来的欲望,但同样可以使行为人丧失对个人效用的控制。如饥饿使减肥者过量进食,尽管她对苗条身材的渴望超过了吃饭。一个疲劳的卡车司机尽管清楚打瞌睡的危险,但还是经常发生因打瞌睡而致的交通事故。实验也表明,一旦行为人为一种生理欲望所控制时,行为的选择常常是实现欲望。习惯、传统、嗜好、生理欲望都是暂时性的主导效用,极有可能不符合行为人整体或长期效用的最大化,这就是常说的"感情战胜了理智"。

"有限意志说"认为行为人不能形成有序的效用函数,在多重目标的冲突中,没有追求整体效用的最大化,而是追求了当前效用的最大化。但行为人毕竟是进行了最大化的追求,并且在多数情况下实现了当前效用的最大化,尽管行为人的效用选择是错误的(就其整体效用的实现而言)。

此外,"经济人"假设还假定每个人都具有无限意志力而追求效用最大化,但在经济实践中,人们往往知道何为最优解,却因为自我控制意志力方面的原因无法作出最优选择,人们往往是基于短期利益而非长期利益作出选择。阿罗不可能定理已经表明,不存在与个人偏好完全一致的社会偏好。

例如,经济学中广泛讨论的搭便车问题,其存在有其必然性,因为我们并不能指望个人无条件地提供公共产品,除非其私人福利会因此而得到提高。实际上,存在着许多公共产品由私人提供的例子,例如对饥荒的救济、私人资助的医学研究等。所以,用自利原则解释利他主义的经济现象,其结论显然是不具有说服力的,甚至是牵强的。

David Laibson(2000)和 Mathew Rabin(1998)描述了有关人和金钱之间存在的一种"反常现象",即人们的储蓄行为中出现的"夸张贴现"现象。他们认为,当人们预期有金钱收入但尚未收到它的时候,能够相当理性地规划花多少钱和储蓄多少。这时,人们愿意储蓄和推迟开支,从而企业可以利用这些储蓄进行投资,推动整个经济增长。但是当人们真有钱的时候,意志便崩溃了,往往立即把钱花掉,这一现象被称为"夸张贴现"。这是因为,人们的时间偏好中,短期贴现率往往大于长期贴现率。夸张贴现函数正是抓住这一特征,认为人们并不是合乎理性地在一生中对开支和储蓄统筹安排,而是从年轻到老年都负债。Lucas 也承认储蓄行为中存在的谜团多得足以使人们考虑行为论者的"夸张贴现"的观点。

每一个行为人在任何给定时间都可能不具有理性选择理论所限定的单一的、内在一致的偏好集合,更多的是,行为人同时具有许多相互竞争的偏好,这就使行为人面临着一个多重偏好的"集体行动"问题,也即多重自我问题,它在跨期决策上有着充分的体现,未来本位的自我将和现在本位的自我产生冲突。吸烟者当前的享受与未来的健康受损冲突,年轻时过度消费的快乐和老年时衣食无忧的安逸冲突。其实,任何一个决策都面临着多重自我问题,如何使它们统一起来并没有一个有效的办法。一般认为个人的天生禀赋、经历、年龄、教育等能起到一定的作用。法律也可以通过鼓励所希望的偏好或抑制不希望的偏好,发挥一定作用。

第三节 自 我 了 解

人们通常低估未来的实际行为与他们目前对未来行为的偏好之间不一致的程度。例如,当学生认为明天他们会下决心"天一亮就起来"时,可能并不具有这种意志力。Loewenstein(1996)间接地从心理学发现中得出结论:人们可能是天真的。

Ariely 和 Wertenbroch 做过一项研究。他们让一组被观测者有能力给自己规定有成本的期限(比如,给学术论文定期限),而第二组平均分割的期限由外力规定。第一组被观测者选择自己规定期限,说明他们并非完全天真。但是他们选择的期限比平均分割的期限允许更多的拖延,而且通过一些表现测评——比如,他们的学术成绩——比外力规定平均分割期限的人差。这一结果与"人们在某种程度上、但非完全地知道未来的自控问题"的论点是一致的。

基于以上分析,人们对自控问题开始产生自省。根据自省的程度,分别建立模型分析跨期行为。没有自省的人称为"天真的人",完全自省的人称为"老练的人",他能够完全理性地预测自己未来自控问题的程度。行为经济学认为,现实中的很多个人都介于"天真"和"老练"之间。因为人有老练的一面,所以我们能看到各种自我委托装置(酒精门诊、圣诞俱乐部等)帮助他们克服自控问题。但人们亦有天真的一面,所以人们通常高估自己未来的自制力(Strotz,1955)。

Donoghue 和 Rabin 阐述了一种更现实的假设"部分天真"。他们认为一个人有真实的自控问题 β，但觉察到未来他会有自控问题 $\hat{\beta}$。正式地，假定这个人相信未来他会像一个老练的人那样行动，自控问题为 $\hat{\beta}$。给定这个信念，此人选择最大化其当前偏好的行为，这由他真实的自控问题 β 决定。

在这段阐述中，有标准的时间一致偏好的人，称之为 TC，他们有 $\beta = \hat{\beta} = 1$；老练的人有 $\beta = \hat{\beta} < 1$；天真的人有 $\beta < \hat{\beta} = 1$；部分天真的人有 $\beta < \hat{\beta} < 1$。

考虑看电影的例子。如上所述，时期 1 此人偏好《十面埋伏》，时期 2 更喜欢看《指环王》。此人在时期 1 认为他在时期 2 的偏好是什么呢？给定这个 $\hat{\beta}$，此人觉察他在时期 2 的偏好为 $\hat{U}^2(u_2, u_3) = u_2 + \hat{\beta}u_3$。如果 $\hat{\beta} < 2/3$，他认为时期 2 他会更喜欢《指环王》，即他正确地预测到他的偏好会改变；相反，如果 $\hat{\beta} > 2/3$，他认为在时期 2 他会偏好《十面埋伏》，即他错误地认为他的偏好不会改变。

第四节 模 型 解 释

Donoghue 和 Rabin 讨论在一些简单环境下探究认知的作用，并勾勒一些基本原理。方便起见，我们将他俩的例子稍作修改，并简单地假定 $\delta = 1$。

一、一锤定音模型(One-shot Decisions)

我们先假定一种特殊的跨期行为，人们能且仅能在一期完成行动，并且不能对未来哪期完成作出任何承诺，如果在倒数第二期还没完成，那么就必须在最后一期完成。设回报表为 $v \equiv (v_1, v_2, \cdots, v_T)$，成本表为 $c \equiv (c_1, c_2, \cdots, c_T)$，$v_\tau \geq 0$，$c_\tau \geq 0$。用 (β, δ)—偏好分析，假定 $\delta = 1$，则 $U^t(u_t, u_{t+1}, \cdots, u_\tau) = u_t + \beta \sum_{\tau=t+1}^{T} u_\tau$。在第 t 期判断在第 τ 期完成的跨期效用，分两种情况讨论：

在即刻成本情况下，$U^t(\tau) = \begin{cases} \beta v_\tau - c_\tau, \tau = t \\ \beta v_\tau - \beta c_\tau, \tau > t \end{cases}$

在即刻回报情况下，$U^t(\tau) = \begin{cases} v_\tau - \beta c_\tau, \tau = t \\ \beta v_\tau - \beta c_\tau, \tau > t \end{cases}$

我们再把决策者分为三类：时间偏好一致者，这类人没有自控问题，对他们来说，$\beta = 1$；其他人有不同程度的"当前—偏误"偏好，对他们来说，$\beta < 1$；两个极端是"天真的人"(记为 N) 和"老练的人"(记为 S)，二者的区别仅在于对未来偏好的判断力不同。

策略空间为 $S \equiv (s_1, s_2, \cdots, s_T)$，$s_t \in \{Y, N\}$，$Y$ 表示做，N 表示不做。

三类人的"觉察完美策略"(Perception-Perfect Strategy)分别为：

对 TC，$S^{tc} \equiv (s_1^{tc}, s_2^{tc}, \cdots, s_T^{tc})$，满足 $t<T$ 时，$s_t^{tc} = Y \Leftrightarrow U^t(t) \geq U^t(\tau), \tau > t$；

对 N，$S^n \equiv (s_1^n, s_2^n, \cdots, s_T^n)$，满足 $t<T$ 时，$s_t^n = Y \Leftrightarrow U^t(t) \geq U^t(\tau'), \tau > t$；

对 S，$S^s \equiv (s_1^s, s_2^s, \cdots, s_T^s)$，满足 $t<T$ 时，$s_t^s = Y \Leftrightarrow U^t(t) \geq U^t(\tau')$，$\tau' = \min_{\tau > t}\{\tau | s_\tau^s = Y\}$。

天真者与时间偏好一致者的"觉察完美策略"形式一致是因为天真的人认为它会像时间偏好一致的人一样行动。老练者则可以在选择等待的时期计算出未来何时完成。

一锤定音说明在某些情况下，个人对未来自控问题的认知不影响他的行为。比如，某人选择是否吃粽子。假定粽子的即时效用为 5，但产生的未来成本为 10。如果这是吃粽子的唯一支付，那么此人的决策将非常简单：如果 $5 - \beta(10) > 0$，或 $\beta < 1/2$，他将吃掉粽子。换句话说，他会实施他当前感觉最好的决策，这与他对未来自控问题的认知是不相关的。

关于这个结论的一些评论有助于说明认知造成影响的途径。

（1）一锤定音不一定只包括短期行为。例如，如果某人必须在一月把粽子依次安排到后三个月，他将仅选择他当前感觉最好的顺序，与对未来自控问题的认知还是无关的。更普遍地，对任何包含长期许诺的决策，认知都不会有明显的影响。

（2）如果某人面临一系列完全不相关的一锤定音，与他的选择与对未来自控问题的认知还是无关的。比如，连续七夜这个人必须选择是否吃粽子。如果在任意一夜吃粽子不影响其他夜晚吃粽子的支出，那么这些决策不相关。如果上述支出适用于所有夜晚，那么如果 $\beta < 1/2$，此人每晚都会吃粽子，反之则结果相反。注意，如果收益小于成本，每夜此人都想在下一夜不吃粽子。此外，他对下一夜是否吃粽子的预期取决于他的认知——如果 $\beta < 1/2$，他会预计未来每夜都吃粽子；如果 $\beta > 1/2$，他预计未来哪夜都不吃粽子。但当不同决策的支出无关时，这些关系都不能影响他今夜吃粽子的决策。

什么使两个决策无关？如果对每个决策的选择都不影响另一决策的支出，则两个决策无关。这个规律的条件是否满足取决于这两个决策是什么。某人对下周末看《卧虎藏龙》还是《十面埋伏》的预期会影响他今晚吃粽子的决策吗？大概不会。他明天午饭吃扬州炒饭还是红烧肉的预期会影响他今夜吃苹果还是饼干的决策吗？大概会的。

这说明真正的一锤定音是很少的。在粽子的例子里，如果今夜吃粽子影响明夜吃粽子的支出——例如，由于粽子的成本与粽子个数不是线性关系，或个人会增加对粽子的喜好,或对粽子的预算有限——那么这就不再是一锤定音,而且对未来自控能力的认知将影响行为。

二、何时行动(When to Move)

下面我们通过一些例子来研究"当前—偏误"偏好导致的行动与长期觉察的结果的关系,以及"老练效应"在自控问题中的作用。

例1 考虑即刻成本的情况。$T=4, \beta=\frac{1}{2}$(对 N 和 S),$v=(\bar{v},\bar{v},\bar{v},\bar{v})$,$c=(3,5,8,13)$。

由一次完成模型的结论可知,对 TC,$\beta=1, S^{tc}=(Y,Y,Y,Y)$,所以 $\tau_{tc}=1$;对 $N, S^n=(N,N,N,Y)$,所以 $\tau_n=4$;对 $S, S^s=(N,Y,N,Y)$,所以 $\tau_s=2$。

天真者在第一期就出现了自控问题,选择拖延任务,但他没有意识到这一点,认为以后不会拖延,也就低估了选择即期拖延的损失。最后他一直拖到最后一期完成。

老练者也在第一期出现了自控问题,但他正确预测自己的"当前—偏误"偏好:第四期肯定得完成,所以第三期将选择拖延,预料到这一点,且知第二期做的效用大于第四期做的效用,所以老练者决定在第二期完成任务;又因为判断第二期会完成,所以第一期会选择拖延。最后他把任务拖到第二期完成。

例2 考虑即刻回报的情况。$T=4, \beta=\frac{1}{2}$(对 N 和 S),$v=(3,5,8,13)$,$c=(0,0,0,0)$。

$$S^{tc}=(N,N,N,Y), \tau_{tc}=4;$$
$$S^n=(N,N,Y,Y), \tau_n=3; \quad S^s=(Y,Y,Y,Y), \tau_S=1$$

天真者认为自己能等到最后一场,所以前两期拖延;但是第三期即时行乐的快乐超过了第四期多出的效用,所以提前一期消费。

老练者则不同。他预测到每期都有即时行乐的偏好("老练效用"),第二期也必然会选择行动,所以还不如第一期就行乐("当前—偏误")。最后他提前到第一期消费。

由例1、例2,我们得出两个结论:

由于"当前—偏误"偏好,在即刻成本的情况下,$\tau_n > \tau_{tc}$;即刻回报的情况下,$\tau_n > \tau_{tc}$。

"老练效用"使得老练者对将来抱悲观态度,又因为存在"当前—偏误"偏好,所以在所有情况下,$\tau_s > \tau_n$。

例3 考虑即刻成本的情况。$T=3, \beta=\frac{1}{2}$(对 N 和 S),$v=(12,18,$

18),$c=(3,8,13)$。

$S^{tc}=(N,Y,N)$,$\tau_{tc}=2$;还可得到,$\tau_n=3$,$\tau_s=1$。

推理和解释同上,请读者自己分析。

需要注意,如以上几个例子所示,"老练效用"会导致"抢先过度控制",而这在现实中普遍存在。

三、繁重与快乐

当决策相关时,认知有时能减轻、有时能加剧自控问题引起的行为偏误,这要由环境决定。为了说明这些可能性,O'Donoghue 和 Rabin 介绍了单一行动环境的修正版本。假定某人在有限的几个时期里必须做出一次确切的行动。每个时期,此人只能选择做与不做,没有可获得的外界许诺来保证未来的行为。在这样的条件下,自控问题的含义和认知的作用,取决于这个行动是繁重的还是快乐的。

(1) 繁重的任务

假定有一项繁重的工作,某人必须在以后的 T 个时期内的某一个时期完成 (T 可能很大)。这个任务很繁重,需要此人承受的损失为 10。完成这个任务产生未来的回报,但是拖延任务减少这个回报。特别地,如果此人在时期 1 完成任务,他得到的回报是 V,但是每一期拖延减少 1/2 的回报。因此,如果此人在 $k+1$ 期完成任务(就是说,他延误了 k 期),那么回报为 $V-k/2$。

在 $\delta=1$,$\beta=0.9$ 的条件下考察行为。给定 $\delta=1$,标准的时间一致者在完成任务时,将恰好使回报和成本之差达到最大值。一方面,人们希望拖延繁重的任务(因为可以推迟承受该任务成本的时间);另一方面,拖延会造成回报的损失,因此自控的人能够在上述两方面进行权衡取舍。

完全不知道未来自控问题的天真者,拖延任务直到最后期限 T。因为天真者通常认为他们将我行我素并在未来选择最优,他们总是相信如果在本期拖延他们会在下期完成任务(因为任何未来的拖延都不是最佳的)。因此,每期他们都把承受任务成本的收益放在未来而不是现在作比较:现在是 $(1-\beta)\times 10=1$,一期拖延的贴现回报损失是 $\beta\times(1/2)=0.45$。因为拖延的收益大于回报的损失,天真者总偏好下期而非本期完成任务,所以他们一直等待,直到 T 期才完成任务。

相反,老练者完全知道未来的自控问题,他们更早地完成任务——特别地,在前三期完成。与天真者一样,老练者也喜欢拖延繁重任务的成本。但是与天真者不同,如果现在拖延,老练者正确地预期他们在未来何时能完成任务。因此,如果老练者选择在时期 1 拖延,就必须平和地对待实际的拖延。换句话说,如果老练者拖延到时期 τ,那么在时期 1 他们必须已经偏好于在时期 τ 完成而不是时期1。在这个例子中,老练者将容忍两期拖延(到时期3)但是不能容忍拖延到三期(到时期4),所以必须在前三期的某一期完成任务。

相信$\hat{\beta}<0.909$的部分天真者行为与老练者完全一致,会提前完成任务;相信$\hat{\beta}>0.909$的部分天真者行为与天真者完全一致,在最后时刻完成任务。部分天真者将会拖延,但是最多容忍两期的延误。如果他们的信念校准得十分好——$\hat{\beta}$足够接近β——那么部分天真者对未来行为的预期与老练者一样,因此与老练者行为相同。如果他们过分乐观,认为未来对拖延的容忍至少比现在的容忍少一期——就是说,他们觉察到未来对拖延的容忍少于两期。那么在所有时期部分天真者都相信,如果他们现在等待,他们将在两个时期内完成任务。结果是,他们一直等下去,直到在时期T完成任务的。在这个例子里,如果$(1-\hat{\beta})\times 10 < \hat{\beta}\times(2\times 1/2)$或$\hat{\beta} > 0.909$,觉察到的未来拖延的容忍将少于两期。

由此可见,对于繁重的任务,只要一点点天真就能导致严重的拖延。当一个人决意容忍一个k期拖延时,如果他觉得自己只能忍受$\leq k-1$期,那么,就会发生严重失误。结论说明,面对一点天真,完全老练的假定有时会非常站不住脚。的确,老练者都难免严重拖延,那么有任何一点天真的人都注定有可能严重拖延。

(2) 快乐的活动

假定有一项快乐的活动,某人将在以后的T时期内的某一个时期完成,T可能很大。这个活动很快乐,完成这个活动产生即时回报,这个回报随时间增加。特别地,如果此人在时期T完成任务,他得到的回报是V,但是如果提前完成,每期回报减少为0.99。因此,如果此人在t期完成任务,那么回报为$(0.99)^{T-t}V$。

我们仍然在$\delta=1,\beta=0.9$的条件下考察行为。时间一致代理商在最大回报的时期T完成活动。因此,如果从前期出发,有自控问题的人很可能等到时期T。尽管如此,在每个时期,他们都在即时获取回报的渴望和等待带来的更大回报中权衡取舍。

天真者将拖延至时期$T-10$。如前,天真者总是相信他们将在未来我行我素并选择最佳,这意味着他们总相信如果他们等待,将在时期T完成这个活动。因此,在时期t,他们比较即时行乐的回报$(0.99)^{T-t}V$和等到时期T的回报$\beta(V)$。t越大,即时行乐的效用值越大。天真者完成活动的时间是当他们与等到时期T相比更偏好即时行乐的时候,即时期$T-10$。

不幸的是,老练者一点也不能拖延,他们在时期1取得回报。因为只有当$d>10$的时候,才有$(0.99)^{T-t}V<\beta(0.99)^{T-t-d}$。所以,每个时期,仅当他们认为他们将等待10期以上的时候,老练者才会拖延。不幸的是,一个类似于有限重复囚徒困境的阐释导致他们总是认为如果他们现在拖延的话,他们下一期就能

获取回报。因为他们正确地预见到他们将在 $T-1$ 期完成活动,在 $T-2$ 期他们意识到等待仅仅意味着再等一个时期,而这是不值得的。因此,他们将在时期 $T-2$ 完成活动。但这意味着在 $T-3$ 期他们正确意识到等待仅仅意味着又一个时期的等待,所以他们将在 $T-3$ 期完成活动。这个逻辑在老练者在决定自己在第一期的决策时也适用。

认为 $\beta>0.99$ 的部分天真者行为与天真者完全一致,拖延到时期 $T-10$ 才完成任务;而认为 $\beta<0.99$ 的部分天真者行为与老练者完全一致,决不拖延。直觉是,当 $\beta>0.99$ 时,部分天真者像天真者一样,认为如果他们等待他们将在时期 T 完成;相反,当 $\beta<0.99$ 时,部分天真者持有和老练者一样的逻辑阐释,总认为如果他们现在拖延,在下一期会得到损失。

上例说明,对一个快乐的活动,即时行乐的偏好暗示了相对于时间一致者(Time Consistancy)加速完成的趋势。在这个条件下,老练者加剧了行为偏误,将会即时行乐的精确信念减少了等待的价值,因此更倾向于现在行乐。更重要的,即使是一点点的认知都会导致严重的即时行乐。这个例子说明即使是一点程度的认知也会产生老练者效应。因此,仅仅看到人们作出承诺,或者看起来对他们的未来行为担忧,并不意味着人们是完全老练的。

无论人们是成熟还是天真的,他们在即时行乐方面的时间不一致倾向对各种经济学领域的研究都很重要。正如几个研究者所调查的那样(Thaler & Shefrin,1981;Laibson,1997),因为当时消费带给顾客的利益是立刻的,而让利所增加的未来消费是被拖延的,因此上述偏好对商家的让利行为是非常重要的。

自控问题在研究人们对易上瘾食物和高脂肪食物的需求方面也很重要。同样,市场专家非常了解自控在人们的购买行为中所发挥的作用(Stephen Hoch & Loewenstein,1991)。无营养的食物通常以小包装出售因为人们希望避免大包装可能引起的过量消费。

第五节 福利效应

探讨跨期选择的福利效应,首先得确定一个判断福利大小的标准。分析时间偏好不一致的情形时,可以假设有多个自我:不同的时期对应不同的自我。一个行为的改变可能使某个自我的情况变好,同时使另一个自我的福利恶化。在关于储蓄的研究中,经济学家为跨期选择提出了一个帕累托最优标准,即把所有自我都偏好的策略称为帕累托最优策略。但时间偏好不一致如此广泛地存在,使得这个准则显得过于苛刻。更自然地看待福利的视角还应该是长期效用。具体说来,假定 $t=0$ 时无决策,且对各期即时效用的权重相等,则在第 0 期看到的长期效用为:$U^0(\tau) \equiv v_\tau - c_\tau$。

利用这个函数比较天真者和老练者的福利结果。在即刻成本情况下,比如例1,因为$\tau_s < \tau_n$,所以$U^0(\tau_s) \geq U^0(\tau_n)$,老练者的福利结果比天真者要好。在即刻回报情况下,如例2,$\tau_s < \tau_n$,所以$U^0(\tau_s) \leq U^0(\tau_n)$,老练者的福利结果不如天真者。但是考虑一种情况:某种后期效用非常大,极具诱惑,但同时为了等待这个效用而造成的拖延成本也会很大,这就是所谓"诱惑陷阱",在这种情况下,"老练效应"通过提前行动避开"陷阱",改善福利。因此即刻回报情况下的福利结果不能草率确定。

我们更重要的任务是衡量一个小的时间偏误(譬如当$\beta \to 1$时)在何种情况下会引起福利损失。注意,这种情况下自控问题很小。如果回报和成本可以任意大,那么即使在一次完成模型中,一个小的时间偏误也可能造成严重福利损失。如果回报和成本有上界,设$v_t, c_t \leq \bar{X}$。在即刻成本情况下,时间偏好一致的人在第一期完成任务。而天真者会一直被自控问题困扰,最终把任务拖到最后一期,所以$\forall \beta < 1, \sup_{(v,c)}[U^0(\tau_{ts}) - U^0(\tau_n)] = 2\bar{X}$,时期越长,拖延次数越多,自控问题带来的福利损失就越大,即使每期的损失可能很小;老练者预料自己每期都会拖延,"老练效应"促使他提前行动,当$\beta \to 1$时,自控问题趋于消失,他几乎与时间偏好一致的人同时行动,因此$\limsup_{\beta \to 1 \, (v,c)}[U^0(\tau_{ts}) - U^0(\tau_s)] = 0$。在即刻回报情况下,时间偏好一致的人在回报最大的最后一期完成任务。天真者坚信他能坚持到最后,但实际上还是会提前享受,当$\beta \to 1$时,自控问题趋于消失,他几乎与时间偏好一致的人同时行动,因此$\limsup_{\beta \to 1 \, (v,c)}[U^0(\tau_{ts}) - U^0(\tau_n)] = 0$;老练者对未来自己的自控能力持悲观态度,所以干脆提前到最早享受,而此时的效用是最小的,所以$\forall \beta < 1, \sup_{(v,c)}[U^0(\tau_{ts}) - U^0(\tau_s)] = 2\bar{X}$。

可见,在自控问题很小的情况下,"老练效应"在人们的跨期选择中起到重要作用。即刻成本情况下,老练者的选择可能接近帕累托最优;即刻回报情况下,天真者的选择可能接近帕累托最优。

在"当前—偏误"偏好情况下,天真者和老练者行为不同。天真者受自控问题影响,把痛苦推后,把享乐提前。老练者一方面受自控问题影响,另一方面他能"自省"——准确预测未来的自控问题,在这一效应影响下,老练者总是把行动提前,有时甚至出现与自控问题相悖的行为。由于实际生活中的个人都是不完全的老练者,所以老练者的复杂行为模式普遍存在。比如在储蓄问题中,老练的人可能有负的边际消费倾向,这完全有悖于我们对"即时行乐"的判断。老练者甚至比时间偏好一致者的储蓄还多。在上瘾问题中,老练者担心未来上瘾,所以可能完全回避上瘾品。上瘾物甚至可能是吉芬商品:价格越高,老练者越会购买,因为他们把高价格当作自控的自我委托装置。因此,在研究跨期问题时,我们要重点考虑人们的行为是出于"当前—偏误"偏好还是"老练效应"。

自我控制和自省是有重要意义的研究课题,它可以解释一些经济现象。比如,Fischer(1997)发现只有在假设一个荒谬的贴现因子或低得难以置信的拖延成本时,人们的拖延时期才能与时间一致情况下一致。而自我控制和自省可以用合理的贴现因子和小时间偏误来解释同样的问题。自我控制和自省的另一重要研究意义在于福利分析。例如,人们迷恋香烟可能因为上瘾,这时他们的购烟量超过在当时价格下应有的量;迷恋香烟还可能是因为香烟确实能带来足够大的效用,超过买烟的成本,这两种原因具有不同的福利含义。为了制定一个精确的香烟税,我们必须斟酌自我控制和自省这两个不同因素。

本章小结

本章讨论自控问题以及自省对自控问题的纠正,以及它所影响的福利效应。DU模型在实际应用中遇到的最大障碍之一就是人们时间偏好前后不一致。造成这种不一致的最主要原因就是人们的自控问题:从一个前期的观点,人们希望行动相对有耐性,但当行动的那一刻临近时,他们迫不及待地想要开始。有自控问题的人的跨期时间偏好是"当前—偏误"的。面对自控问题,绝对天真的人和完全老练的人的行为模式不同。我们都是介乎天真和老练之间的人,我们的确在自省,但我们又不能精确预测出自己的自控问题。

本章思考与练习

一、说明很小程度的认知也会产生老练效应。
二、试解释"对于繁重的任务,只要一点点天真就能导致严重的拖延"。
三、论述"一锤定音"模型的特点。

本章参考文献

[1] Akerlof, George A., Procrastination and Obedience, *American Economic Review*, 1991, **81**: 1—19.

[2] Beach, L. R., *Image Theory: Decision Making in Personal and Organization Contexts*, Chichester: Wiley, 1990.

[3] Bruner, J., Going beyond the Information Given, in Bruner et al., ed. *Contemporary Approaches to Cognition*, Harvard University Press, 1957.

[4] Damasio, Antonio R., *Descartes' Error: Emotion, Reason and the Human*

Brain, New York: Putnam, 1994.

[5] Elster, Weakness of Will and the Free-rider Problem, *Economics and Philosophy*, 1985, **1**: 231—265.

[6] Langer, E. J., The Illusion of Control, *Journal of Personality and Social Psychology*, 1975, **32**: 311—328.

[7] Loewenstein, Behavioral Decision Theory and Business Ethics: Skewed Tradeoffs between Self and Other, in D. M. Messick & A. E. Tenbrunsel, ed. *Codes of Conduct: Behavioral Research into Business Ethics*, New York: Russell Sage Foundation, 1996.

[8] Loewenstein, Addiction, Choice, and Rationality, in J. Elster & Skog, ed. *Getting hooked: Rationality and Addiction*, Cambridge University Press, 1999.

[9] Loewenstein, Out of Control: Visceral Influences on Behavior, *Organizational Behavior and Human Decision Processes*, 1996, **65**(3): 272—292.

[10] Loewenstein, Daniel Adler, A Bias in the Prediction of Tastes, *Economic Journal*, **105**(431): 929—937.

[11] Seeburger, *Addiction and Responsibility*, *An Inquiry into the Addiction Mind*, Crossroads Press, 1993.

[12] Thaler, Richard H. & Hersh M. Shefrin, An Economic Theory of Self-control, *Journal of Political Economy*, 1981, **89**(2): 392—410.

[13] Tversky, A. & Kahneman, D., Availability: A Heuristic for Judging Frequency and Probability, *Cognitive Psychology*, 1973, **5**: 207—232.

[14] Tversky, A. & Kahneman, D., Loss Aversion in Riskless Choice: A Reference-Dependent Model, *Quarterly Journal of Economics*, 1991, **106**: 1039—1061.

[15] Tversky, A. & Shafir, Choice under Conflict: The Dynamics of Deferred Decision, *Psychological Science*, 1992, **13**: 793—795.

[16] Wertenbroch, Klaus, Consumption Self-control via Purchase Rationing, working paper, Yale University, 1996.

第八章 瘾理论

上瘾(Addiction)是行为人在过去的实践中体验到的能使其感到快乐的行为,尽管在很多情形下,不良的上瘾行为会带来降低行为人效用水平的后果,但行为人大多坚持满足自己的嗜好。从一般意义上的酗酒、赌博、毒品上瘾,到最近出现的网络上瘾(Internet Addiction),无不反映了上瘾行为正广泛地影响着我们的生活。例如,1999 年 8 月美国心理学协会举行的年会上科学家公布的数据表明:有大约 6%的网民患有某种形式的上网成瘾症,症状完全类似于吸毒者。中国青少年网络协会 2005 年 12 月发布的《青少年网瘾调查报告》显示,我国网瘾青少年约占青少年网民总数的 13.2%,在非网瘾群体中约 13%的网民有网瘾倾向。

上瘾现象在影响我们生活的同时,也影响着经济学的发展。随着研究的深入,越来越多的传统经济学假定受到质疑:在上瘾的情况下,边际效用还是递减的吗?如何解释"好的音乐越听越想听"、"酒鬼喝酒无休无止"这样的现象?上瘾品价格的变化对其需求影响真的很小吗?通过对上瘾的分析,经济学研究的广度和深度进一步得到拓展。正如弗洛伊德对潜意识的发现一样,经济学也需要对潜理性的发现,因为个性化真正的秘密就存在于这个理性说不清道不明的地带。在经济学中已开始了类似弗洛伊德式的潜理性领域探索,例如加里·贝克尔[①](Gary s. Becker)对于口味、香烟上瘾行为的研究,他建立的"理性成瘾模型"(Rational Addiction Model)在一定程度上解释了上瘾行为对个人偏好及决策的影响。

第一节 上瘾行为

通常经济学家用于分析消费和闲暇选择的基本方法都有这样一个假定:个人在一定的偏好下最大化自己的效用,而偏好在任何时间点上都仅仅由个人当时所消费的商品和服务所决定。这些偏好独立于过去和将来的消费之外,也不受别人行为的影响。这样的基本假定显然有利于问题研究过程的简化,但是,在所有的社会中,多数选择都是由人们过去的经历所决定,并且受社会因素的

---

① 1992 年诺贝尔经济学奖获得者。

影响。

例如,一个吸烟或吸毒成瘾的人上个月吸烟或吸毒的严重程度将会显著地影响其本月的吸烟或吸毒量;一个人如何投选票在很大程度上取决于其亲人和朋友如何投票;商品广告的宣传作用则可以改变消费者对于某种商品的看法从而决定其是否购买该种商品。

正是由于这样的原因,行为经济学将"上瘾"这一概念引入经济学分析,在保留"个人的行为是为了效用最大化"的前提假设下将分析扩展到与"个人习惯和迷恋"①相关的方面,这样的方法对于统一解释包括习惯性的、社会性的行为是十分有效的。

为了将个人经历和社会影响引入经济学分析,行为经济学家提出"个人资本"(Personal Capital)和"社会资本"(Social Capital)的概念。一般用 P 表示个人资本,它包括影响当前和将来效用的过去消费和其他个人经历;用 S 表示社会资本,它包括个人社交网络和控制体系中的同辈人和其他人活动的影响。行为经济学认为个人的效用函数不仅取决于所消费的不同商品,而且还取决于当时的个人资本和社会资本存量。也就是说,在某一时点 t 上,个人的扩展效用函数为:

$$U = U(x_t, y_t, p_t, s_t)$$

其中 x,y 分别为不同的商品。

行为经济学家认为效用函数本身是独立于时间之外的,随着时间的变化它是消费商品和资本存量的稳定函数,但是由于现在的选择会影响将来的个人资本和社会资本水平,尽管未来的效用函数不变,其效用水平随着资本存量的变化而发生着变化。从这个意义上讲,传统经济学中假设的仅由商品和服务所决定的次效用函数(Subutility Function)是不稳定的。本章研究的"上瘾"正是通过改变个人资本存量从而对效用产生影响。因此,行为经济学家在研究效用时,为将上瘾行为和其他改变资本存量的行为引入分析,通常使用扩展效用函数。事实证明,扩展的效用函数也可以为使用帕累托最优和其他原则的福利分析构建一个稳定的基础。

本书介绍的行为经济学对心理账户的研究,可以解释为什么当一个人赌博上瘾时,会出现完全不合逻辑的现象,会在接连地输掉大笔的金钱之后仍继续赌博,会在赌赢了之后毫不吝惜地将钱全部花出去。因为对于一个上瘾的人和一个正常人来说,钱是不一样的(见本书心理账户的有关分析内容)。

卡尼曼和特维斯基曾指出,在赛马场,那些在当天输了钱的人会在当天最后

---

① 出自贝克尔对于"上瘾"行为的描述。

一轮比赛中,押下更多的赌金,因为他们希望挽回败局,至少回到不赚不赔的状态。这种沉没成本的影响完全取决于每天关闭心理账户的决定。如果每一轮被看成独立的账户,那先前的赌博就没有影响;否则,先前的赌博结果就会对其最终决定产生影响。

第二节 感情与理智

一、邻近互补性(Adjacent Complementarity)与成瘾性行为

当理性的消费者试图预测他们的选择对于未来所产生的影响时,他们会尽可能地从稳定的偏好中最大化效用。在这样的假设下,上瘾似乎成了理性行为的对立面。因为在传统的理解中"上瘾"者的行为总是不理智的。例如吸烟者会在明知吸烟损害身体健康的情况下继续花钱购买香烟;酗酒者会不顾酒精对肝脑的损害继续喝酒;赌博者会为一时的刺激倾家荡产。那么,一个酒鬼或者赌徒是否会最大化未来的效用并对未来作出权衡呢? 当他们的情绪发生变化时,其偏好是否也会随着时间的改变而变化呢?

在贝克尔看来,上瘾行为,即使其程度很深,从包括稳定偏好的有预见性的最大化行为的意义上讲,通常也都是理性的行为。这引起人们对上瘾行为进行更深入的重新思考。

首先建立起模型:在某一时点上,个体的效用取决于他对两种商品 c 和 y 的消费量。为将 c 和 y 区分开来,我们还假定,当前的效用还取决于对 c 而不是对 y 的过去的消费量。故:

$$U(t) = U[y(t), c(t), s(t)]$$

其中 $s(t)$ 表示过去消费 c 对当前效用的影响。

在寿命为 T,时间偏好率(Time Preference)为一稳定值 σ 的情况下,效用函数可表达为:

$$U(0) = \int_0^T e^{-rt} u[y(t), c(t), s(t)] dt$$

消费个体在受到自身支出约束的情况下,实现效用的最大化。如果用 A_0 表示资产的最初价值,利率 r 不随时间变化,时间 t 上的收入是当时资本存量的凹函数,用 $w(s)$ 表示,那么在资本市场完全的条件下,预算方程可表示为:

$$\int_0^T e^{-rt}[y(t) + p_c(t)c(t) + p_c(t)s(t)] dt \leq A_0 + \int_0^T e^{-rt} w[S(t)] dt$$

引进一个"邻近互补性"的概念:如果随着消费资本存量(S)的增加,函数 F 中 c 的边际效用增加的话,那么当 S 随时间变化而上升时,c 的边际效用也会随

时间的变化而上升,然而 c 的消费量却仍然可能随时间的变化而下降,当且仅当 c 的边际效用的增加量超过全部价格的增加量时,我们称这种不等关系为"邻近互补性"。

现在我们给出成瘾性行为的基本定义:如果某人对某种商品的消费会增加其未来对这种商品的消费,那么这个人对 c 是潜在上瘾的,当且仅当某人的行为显示出临近互补性时,这种潜在上瘾行为才会发生。这一定义具有这样一个合理的推论:即只有当过去对某种商品的消费提高了当前消费的边际效用时,某人才会对这种商品上瘾。然而,对边际效用的这种影响只是必要条件,即对潜在的成瘾性行为仍然不是充分条件,因为潜在的上瘾行为还取决于其他因素。

根据我们给出的成瘾性行为的定义,某种商品对于某些人来说是具有成瘾性的,但对于其他人而言,则可能不是;某人可能对某些商品上瘾,但不会对其他商品上瘾。成瘾性行为包含了个体与商品之间的某种相互作用的过程。例如,对某些人来讲,酒精饮料、网球、香烟、赌博以及宗教都会令他上瘾,但对于其他人来说,则不是这样。时间偏好在决定是否存在临近互补性的过程中所发挥的作用,是个体重要性最明显的体现。行为经济学家分析的结果表明:着眼于当前利益的个体对有害商品的潜在上瘾程度要高于着眼于未来利益的个体,而具有潜在上瘾倾向的个体最终是否上瘾,取决于其初始资本存量和需求曲线的位置。

如果寿命是有限的话,那么剩余寿命的倒数则可看作是那些不对未来进行分析的人的"时间偏好"率的近似值。老年人"缺乏预见性"是理性的,因为他们的剩余寿命年数已经很少了。因此,在其他条件相同的情况下,老年人会较少地关注当前消费的未来后果。但事实上,与其他情况不同,老年人的经历远比年轻人丰富,因而,有害商品最终能使老年人沉迷于其中的可能性也较低。全部价格的存量因素是有害商品的当前市场价格加上未来成本;或当前有益商品价格减去未来成本。因此,增加对现在的偏好率以及消费资本的贬值率,提高有害商品的需求,降低有益商品的需求。结果是酒鬼和赌徒倾向着眼于当前利益;宗教信徒和网球爱好者着眼于未来利益。

二、消费超支

在酗酒、饮食过量以及一些其他的成瘾性行为中,消费超支现象十分普遍。我们将消费超支现象定义为某种商品的消费随时间变化的一个周期循环。无节制的消费超支现象似乎是非理性行为的原型,然而,在贝克尔的分析中,通过对模型的扩展,则可使得无节制现象与非理性行为一致。

考虑进食过量的行为。随着进食的增加,体重会不断增加,但健康状况却可能趋于恶化。我们假定,当前的进食量由两种消费资本存量决定:体重和"进食资本"(Eating Capital)。到目前为止,我们的分析实际上是将体重和进食资本统一用单一的资本存量来表示。若这两种存量具有不同的贬值率及不同的消费互补性和替代程度,那么无节制现象就会发生。

要得到进食过量(Overeating)与节食的循环,一种存量(如进食资本)必须与进食行为具有互补性,并且具有更高的贬值率,而另一种存量(体重)必须具有替代性。假定某人的体重存量和进食资本存量很低且对进食行为上瘾,那么随着时间的变化,进食量不断增加,进食资本的增加将快于体重存量的增加,因为进食资本拥有更高的贬值率。

最终,由于体重不断地增加,进食量达到一极限水平后开始下降。更低的食物消费量会使得进食资本存量相对于体重贬值,而降低了的进食资本水平会使得进食量即使在体重开始下降后仍保持下降的趋势。只有当体重下降到某一足够低的水平上,进食量才会重新增加。进食量的增加会提高进食资本的水平,循环又开始了。这些循环的规模可以越来越小,也可以越来越大(甚至不变),这取决于平稳状态是否稳定。

尽管像通常的做法一样,需要两类资本存量去说明循环过程(Ryder & Heal,1973),但我们可以通过贬值率和替代程度等方面的差异来解释这些存量。在加里·贝克尔看来,无节制的消费超支现象并不是前后行为不一致的反映,相反,它们是随时间变化保持前后一致的最大化行为的结果。

三、上瘾与偏好变化

人们通常认为,偏好会随着某些上瘾的商品的消费而发生变化。例如,人们在长时间吸烟、喝酒、注射毒品,或者与一些人保持密切联系之后,常常会增加对这些商品的欲望,或者对这些人产生强烈的依赖,并且随着时间的变化消费量也会不断增加。根据效用理论的观点,由于偏好发生了有利于这些商品或人的变化,这些商品或人的边际效用会随时间的变化而增加。在讨论关于美妙音乐的偏好时,美妙的音乐听得越多,人们越会对它产生更强烈的偏好,即接触美妙的音乐会增加人们将来对它的需求,这可以解释为在假设偏好是稳定的条件下,人们在心灵领悟方面获得了收益。行为经济学家通过考虑消费者的"消费资本"累积量,对上瘾行为作出分析,并且把有益的成瘾性行为与有害的成瘾性行为区分开来。

首先我们来讨论有益的成瘾性行为,建立由两种商品决定的不变的效用函数。

$$U = U(M, Z)$$

式中，M 为用于衡量所产生的以及所消费的音乐"欣赏"量；Z 为所生产的和所消费的其他商品量。随着音乐资本存量的增加，分配于欣赏音乐的时间的边际效用会随之增加。从而，音乐鉴赏力的消费量可以认为随接触音乐的机会增多而上升，因为尽管口味并没有发生变化，但是随着不断接触音乐，人们花费在听音乐时间上的边际效用增加了。

接触音乐对音乐资本积累所产生的影响可能很大程度上取决于人们受教育的程度和其他人力资本，这就能够解释为什么受过教育的人会比其他没受过教育的人享受更多"美妙"的音乐。

在年轻的时候，成瘾性行为会降低音乐鉴赏力的价格，但是花在欣赏音乐上的时间所产生的影响在这个年龄段并不显著。因此，在年轻的时候，成瘾性行为将会增加人们欣赏音乐的时间，其中一些时间可以看作是为增加未来音乐资本而进行的投资。尽管随着年龄增长，音乐的价格趋于下降，并且音乐的消费量会趋于上升，然而花费于音乐欣赏的时间却不一定随之上升，因为音乐资本的增加意味着，即使随着年龄的增长，用于欣赏音乐的时间会趋于下降，音乐消费量还是可以增加的。音乐欣赏力的曲线越富有弹性，用于音乐欣赏的时间越有可能增加。即如果音乐鉴赏力的需求曲线是富有弹性而不是缺乏弹性的话，那么花在音乐欣赏上的时间（或其他投入）更具有上瘾性（也就是说，会随着接触音乐机会的增加而增加）。

在年纪大些的时候，音乐的资本存量可能会下降，而音乐鉴赏力的价格则可能会上升，这是因为投资于未来资本的激励会随着剩余寿命的逐渐缩短而下降，而随着资本存量的增加，为保持原有的存量水平所需要的投资将增加。假如音乐鉴赏力的价格上升了，而且对音乐的需求曲线是富有弹性的话，那么花在欣赏音乐上的时间将会下降。这意味着，就能观察得到的人们对音乐成瘾性行为而言，其上瘾的程度在年轻的时候可能会比年长的时候更强。

这些关于音乐欣赏力的研究结果同样适用于其他商品，前提是人们对这些商品的沉迷是有益的。在人们年轻的时候，这些商品的价格会下降，而人们对这些商品的消费量则会上升，因为随着人们与这些商品的接触增加以及年龄的增长，消费资本会不断地积累。然而尽管商品的消费量会随着人们与商品的接触增加而增加，但是为生产这类商品所花费的时间和金钱却不一定会随之增加；商品的需求曲线越有弹性，商品的消费量越有可能随接触增加而上升。即使在年轻的时候，人们对这些商品的消费量会上升，但是，由于消费资本存量在年长时下降，消费量最终会下降。

接着再来分析有害的成瘾性行为。在任何年龄，增加对有害商品的消费量都将降低以后可使用的消费资本存量，同时会提高所有年龄段上商品的影子价格。随着人们与这类商品接触的增加以及年龄的增长,影子价格将会提高(至少年轻时是这样),从而导致商品的消费量随年龄和接触机会的增多而趋于下降。然而,由于随着接触商品机会的增加,消费资本会趋于下降,因此,商品与时间的投入都不一定下降;事实上,假如商品的需求曲线是缺乏弹性的,那么投入品很可能会随着人们接触该商品机会的增加而趋于上升。

为了更好地说明以上结论,我们不妨考虑海洛因作为投入品而生产出来的商品,这种产品被称为"精神愉悦剂"(Euphoria)。对"精神愉悦剂"这种商品的当前消费量的增加,会通过降低"精神愉悦剂资本"的未来存量来提高未来生产"精神愉悦剂"的成本;接触"精神愉悦剂"的不断增加会降低"精神愉悦剂"的消费量。然而如果对"精神愉悦剂"的需求曲线是足够无弹性的,那么海洛因的使用量会随着与海洛因接触的增加而增加,与此同时,所获得的精神愉悦程度是下降的。

应该注意,在年轻的时候,如果海洛因的使用会对以后"精神愉悦剂"的资本产生负面影响,那么海洛因的使用量将会下降。实际上,只有在预料到使用海洛因会导致有害的上瘾效应的情况下,人们才有可能不使用海洛因或降低其使用量。更应引起注意的是,假如某些人能够精确地预料到使用海洛因所导致的不良后果,还是使用了海洛因,那么,他们使用海洛因所获得的效用要大于被劝阻而不使用海洛因所产生的效用。当然,如果能够发明一些新技术(例如美沙酮),可以降低"精神愉悦剂"有害的上瘾效应,那么人们所获得的效用会更大。

最有趣的是,我们注意到,如果对"精神愉悦剂"的需求曲线以及由此产生的对海洛因的需求曲线是足够无弹性的话,那么随着人们不断接触"精神愉悦剂"及海洛因,海洛因的使用量将增加,与此同时,"精神愉悦剂"(所获得的)的量却会下降。也就是说,对海洛因上瘾(即不断接触海洛因而增加其使用量)是对海洛因需求缺乏弹性的结果,而不是通常所认为的是需求缺乏弹性的原因。同理,如果对音乐和打网球的需求是足够有弹性的话,人们将沉溺于听音乐和打网球;这种沉迷也是某一特定弹性的结果,而不是原因。换句话说,即使存在成瘾性行为(部分原因在于随年龄的增长,所投入的商品和时间会增加),但人们还搞不清楚究竟这种成瘾性行为是有害还是有益的,那么我们可以使用"需求弹性"作为标准,对两者进行区分:弹性高表示这种行为是有益的,弹性低表示这种行为是有害的。

我们不需要为了弄明白"为什么随着人们不断地接触海洛因,海洛因的使用量会增加"或者"为什么使用量对价格的反应如此地不灵敏"等问题,去假定随着接触"精神愉悦剂"的增加,人们会改变其口味。即使口味是稳定的,使用量也会随着接触海洛因的增加而增加,并且海洛因之所以令人上瘾,更确切的原因在于人们对其价格变化不敏感。

成瘾性商品或事件的外生价格上升,也是由于征收消费税(如对烟、酒征收消费税),或限制其销售额(如对销售海洛因的交易商进行监禁)造成的,如果这些商品是有害的成瘾性商品,那么这些外部因素对沉迷者所产生的影响是很小的;如果这些商品是有益的上瘾商品,那么影响会相对大一些,也就是说,如果成瘾性商品是有害的话,那么征收消费税以及实行监禁主要起到了将资源从上瘾者那里转移走的作用;如果成瘾性商品是有益的话,那么征收消费税以及实行监禁等措施主要起到了减少消费量的作用。

四、"突然停止法"

行为经济学将个人资本存量和社会资本存量引入效用模型,揭示了上瘾行为所产生的影响。并且,从理论上说,行为经济学家认为上瘾行为只有凭借"突然停止法",即突然中断该商品消费的方法才能予以戒除。如果情况的改变或意外的发生使某一理性个体对成瘾性商品的需求降低足够大,或者事件的发生使其消费资本存量下降到足够低的程度,那么该理性个体将会下决心戒除上瘾行为。当该个体当前消费对其未来消费产生更大影响时,他的消费将随时间的变化而变得更快。上瘾程度越深,对未来消费所产生的影响也就越大。因此,对于理性的人来说,戒除程度深的上瘾行为所需时间要比戒除程度浅的上瘾行为短。

在互补性程度以及潜在上瘾程度变得足够强的情况下,效用函数 $U(t) = U[y(t),c(t),s(t)]$ 将不再是 $c(t)$ 和 $s(t)$ 的凹函数了,最优的消费途径也将发生明显的变化。注意,我们对 $c(t)$ 和 $s(t)$ 所考虑的情况是,若单独考虑 $c(t)$ 和 $s(t)$,效用函数仍然分别是 $c(t)$ 和 $s(t)$ 的凹函数,但是如果把两者同时考虑,那么效用函数将不再是凹函数。因为过去和当前消费之间(就是 $c(t)$ 和 $s(t)$ 之间)的高度互补性使得效用函数产生了某些凸性,而不使得效用函数单独对 $c(t)$ 和 $s(t)$ 使用时缺乏凹性。在这样的情况下,不稳定的平稳状态将由最优消费函数中的不连续性所取代。这种不连续性把消费量 c 与当前的存量 s 联系起来了。如果 s 在戒除上瘾行为状态下的位置高于某一较低水平的平稳状态,那么该显著的存量可能引起突然戒除上瘾现象的发生。也就是说,即使价格方面微小的提高,也会导致消费量的大幅度下降,这就与传统的观点,即上瘾品的价格弹性较小矛盾。

这表明,某种成瘾性商品(C)的当前消费与过去消费(S)之间的关系在某一点 S' 可能变得不连续了。尽管 S' 并不是一个平稳状态下的存量,但是当效用函数是凹的情况下,S 所起的作用与某一不稳定平稳状态下的存量的作用是类似的,如果 S 仅比 S' 小一点,消费量也会随着时间的变化逐渐趋近于零,同样地,S 比 S' 稍大一点,那么随着时间的变化,消费量会不断上升并有可能达到某一稳定水平。由于 C 和 S 在 S' 点是不连续的,所以只要 S 从稍微高于 S' 的点降到稍微低于 S' 的点,那么 C 的消费量将无限地下降。事实上,只要存在某一足够大的不连续性,要戒除上瘾性行为就应该采取突然停止法。

随着某种上瘾行为的程度加深,停止消费所带来的短期损失将会越来越大。但行为经济学的分析表明,尽管"阵痛"相当大,理性的人还是会通过突然停止法戒除某种程度极深的上瘾行为。他们的行为之所以是理性的,是因为他们用短期的损失去换取长期中更大的收益。

当一个理性的上瘾者试图解除某些上瘾习惯时,为了减少短期效用的损失带来的痛苦,可能会推迟戒除的时间。例如在解除烟瘾的过程中,消费者试图通过戒烟中心的治疗戒除烟瘾;通过喝茶或体育运动来替代吸烟。最终,他将找到一种降低戒烟所造成的短期损失的方法。

行为经济学是这样评价吸烟并宣称愿意戒除烟瘾的人的:只有当找到了使自己长期收益远远高于短期成本的途径时,他才会作出某些改变。

五、心理性因素和环境暗示

一些行为经济学家试图将非理性的因素(例如心理性因素和环境暗示)引入上瘾品的消费之中,以此来解释上瘾的心理机制和瘾的维持与戒除。

首先我们看一下"心理性因素"的解释:"包括驱动性的状态:饥饿、口渴、性欲、情绪、心情和感情、生理疼痛和上瘾者对药物的渴望"(Loewenstein,1996)。关于驱动性因素,我们可以这样理解:心理性因素不仅仅通过心理起作用,神经系统也是其重要的作用机制。例如给予某人一种不是很舒服的生理反应或感受,并驱动其采取某种行动,只有采取了这种行动之后,不舒服的感受才会得到缓解。

以吸毒为例,瘾君子一段时间不吸毒后往往会出现胃痉挛、头痛、全身痛痒等不适现象,只有吸食毒品后,这种不适感才会消除,取而代之的是"快感和满足感"。

心理性因素之所以能够影响消费,是因为在消费过程中,除了商品本身带来的效用之外,还有一部分心理性因素满足所带来的效用。这种效用的叠加在消费者的脑中形成了框架和记忆,并直接影响下一次的消费。

心理性因素对消费者的商品偏好和时间偏好具有一定的影响:

定理一:"心理性因素增强时,人们会将注意力集中在与那些心理性因素有关的消费和活动上。"例如一个烟民在逛超市的时候犯了烟瘾,他就会不由自主地走向香烟区。

定理二:"心理性因素增强时,人们会将注意力集中在现在。"例如某人领了工资(这些工资是用来付下半年的房租的)。走在回家的路上,无意中(真的是无意的吗?)走过一家赌场时,脑子一热就冲了进去,半夜出来的时候囊中已经是空空如也。

定理三:"心理性因素增强时,人们会将注意力集中在自身。"吸毒的人往往会不顾及家里人的感受,倾家荡产去买毒品。

但是,人类本身也具有学习能力和调整能力。经过多次的体验和行动之后,大多数人可以对心理性因素的作用和影响有一个大概的了解,并能在学习中积累一些经验,来对抗部分心理性因素的作用,达到长期的最优消费选择,并且为了提高自己的自控力,人们往往用一种心理性因素来对抗另一种心理性因素。

例如,某君用这样的方法戒烟:虽然不抽烟很难受,但是半年省下来的烟钱就可以买一个新手机了!

在心理性因素之外,环境暗示(Cue)对于上瘾品的消费也具有一定的影响。环境暗示指的是影响消费者心理和决策的外部环境因素,例如场合、声音、图像、气味、装饰等。

环境的暗示会引起消费和偏好的变化。一个例子:

一个刚刚完成六个月戒毒治疗的病人(在完成了戒毒疗程之后,生理上没有任何的不良反应,心理上也没有吸毒的念头),在离开了戒毒所回家的路上,还幻想着要和家人团聚,从此洗心革面,重新做人。但是他走到地铁站的时候(以前他经常在地铁站附近买毒品、吸毒),突然感到了很强的不适感和心理上的吸毒冲动,一番心理"斗争"之后,他还是复吸了。

环境暗示模型的主要特征是:

第一,暗示模型提供了新框架来理解边际效用中的高频率变动。

很多消费者的狂热情绪和上瘾是周期性的,但是上瘾者的发作往往是毫无预兆的,而且是由相关的暗示触发的(Goldstein,1994)。例子:超市中很多购买都是无计划的,都是"一时心血来潮的结果"。

第二,暗示模型解释了人们为什么能通过努力克服自己的一些恶习。

只要人们可以成功控制环境暗示,就可以克服恶习。比如上瘾者为了戒掉上瘾品,可以通过避免到带有环境暗示的场合来达到目的。科学的疗法是先隔绝,即不进入暗示的场合;然后是减轻,就是减少进入暗示的场合;再然后是适应,即慢慢适应在暗示的场合也不服用上瘾品;最后做到习惯。

第三,暗示可以是一种负的外部性。

例如在等车的月台上,一个人拿出香烟抽了起来,这种烟味对于他边上没带烟的烟民乘客来说就是一种负的外部性。

第三节 理性成瘾模型

一、DRW 理性成瘾模型

在 Donald S. Kenkel, Robert R. Reed 和 Ping Wang 于 2002 年完成的论文《理性成瘾、纯粹外部性与公共政策的长期效果》[①]中，作者通过研究成瘾性商品的消费方式及其带来的经济和福利的效应，在理性成瘾的一般动态均衡模型（DRW 模型）中考察了税收政策对成瘾性商品的长期影响。

1. 经济环境的基本假定

在该模型中，作者假定市场为完全信息的完美市场，市场中的产品由成瘾性商品和非成瘾性商品组成，并记成瘾性商品对非成瘾性商品在时刻 t 的相对价格为 p_t。将时刻 t 的代表性个体在 t 时刻和 $t+1$ 时刻的非成瘾性商品消费记为 c_t^t 和 c_{t+1}^t；同样地，将此个体在 t 时刻和 $t+1$ 时刻的成瘾性商品消费记为 a_t^t 和 a_{t+1}^t。个体对成瘾性商品的即期消费记入其后续时期成瘾性商品的存量（stock of the addictive good）。用 S_{t+1}^t 来表示 $t+1$ 时期成瘾性商品的存量，则 $S_{t+1}^t = a_t^t$。

2. 偏好

在该文中作者将成瘾性商品的消费模式归纳为，消费者过去对成瘾性商品的消费越多，则该消费者当期对此成瘾性商品的消费就越多。另外，成瘾性商品的消费对个体健康有害，即个体具有越多的成瘾性商品存量，健康状况就会越差，一般被称为"普遍性上瘾效应"（Conventional Addiction Effect）。

在此假设下，一个在 t 时刻出生的个体具有的生命周期效用方程（Lifetime Utility Function）为：

$$\Omega = u(c_t^t, a_t^t) + \frac{1}{1+\rho} v(S_{t+1}^t) u(c_{t+1}^t, a_{t+1}^t)$$

其中 $\rho > 0, v' \geq 0, v'' \geq 0$。

在此方程条件下，成瘾性商品和非成瘾性商品的消费增加均会提高个人效用。由于 $v(S_{t+1}^t)$ 代表了健康损害效应（Detrimental Health Effect）的程度，故当个体的成瘾性商品存量越多时，$v(S_{t+1}^t)$ 的值越大，个体从老年期获得的效用也将相应减少。由于 $S_{t+1}^t = a_t^t$，个体当前对成瘾性商品消费带来的效用随着其成

[①] D. Kenkel, R. Reed & Ping Wang, Rational Addiction, Peer Externalities and Long Run Effect of Public Policy, NBER working paper series #9249, October, 2002, http://www.nber.org/papers/w9249.

瘾性商品的消费存量的提高而提高,方便起见,我们假设 $v = v(S_{t+1}^t)$ $= 1 + v_0(S_{t+1}^t)^\eta$。

由于成瘾性商品消费带来的即期效用受成瘾性商品的消费存量的影响,ρ 不能完全体现个人消费的时间偏好(Time Preference)。基于菲舍尔的标准分析框架(Standard Fisherian Framework),我们可以得到,从非成瘾性商品的角度来说,其时间偏好可记为 $\frac{1+\rho}{v(a)} - 1$;从成瘾性商品的角度来说,时间偏好可记为 $\frac{1+\rho}{v(a)}\left[1 - \frac{\omega_v}{(\sigma-1)(1-\alpha)}\right] - 1$,其中 $\omega_v = av'/v \geq 0$。

3. 生产技术

在该文中,成瘾性商品和非成瘾性商品的生产被分为两种不同的形式。其中非成瘾性商品需要资本和劳动两种生产要素依科布-道格拉斯方程进行生产:

$$y_t = A(k_{t-1}^{t-1})^\theta (l_t^t)^{1-\theta}$$

方便起见,成瘾性商品的生产仅需要投入劳动要素,其生产方程为:

$$x_t = B(1 - l_t^t)$$

4. 预算约束

基于前述假设,个体在一时期获得收入 w_t,在当期消费的同时,还需一定数量的存款来保证将来的消费,以及为非成瘾性商品的消费提供资金,则个体当期消费的预算约束可表示为:

$$p_t a_t^t + c_t^t + k_t^t = w_t$$

记真实利率为 R_{t+1},则下期预算约束可表示为:

$$p_{t+1} a_{t+1}^t + c_{t+1}^t = R_{t+1} k_t^t$$

综合以上两式可以得到个体的永久消费预算约束方程:

$$p_t a_t^t + c_t^t + \frac{1}{R_{t+1}}(p_{t+1} a_{t+1}^t + c_{t+1}^t) = w_t$$

接下来,作者按照以下步骤完成文章的论述和实证部分,由于本书的目的仅在于引入行为经济学中上瘾的经济学理论,并不强调数学证明及实证分析,故我们在此仅引述原文中论证的步骤而不予展开讨论,感兴趣的读者可参看原文。

步骤一,应用稳定状态条件(方程)。[①]

步骤二,证明价格均等化。

步骤三,决定劳动要素分配和产出。

---

① 稳定状态方程(Steady-State Equilibrium)是指一组满足一定条件的数量和价格变量构成的方程,其中的条件包括:个体最优化;产品市场最优化;要素市场最优化;稳定状态。

步骤四,利用回归方法将原系统缩减为 3×3 子系统。

步骤五,对 a 作定点规划来减小其在稳定状态方程中的值。

步骤六,重复获得其他变量在稳定状态方程中的值。

经济学界一般认为,对酒类、香烟、赌博行为等上瘾物品的征税会降低社会福利,如 Pogue & Stontz(1989)所述,"政府对酒类的征税会在很大程度上降低酒类的消费,因而损害了大量对酒精依赖的人的福利,与此同时,因过量饮酒而造成的社会损害却未得到有效控制"。DRW 的理性成瘾模型将对成瘾性商品征税所造成资本重新分配获得收益和对社会福利的损害相比较,得到成瘾性商品的最优税率。该模型可以通过引入人力资本等方式进行扩展。

二、关于上瘾的其他经济学研究

在 Becker 和 Murphy(1988)建立的一般理性成瘾模型(General Rational Addiction Model)的基础上,Lasbson(2001)和 Hung(2000)建立了包含随机性冲击(Random Shock)和临时状态效用(State-Contingent Utility)在内的一般成瘾模型。

Gul、Psendorfer 和 Laibson(2001)建立了"诱惑性"模型(Models of "Temptation"),在模型中规定效用不仅仅由选择的行动(Chosen Action)决定,同时也受到放弃的行动(Action not Chosen)的影响。

Donoghue、Rabin(1999)和 Gruber、Koszegi(2001)构造了基于现实选择误差偏好(Models with Present-Biased Preferences)的模型,该偏好可伴随无经验或充分经验两种情况。

Loewenstein(1999)和 Loewenstein、O'Donoghue、Rabin(2001)建立了决策偏误模型(Models with "Projection Bias"),在模型中假设决策个体错误地认为长期中的偏好将同短期偏好相似。

第四节 实 例 分 析

一、理性成瘾模型及价格对消费的影响

1. 毒品价格弹性分析

像大麻、海洛因、可卡因这类物品的合法化肯定会降低这些有害的成瘾性毒品的价格。根据向下倾斜的需求函数,人们对这些物品的消费会上升。但究竟上升多少呢?根据传统观点,这些不合法的成瘾性物品的消费对价格不敏感。也就是说,在长期中,上瘾品价格的变化对其需求的影响将远远小于正常品价格变化带来的影响。

然而,传统观点与理性上瘾的理论模型是相矛盾的。这一分析意味着,成瘾性物品很可能对价格十分敏感。所以,当香烟的价格大幅度上涨的时候,你也许就不会像原来那样购买大量的香烟了。

对消费者来说,成瘾性商品的总成本等于商品的价格与对人和未来不利影响的货币价值之和,这些不利影响包括吸烟、酗酒或者对毒品的依赖所造成的对收入和健康的负面影响。无论是该商品的更高价格(可能是由于更高的税收所造成的)还是更高的未来成本(可能是由于获得了更多的关于消费该商品会对身体健康造成危害的信息),都会使消费者减少对该商品的短期和长期消费。

当成瘾性商品的价格在总成本中占的份额变得很大时,由货币价格中某一给定的百分比变化所引致的需求方面的长期变化,与由未来成本中某一相等的百分比变化所导致的长期变化相比,会变得更大,这在直觉上是合理的。对于相对贫穷和年轻的消费者而言,货币价格更为重要,部分原因在于他们通常会较少地考虑健康和其他对未来产生有害影响的货币价值。

相对贫穷和年轻的个体似乎还会对未来给予更高的折现。可以看出,有着较高折现率的上瘾者对成瘾性商品货币价格变化的反应更大,而具有较低折现率的上瘾者则对有害的未来后果变化的反应更大。

2. 香烟上瘾与价格弹性实验

理性成瘾性行为的这些推论,可以通过香烟需求、酒的大量消费以及赌博方面的数据加以检验。贝克尔较早的一篇论文(Becker, Crossman & Murphy, 1991),使用各州在1955—1985年的截面数据的时间序列来拟合理性香烟上瘾的模型。结果发现,需求的长期价格弹性相当大,变动幅度在 -0.7 到 -0.8 之间,而在发生了某一持久的价格变化之后,消费的价格弹性在一年约为 -0.4。不同年份的吸烟行为似乎为补足品:过去和未来香烟价格越高,任意年份的香烟消费量就越低。

Frank Chaloupka(1991)以一组个体为研究对象,对随着时间变化的吸烟行为作出了分析。他的研究结果与贝克尔对短期和长期的价格弹性所作出的估计是类似的,而且他发现,过去和未来香烟价格的上升都会导致当前香烟消费量的减少。另外,他还发现,受教育程度低的个体对香烟价格所作出的反应要比那些受教育程度高的个体大得多;Joy Townsend(1987)采用英国的数据也得出类似的结果。Eugene Lewit 等(1981)以及 Lewit 和 Douglas Caote(1982)在各自的研究报告中指出,年轻人对香烟价格变化的反应要大于成年人。与此形成对照的是,20 世纪 60 年代早期开始出现的关于吸烟的长期危害(影响)的信息,对富人和受教育程度高的人的吸烟行为所产生的影响要远远大于穷人和受教育程度低的人。

3. 酒价与死亡率实验

Philip Cook & George Tauchen(1982)利用美国各州1962—1977年截面数据的时间序列,检验了肝硬化死亡率的变化(这是衡量大量饮用烈酒的标准指标)以及蒸馏烈酒的人均消费量的变化。他们发现,州政府对烈酒所征收的消费税对肝硬化死亡率有着负面的显著影响。并且,一个州消费税的增加所导致的烈酒价格的微小增加会引起死亡率的下降,而这一百分比的下降幅度要大于人均消费量的下降幅度。

4. 赛马上瘾与赌金的价格弹性实验

Pamela Mobilia(1990)把该理性成瘾模型的分析框架运用于赛马赌博的需求。她所使用的数据是美国1950—1986年赛道截面数据的时间序列(随时间变化的赛道是观察值)。她用参与赌博的每个人的实际下注数额来衡量消费量(每个参与者多少手),用截留率(每条赛道的下注金额占下注总金额的份额)来衡量价格。她的发现与那些对香烟作出的理性成瘾性的研究结果是类似的。对赌博需求的长期价格弹性是-0.7,是短期价格弹性-0.3的两倍多。并且,当前截留率的上升会使得在未来和过去几年内每个参与者的下注额降低。

从吸烟、酗酒以及赌博行为的研究分析中所获得的结果,相当有利地支持了理性成瘾性模型。特别是长期价格弹性远远大于短期弹性;过去和未来价格的提高会降低当前的消费量;低收入者对成瘾性商品的价格变化比高收入者大,然而,后者对未来有害影响的反应却大于前者;年少的人对价格变动的反应大于年长的人。尽管还没找到直接的证据,但在行为经济学家看来,这些适用于吸烟、酗酒及赌博行为的推论同样适用于吸毒。由于缺乏证据,如果毒品的上瘾者对各种价格变化作出的反应与其他商品的上瘾者作出的反应一样的话,我们只能给出价格变化可能出现的情况。

为修补这些想法,假定毒品的价格发生了一个大的持久性的下降(这可能由于允许毒品使用部分的完全的合法化造成的),与价格下降伴随的是花更多的努力去教育民众认识使用毒品的害处。可以预测,比原来低得多的毒品价格即使在短期内也会显著地增加人们对毒品的使用,并且从长期来看,更低的价格肯定会刺激更大量的成瘾行为。应当注意,如果在较低的价格上弹性越小,那么对大的价格变化的反应弹性会小于对小的价格变化的反应弹性。

毒品价格下降对需求所产生的影响可能会被教育方案所抵消。但由于贫穷的吸毒者对价格下降作出的反应,要比得知更多的关于毒品的长期危害的信息后作出的反应更加敏锐,相对于富人的吸毒行为而言,穷人中的吸毒行为有可能更加严重。基于类似的原因,年轻人中的吸毒行为可能会比其他人上瘾得多。

对永久性的价格变化所作出反应的一个错误的印象,可能是警察对毒品实行暂时性的政策所产生的影响造成的。由于暂时性政策只能提高当前的毒品价格,却不能提高未来的毒品价格,①因而未来使用量的下降不会对当前使用量的下降产生互补性的影响。结果,即使毒品的上瘾者是理性的,对毒品的短期开战也只能够暂时提高毒品的市场价格,对毒品使用本身影响很小,而对毒品长期开战则可能会产生大得多的影响。

行为经济学的分析并没有提供足够的证据去评价是否应该将海洛因、可卡因及其他毒品的使用合法化。在决定是否应该允许毒品使用的合法化时,需要对许多影响作出成本—收益分析。本文说的是,由合法化所导致的毒品价格的持久下降,可能会对穷人和年轻人的毒品的使用产生显著的正面影响。

二、上瘾与垄断

香烟行业的组织结构问题是人们频频研究的问题。研究表明,香烟行业是高度集中的。Reynolds 和 Philip Morris 两家公司的香烟产量约占美国香烟总产量的 70%,这表明烟草公司拥有显著的垄断力量。尽管吸烟行为的成瘾性会对烟草公司的最优垄断定价策略以及其他公司的策略产生极大影响,但是在讨论定价问题时人们却没有考虑这方面的内容。行为经济学对于上瘾行为对垄断产业的影响作出了分析。

为了说明定价问题和上瘾之间的关系,贝克尔在 1990 年给出了一个简单的垄断定价模型②。这个模型的主要推论是非常直观的。在每一个时期内,只要消费行为是具有成瘾性的,并且由于垄断力量的存在而使未来价格大于未来的边际成本,那么垄断者会把价格定在边际收益低于边际成本的水平上。垄断者这样做的原因在于,当前的消费量越大,价格越低,未来的利润也就越高,因为当前的消费量的增大会提高未来的消费量。事实上,垄断者可能会降低香烟的价格而使更多的消费者对香烟上瘾而不能自拔。某种商品的成瘾性程度越高,与边际成本相比较,最优的边际收益也就越低,未来的需求量也就越大,未来的价格减去成本的值也就越大。当降低当前的价格对未来的需求量的正效应足够大时,垄断者就可能选择低于当前成本的价格,或者是在需求无弹性区域内选择价格。

这种在定价策略中引入上瘾行为的分析,有助于理解这些年来香烟的价格有所上扬的现象。美国自 1981 年以来,香烟的需求出现大幅度下滑的情况

---

① 如果毒品在打击期间囤积起来的话,那么暂时性的政策甚至可能会降低未来毒品的价格。
② 与之方法相似的还有 Cary Fethke & Raj Jagannanthan(1991);Mark H. Showalter(1991)对该分析所作的扩展。

（Jeffrey E. Harris,1987），究其原因，是人们获得了更多的吸烟有害健康的信息，并对在公共场所吸烟作出了强制的限制，同时禁止电台和电视上播放香烟广告。但在现实生活中有这样一个悖论，即尽管吸烟的人数下降了，烟草公司仍然赚取巨额利润。对此有很多研究报告曾作过评述，这些研究报告还认为，香烟价格方面的上升速度大于成本的上升速度（Harris,1987;Amy Dunkin,1988）。正如Stephen J. Adler 和 Alix M. Freedman 所言，市场经济学的伟大魔术之一，就是如何在一个需求量以每年数亿支香烟的速度锐减的行业中促使价格上升并增加利润。

如果烟草公司具有垄断力量，那么在分析中引入对吸烟行为成瘾性方面的研究，则可以解决这一悖论。如果烟草公司将价格定在当前利润最大化点之下，以便增加当前消费者对香烟的成瘾性来增加未来的香烟需求，那么当前价格的上升将增加公司的短期利润。上瘾行为还能够解释，为什么当前价格会上升：吸烟的未来需求的下降会减少从维持某一更低的价格以刺激未来消费中所获得的收益。

引入对香烟上瘾行为的分析还导致了对香烟行业到底是一个寡头垄断行业还是一个竞争性行业的检验。如果吸烟者对香烟是上瘾的，并且香烟行业是由少数生产商控制市场的行业，那么预期税收的增加以及由此导致的香烟未来价格的上升将会导致当前价格的上升，即使在这种情况下，人们预期未来价格将会上升，从而会减少对香烟的当前需求。这在竞争性的简单模型中是不可能发生的。

人们曾普遍预测，美国将在1983年初对香烟征收更高的联邦税——这是消费者得到了未来税收将增加的事前信息的一个例子。结果，香烟的价格不仅在1983年出现了大幅的上升，在1982年也出现了上升，这被视为"税收增长对少数人控制的商品的价格提升起着焦点（或协调器）的作用"（Harris,1987）的一个论据。那确实是可能的，但即使寡头香烟生产不存在上述协调性问题，1982年香烟的价格上涨仍然是可能的，因为未来香烟消费税的提高将会降低未来的香烟需求，从而减少了从降低当前香烟的价格中获得的利益。

本章小结

上瘾是行为人在过去的实践中体验到的能使其感到快乐的行为，尽管在很多情形下不良的上瘾行为会带来降低行为人效用水平的后果，但行为人大多坚持满足自己的嗜好。行为经济学从理性成瘾模型开始入手，研究了人们为什么会上瘾，又如何可以戒瘾的问题。同时，在定价策略中引入上瘾行为的分析，有助于理解市场上一些商品例如香烟的价格多年来有所上扬的现象，行为经济学对于上瘾行为对垄断产业的影响作出了自己的分析。

本章思考与练习

一、什么是潜在上瘾？上瘾行为在什么条件下发生？

二、追逐时尚的英国年轻人平均每三个月更换一部手机。试用循环过程解释这一现象。

三、试从上瘾的角度分析禁毒对毒品消费的影响。

四、利用效用函数说明戒烟行为"长痛不如短痛"的道理。

五、搜集我国烟草业的产业结构和法律法规方面的资料，结合本章理论，对现行政策作出评价。

本章参考文献

[1] Cook, P. J. & G. Tauchen, The Effect of Liquor Taxes on Heavy Drinking, *Bell Journal of Economics*, 1982, **13**(2): 379—390.

[2] Cook, P. J. & M. J. Moore, Alcohol, in Anthony Culyer & Joseph Newhouse, ed. *Handbook of Health Economics*, New York: Elsevier, 2000.

[3] DeCicca, P., D. Kenkel & A. Mathios, Racial Differences in the Determinants of Smoking Onset, *Journal of Risk and Uncertainty*, 2000, **21**: 311—340.

[4] DeCicca, P., D. Kenkel & A. Mathios, Putting Out the Fires: Will Higher Taxes Reduce the Onset of Youth Smoking? *Journal of Political Economy*, 2002, **110**: 144—169.

[5] Dunkin, Amy, Michael Oneal & Kevin Kelly, Beyond Marlboro Country, *Business Week*, 1988, **8**: 54—58.

[6] Gary Becker & Murphy, K. M., A Theory of Rational Addiction, *Journal of Political Economy*, 1988, **96**(4): 675—700.

[7] Gary Backer, Murphy, K. M. & Robert Tamura, Human Capital, Fertility and Economic Growth, *Journal of Political Economy*, 1990, **98**(5): 12—37.

[8] Gary Becker, Michael Grossman & Murphy, Rational Addition and the Effect of Price on Consumption, *American Economic Review*, 1991, **81**(2): 237—241.

[9] Harris, Jeffrey E., Cigarette Smoking among Women and Men in the United States, 1900—1979, in U. S. Public Health Service, *1980 Surgeon General's Report on Smoking and Health: The Health Consequences of Smoking for*

Women, Washington: US Department of Health, Education and Welfare, 1980.

[10] Harris, The 1983 Increase in the Federal Cigarette Excise Tax, in Lawrence H. Summer, ed. *Tax policy and the economy*, MIT Press, 1987.

[11] Kenkel, D. S. & P. Wang, Are Alcoholics in Bad Jobs? in F. Chaloupka, M. Grossman, W. Bickel & H. Saffer, ed. *The Economic Analysis of Substance Use and Abuse*, NBER, University of Chicago Press, 1999.

[12] Kenkel, D. S. & P. Wang, Rational Addiction, Occupational Choice and Human Capital Accumulation, in M. Grossman & C. Hsieh, ed. *The Economic Analysis of Substance Use and Abuse: The Experience of Developed Countries and Lessons for Developing Countries*, Edwards-Elgar, 2001.

[13] Lewit, Enhence M., The Interstate Market for Smuggled Cigarettes, paper presented at the annual meeting of the American Economic Association, 1982, 28—30.

[14] Ryder, Harl E. Jr. & Geoffrey M. Heal, Optimum Growth with Intertemporally Dependent Preference, *Review of Economics Studies*, 1973, **40**: 1—33.

[15] Starr-McCluer, M., Health Insurance and Precautionary Savings, *American Economic Review*, 1996, **86**(1): 285—295.

[16] Stewart, Jennifer M., The Impact of Health Status on the Duration of Unemployment Spells and the Implications for Studies of the Impact of Unemployment on Health Status, *Journal of Health Economics*, 2001, **20**: 781—796.

[17] 加里·贝克尔:《口味的经济学分析》,首都经济贸易大学出版社2000年版。

[18] 加里·贝克尔:《人类行为的经济分析》,上海人民出版社2002年版。

[19] 魏建:《理性选择理论的反常现象》,《经济科学》,2001年第6期。

第九章 从自负说偏差

自负(Overconfidence),即过度自信,普遍存在于人类的行为中,不论是百万富翁还是贫民区的居民,不论是小学生还是大学教授,不论是经济学家还是心理学家,自负就像一种没法摆脱的心理因素影响着人们的行为和决策。本章主要针对自负在普通消费者的行为方面作出分析,并且在后面专门分析自负对投资和公司决策的影响。自负是经济学中一个重要的变量,也是金融学中一个重要的变量。作为投资者情感因素,自负可能使传统经济学和金融学面临一些很难解释的现象。

在心理学中,对人们过度自信现象的研究开展得较早。Lichtenstein 等人早在 1977 年就做过相关的实验,他们让实验者回答简单的是非题,然后请他们自己给出答对率,结果显示:人们倾向于高估自己的能力。在普通投资者中,过分自信的倾向是相当明显的。自负心理有别于自信,人们对于自己以往的经历过于依赖,导致他们的决策偏离了理性的轨道,对自己下一期的行为作出错误的判断或者预测。

下面几节我们主要来分析导致自负的原因或者因素。

第一节 个人经验

自出生开始,每个人都在接受着经验主义教育。父母都会理直气壮地教育孩子说:"我走过的桥比你走过的路还要多。"在学校,老师也不断地给学生灌输着"根据我们的经验,这类题历年都是重点考查的……"

在现代社会里,往往一次成功的经历,就成为了今后千千万万类似行为的模板,我们所要做的,就是不断地拷贝,再稍作发挥。在接受了浓重的经验主义教育和熏陶后,我们当然也形成了自己的经验,不必再完全被动地接受外界的经验,而可以依靠自己的经验作出各种判断和行为。古语云:十又五志于学,三十而立,四十不惑,五十而知天命,六十耳顺,七十随心而不逾矩。

然而,经验真的是万能钥匙么?个人经验不会把我们引向歧途么?在大量事实面前,我们发现,个人经验有时候是靠不住的,甚至还会帮倒忙。过分依赖个人经验,就会导致行为经济学中所讲的偏差。让我们看下面这样一个例子:

> **实验1**
>
> 1. 请估计一下一架普通的、空的波音747飞机的重量是多少吨,给出你的最小估计值和最大估计值。尽量让两个数字相差较大,以保证正确答案有90%的可能会在你给出的两个数据之间。
>
> 2. 以公里为单位估计一下地球的卫星的直径,给出你的最小估计值和最大估计值。尽量让两个数字相差较大,以保证正确答案有90%的可能会在你给出的两个数据之间。
>
> 结果:当我们向200多位中国人民大学的MBA学员提出以上两个问题的时候,很多人由于给出的答案区间过小,所以并不能包含正确答案。相反,当我们在中国人民大学附属小学3年级2班做这个实验的时候,孩子们的答案却准确得多:很多小学生踊跃举手,给出了甚至像"0到10万吨"、"1到1亿公里"的回答!

通过分析可以知道,题目并没有限制被测试者给出一个绝对正确的范围,比如说,如果一个参与者回答的范围是:从1到10亿,这种答案显然能够包含正确的真实值。可惜的是,极少有人这样做。Russo认为,在这样的情况下,那些骄傲自大的人不会承认他们比别人知道的少,这样的心理其实就叫作"自负"。

在另一项对贴现交易经纪公司的研究中,Odean和他的同事Brad Barber有一惊人的发现:从1991年到1996年,这家公司平均每个账户的年回报率是17.7%,但是那些交易最频繁的20%的账户(每月交易其证券的9.6%,而公司账户的平均水平是6.6%)的年平均回报率只有10%。换句话说,这些最有信心的投资者(说他们有信心,是从他们大量的交易中得出的合理假定)的业绩还远远比不上那些不如他们"自信"的投资者。

一、从"锚定"说个人经验

拉宾教授在其论文中提到的"坚持信念与确定性偏见"与这里所讲的"个人经验"颇为类似,但是他要讲的是人们对两种相反的信息的反应,本章中所介绍的内容有所扩展。1964年,Jerome Bruner和Mary Potter所做的实验得出的"锚定"证明人们在形成了一个强有力的假设之后,会把新信息误认作原有假设的附加证据,从而不给予新信息应有的重视甚至忽略它们。同样地,在对某一行为形成了经验以后,可能再次遇到同样的问题,但是出现新情况的时候,我们往往把新情况作为参考,而不是以新情况为出发点,重新考虑自己的行为。

例如,娱乐记者就很会利用"锚定"中所展现的原理,把明星们慢慢引入他们设好的圈套中,从而获得自己想要得到的新闻。很多娱乐记者在向明星提问的时候,往往巧妙地在问题中加入了强有力的心理暗示,比如"你认为这次金曲奖最佳男歌手最有可能被谁摘走?是甲还是乙?"注意第二句,娱乐记者已经事先给定了受访艺人一个很强烈的假设,使艺人在回答问题之前就在头脑中形成了两个固定的备选答案。此后,艺人的回答必定会围绕这个事先在脑海中形成的备选答案来发表自己的见解,而忽略了娱乐记者刚刚提出的这两个人是否真的是自己心目中确定的得奖热门。

即将面临高考的学生经常会遇到"锚定"的个人经验导致偏差的情况。在考生做模拟试题的时候,题目的信息量很大而时间有限,就需要考生在最短的时间内从题目中提取最有效的信息。考生对题干知识点的第一判断非常重要,往往使他在检查时还会按照之前的思路分析,以至于结果出现偏差。老师经常教育考生拿到新题要重新思考,不要套以前做过的题目,就是为了避免出现这种偏差。

二、自信与个人经验

个人的自信程度,会很大程度上影响个人经验在其决策中的作用。卡特勒、坡特巴和萨默斯(Cutler,Porterba & Summers,1991)的研究表明,在经验性环境下人们对自己的判断一般都过于自信。过于自信就会出现错误,当错误的结果重复呈现在面前时,人们就会从这些错误中学习,具体表现为"反应过度"和"反应不足"。一个十分自信的人,会对自己以往的成功持有肯定态度,当他再次作类似的决策时,会毫不犹豫地利用已有经验。此时他的思维就像市场中价格会出现"黏性"一样,对周边的新信息反应迟缓,从而导致决策出现偏差。决策武断的人,暂且不考虑他的个人能力,单从心理素质来看,一定是个自信的人。进一步说,他可能是个自负的人。所谓"智者千虑,必有一失","一失"十有八九是经验主义下盲目自信的结果。

源于自信的心理,人们在经验的指引下,对现期的现象会反应过度或者反应不足。我们可以参考投资者在金融市场中的行为来理解反应过度或者反应不足。

金融市场交易量的变化长期以来都困扰着经济学家们。20世纪50年代到70年代以来,纽约股票市场的年换手率平均为18%,其中某些年份换手率特别高,如1987年就高达73%。标准金融理论无法解释出现如此之大的交易量和交易量变化的原因,因为按照这一理论,在市场上,投资者不会参与没有信息基础的盲目交易。而行为金融理论则认为,市场上的投资者由于过度自信,坚信他们已掌握了进行投机交易的信息,就像他们过分相信自己能获得高于平均水平的投资回报率一样,从而很容易导致大量盲目性交易的产生。

Shiller(1979)、Leroy & Porter(1981)等人在大量实证分析的基础上,最先提出证券市场存在"一般反应过度现象",即投机性资产的市场价格与其基本价值总是有所偏离。由于这一现象的存在,投机性资产的价格,比有效市场假设下产生的价格波动性要大得多。Bondt & Thaler(1985)的研究表明,将股票按照过去3—5年的回报分类,可看到过去的赢家一般是将来的输家;反之,过去的输家则一般是将来的赢家,他们把这些长期回报的反转归于投资者的过度反应。

与反应过度相对应,金融市场上还存在反应不足的现象,主要表现为:虽然市场上有重大消息发布,但股价往往未见波动,而一些较大的波动却出现在没有任何消息的"真空"日子里。

实证研究表明,在高涨时期,证券市场往往对多头反应过度,对空头反应不足;在萧条时期,证券市场往往对多头反应不足,对空头反应过度。Barberis、Shleifer & Vishny 在研究过程中提出了 BSV 模型,它较好地解决了反应过度与反应不足之间的矛盾。Daniel & Hirshleifer 也相继提出了类似的模型。

三、"代表性"个人经验

代表性个人经验也容易使人们的经济行为偏离理性的轨道。代表性个人经验类似于拉宾教授论文中提及的"少数规则"。人们在分析问题的时候,更愿意假设小样本的概率与大样本的概率并无差别,甚至于假设采用小样本所得的事件发生概率高于大样本的。于是,根据个人以往的经验,在判断一个事件是否发生的时候,人们只注意具有代表性的样本,而不注重或者忽略他们自认为没有代表性的样本。看下面这个实验:

实验2

某个城镇里有两家医院。在大医院里每天有 45 个婴儿出生,在小医院里每天有 15 个婴儿出生。如我们所知,这些婴儿是男孩儿的几率为 50%。然而,具体到每天的百分比会有所不同,有时可能超过 50%,有时可能低于 50%。

在一年内,两家医院都记载了男孩儿的出生率超过 60% 的天数。你认为哪家医院记载的天数会多一些?

结果,22% 的测试者选择了大医院;56% 的测试者认为两家可能会相同;只有 22% 的测试者选对了,是小医院。答对和完全答错的百分比相同。显然,测试者并没有注意到答案与每天婴儿的出生数量之间的关联性。

在这个问题里面，小医院便是我们前面提到的小样本概率；相对应，大医院是大样本概率。人们的反应证实了前面提到的"少数规则"和"代表性"个人经验，即人们对于小样本的概率估计和大样本并无差别。可以说，实验2很好地证明了上面的规律。

少数规则还暗示着人们往往会夸大抛钱币的几率，认为得到正反两面的可能性相同。我们通常所说的"赌徒的谬论"正是这种偏见的体现：假如所丢的钱币在一段时间内总是正面，那么他们会认定下一次一定是反面，因为得到正反面结果的次数应该是相同的，从而赌徒的谬论就会导致人们从暂时的结果中错误地推断其可能性。这种从短期结果中推断可能性是一种普遍存在的错误认知。例如，当一名学生在期中考试中表现很差，但期末考试却很好时，老师往往会认为他学习很努力；如果期中好，期末差，老师则可能认为他学习松懈了。另外一个例子是，飞行培训教官观察到当他表扬飞行员的降落平滑时，通常他们下一次的表现都很糟；但当他批评他们时，下一次都会进步。于是，这些飞行培训教官在错误的统计因素的基础上发展了一种错误的激励理论。

少数规则给我们的另一项启发是，人们并不期望随意事件的结果会多次出现。人们倾向于对由运气决定的特殊表现给出一些牵强的解释。例如，人们普遍信任篮球好手，认为这些运动员在比赛中无论发挥正常与否都是无法用随意表现来解释的。对好手的过分信任只能部分地解释为人们已经形成了错误的认知，认为非常态表现得太多，便不可能是完全随意的。

我们不难理解代表性个人经验的症结所在，在这里就不再赘述了。

第二节　沉没成本谬误与认知失谐

沉淀成本（Sunk Cost），也叫沉没成本，是指已经投入的、不可能收回的成本，企业中的厂房、机器等设备的投入，都被划入沉淀成本的范畴。面对沉淀成本，我们通常会夸大沉淀成本的显著性，而忽略了隐藏在其后的机会成本。于是，我们的决策在对沉淀成本的过分关注中，会偏离理性的标准，做出一些"吃力不讨好"的事情来。在认知心理学中，沉淀成本归结于"自负"的账户，人们把"已获得"和"已失去"划归在不同的心理账户中。由于风险厌恶，人们在对待"已失去"的账户时显得格外地不理智。人们固执地认为，沉淀成本即使再也回不来，也应该用相应的"收益"去平衡它，这就是沉没成本谬误。

我们来看在中国人民大学校园内做的一个实验：

> **实验3**
>
> 问题：
>
> 效用来自东区食堂 = 7，如果你昨晚是在西区食堂就餐；
>
> 效用来自东区食堂 = 5，如果你昨晚是在东区食堂就餐；
>
> 效用来自西区食堂 = 4，如果你昨晚是在东区食堂就餐；
>
> 效用来自西区食堂 = 3，如果你昨晚是在西区食堂就餐。

这道题背后的原理很简单：头一天在西区食堂吃饭，今天到另一家食堂——东区食堂吃饭，其效用显然比昨天在东区食堂、今天又到东区食堂吃饭的效用高。对于西区食堂同理。同时，实验参与者（在食堂就餐的学生）普遍认为在东区食堂的效用要比西区食堂高，不论昨天在哪里吃的。

于是，一个最大化其效用的学生会在两家餐厅中交替消费（效用在7和4之间，平均值为5.5），它高于每晚都在东区食堂就餐的效用（每天都是5）。然而，因为每次我们都会问自己"哪家餐厅能令我吃得更开心呢——东区食堂还是西区食堂？"所以，我们可能会常去西区食堂，即我们没有计算出效用值而不停地在两个食堂间交替吃饭。

在上面的例子中，我们很明显地看出，前一天在哪里吃晚饭对于决策者第二天的决策有着决定性的影响。哪怕是在同一个食堂吃饭，其效用也会随着前一天效用的不同而变化。事实上，前一天的吃饭地点仅仅是个"过去式"，是沉没成本，按照常规的经济学原理来说不应该再对之后的决策产生影响。这里的决策者的实际行为则正好反映了"沉没成本"和"事后诸葛亮"对于决策者的影响。

关于沉没成本谬误，还可以通过对生活中的现象分析看出来。设想在本周末，你准备暂时摆脱成堆的学术论文，去电影院看场电影放松一下。你在电影院的预告板上凭直觉挑了一部票价70元的动作片，结果入场5分钟后，你就发现这部电影很令人失望，还不如回到案头继续学术论文工作。这时候，你是继续留在电影院里面睡到电影散场，还是当机立断离开电影院回去写论文，或者找些更有意思的事情来做？你可能会想，这部电影的票价很贵，就这么离开的话，实在太亏；可是如果不走，看电影不再是休闲，简直是个折磨。请注意，当你在走还是不走之间挣扎的时候，困扰你的唯一问题就在于70元电影票钱；事实上，无论你走或不走，那70元都不会再回到你的钱包里了。

拿这场电影来说，你在5分钟里已经发现它对你的效用为零甚至会逐渐向负无穷发展，可你的眼睛就是落在了那70元钱上。结果，你可能错过了KTV的打折优惠活动，错过了和朋友的一次精彩的周末聚会，你的学术论文又向后拖延了一个下午导致你周末剩下的时间面临更大的写作压力……当你在电影院里犹豫的时候，可能考虑不到这些机会成本；但当你腰酸背疼地走出电影院的时候，恐怕在周末剩下的时间里，就会陷于不断的自我谴责之中："我怎么能为了那70元钱耗费了宝贵的一下午时间？"

沉没成本谬误是自负的一种引发因素。根据损失厌恶的原理，人们不愿接受沉没成本的损失，有信心能够追回至少一部分沉没成本的损失，得到收益。不论在这个过程中付出了什么，甚至损失了更大的机会成本。然而，机会成本是隐形的，沉没成本更加让人心疼。所以在面对沉没成本的时候，人们往往显得过于自信。

结果，我们可能每天都在后悔，为自己不小心打碎的一只盘子，为自己对一支股票的错误判断导致的损失，为自己浪费了十几年的光阴游戏人生……在嗅到失败的气息时，我们试图挽救，减少可能的后悔感。但是我们是否想过，我们的挽救行为，是会使事情有所转机，还是更加糟糕？我们究竟是"事后诸葛亮"，还是"事后糊涂蛋"？在行为经济学中，我们把人们因为此类心理而作出的经济决策归为"后悔理论"。诸多事实与研究表明，后悔心理以及害怕后悔的心理蒙蔽了我们的眼睛，使我们的决策偏离了理性的轨道。

一、后悔理论

卡尼曼等经济学家认为当人们犯错误时，哪怕是很小的错误也会有后悔之痛，并会严厉自责，而不是从更长远的角度去看待这种错误。为了避免或拖延这种后悔感的产生，人们就会采取一些非理性的行为。

市场经济发展到今天，证券市场被炒得风风火火，人们都梦想着"一夜暴富"，因此，"全民皆股"的现象已经不再令我们吃惊。但是并不是人人都是证券分析师，如果你的手里有两只股票，一只赚了，另一只赔着，你又急需用现金，你会抛售哪只？调查结果表明，一般的投资者都会选择抛售赚钱的股票，而把赔钱的股票留在手里。关于这部分的研究，行为经济学家 Terrance Odean 已经做过分析。

为什么我们会做出这样的决策呢？分析我们的心理，可以发现赔钱的股票已经给我们带来了负的效用。但是只要这只股票还在我们手里，我们就总抱着幻想，希望有一天它能起死回生，让我们捞回本钱。我们不愿意承认亏损的事实，用拖延后悔的方法来提高现期的效用。而赚钱的股票是我们已经得到的，抛售出去不会有任何损失。所以我们宁可放弃赚钱股票继续攀升所带来的增值，也不愿意放弃已经亏损的。我们过于相信自己的幻想和希望，结果很可能是作出的决策不但没有挽回损失,还使我们主动放弃了本该到手的财富。

二、认知失谐

认知失谐其实也是后悔之痛的一种,它是指人们被告知有证据表明其信念或假设是错误时所表现出的心理和智力上的冲突,它是对错误信念的后悔。和后悔理论一样,认知失谐理论也认为,人们存在采取行动来减轻由于认知失谐而带来的痛感的倾向。人们会故意回避新信息或寻找扭曲的论据以坚持自己的信念或假设正确。经验表明人们经常会犯这种错误。例如,车主在购买新车后故意避免阅读他们没有选择的车型的广告,而看他们所选择的车型的广告。

三、"事后诸葛亮"与概率估计

当行为人在事件实际发生后再判断事件发生概率时,往往会高估概率。尽管事件的发生具有客观的概率,行为人如果不知道事件已经发生,他会相信客观的概率。但当行为人知道事件曾经发生后,行为人的概率判断将超过客观概率。因此对于预期成本和收益的比较在事前和事后就会产生差异。

实验证明了高估的存在,实验要求两组人数相同的实验者来判断一家桥梁建筑公司是否对桥梁被洪水冲垮时造成的损害有过失。第一组被告之该桥梁实际上已经被洪水冲垮,损害已经发生。第二组没有被告之这个信息。结果第一组中57%的人认为桥梁公司有过失,而第二组只有24%的人认为桥梁公司有过失。也就是说在事后诸葛亮偏见的影响下,人们对偶然事故发生概率的判断大大提高了。

同时,自负的存在也是"事后诸葛亮"概率估计偏差的一个原因。按照本书前面所述,人们对于小概率的估计超过其客观概率,对于大概率的估计低于客观概率,主观概率和客观概率之间有偏差。贝叶斯概率化过程认为人们会在无数次主观概率和客观概率之间的差别中慢慢达到两者相等,进而完成一个有效的市场过程。然而,这种现象并没有出现在经济学家的面前。概率偏差并没有像瓦尔拉斯假设的"市场拍卖人"把价格推向均衡那样趋向于0。关于这个过程和心理作用,行为经济学有更加深奥的理论。

后悔实际上是无用的,我们做不成"事后诸葛亮"。后悔只会让我们更加失去理智,使决策和行为发生更大的偏差。

第三节 预测偏差

人们在对一个相同的问题进行预测时,一般有两种不同的思维模式:着眼内部(Inside View),即人们只是针对事物本身的结构及在完成过程中将遇到的障碍,对以后的发展状况进行推断,并提出构想。着眼外部(Outside View),即决策者往往忽略了问题本身的种种细节,而把目光集中在以往类似事件的相关数据上,并根据同类决策的平均绩效来评价目前所作出的决定,并且不对未来情况作任何细节上的预测。所以,着眼内部和外部最关键的区别就在于是否把问题当作特殊的情况进行处理。

在着眼内部的思维模式下,人们主要结合问题本身的实际情况和特征,估计可能会遇到的障碍及处理事情的方法,对结果进行决策和预测。这种模式使人们能及时应对各种可能出现的问题,同时也使人们对事物的发展更加有信心,能对未来作出大胆的预测。不过,忽略以前同类事物的经验教训,漠视相关数据是十分有害的,人们往往会因为对意料之外的事情估计不足而脱离实际,对将来抱有过高的希望。而着眼外部的思维模式能够防止人们的预测超出经验上可行的区域。尽管有时候会出现一些特殊情况,但是相对于极高的不确定性,放弃这种对极端情况的预期绝不是一种巨大的牺牲。不过,着眼外部的思维模式有许多局限性,例如遇到的问题若十分复杂,就无法轻易界定问题的种类和级别并获得相关事件资料。同时,许多人怀疑,即使事物之间具有相似性,通过以前的结论来判断今天的决策也是不科学的。此外,由于人们害怕面对过去不利的结果,往往尽量回避将他们正在制定的决策同过去相关事物联系起来,这样即使决策者掌握了相关的数据,他们也视而不见。

一份关于新兴企业家对成功率预测的调查(Cooper et al.,1988)显示,人们作出预测的成功与否同教育程度、工作经验及起始资本等因素毫无关系;超过80%人认为他们成功的机会在70%以上,更有超过1/3的人坚信他们必然成功。另一方面,对相关企业调查的数据表明,真正能够获得成功的企业不超过59%,而能够坚持5年以上的企业只占33%。

对于组织决策者来说,没有理由认为他们能够抵制这种过分乐观的倾向。相反,正如我们在文章开篇所说,管理者认为,通过技能的提高和经验的累积,风险可以最大程度地降低。下面就对几种引起组织决策者大胆预测的原因进行分析。

首先,预测通常是决策者参与竞争组织内部资源、增加既得利益过程中的一部分,而只有那些高预期回报的决策才可能成为最终的胜者。这就极大地激励了决策者们对未来抱有过分乐观的态度。

其次,这种决策者的乐观倾向同人们在现实生活中的情形极为相似:预期按时完成的任务不得不推迟,项目完成后发现开支远远超出预算,甚至无法完成最初设定的目标等。人们的这种情绪在决策者身上多少有所体现。

最后，积极乐观的态度有时是被人们极力推崇的。尽管在竞争的环境下，过分乐观会带来许多不利的影响，但是，在多数情况下，尤其是在面对困难时，自信乐观的态度往往会得到广泛的认同。

通过分析，我们知道小心选择和大胆预测会带来完全相反的效果。如果这两种偏差能够相互抵消，对于决策者来说再好不过。然而，这种完美的结局是不可能出现在现实生活中的。当乐观的预期出现时，人们就很容易过分地追求风险；而对于一个依靠虚幻的乐观避免瘫痪的组织来说，有效地增加评估的真实水平无疑是更加有害的。

行为经济学家认为，人们常常低估了他们自身行为和外生变量对未来效用的影响，从而夸大了未来偏好与现在偏好相似的程度。由此，便产生了预测偏差。行为经济学家的研究指出，一个人的现在福利不仅受其现在消费的影响，还受到其他因素的影响，比如受他过去的行为、偏好中暂时的变动以及环境中的变化等因素的影响。当他在一种会使其偏好发生改变的环境中面临一个选择时，他肯定会预测到未来情况中的变化如何影响他的未来偏好。例如，当他在冬季作夏季出游计划时，他肯定会预测他在夏季的感受会是怎样的；当他第一次决定是否购买可卡因时，他肯定会预测这种消费会如何影响到包括消费更多可卡因等未来享受上。

一、不同环境下预测偏差的含义

行为经济学家规范了人们对未来效用的预测偏差的含义。行为经济学家指出，人们倾向于低估其状态中的变化效果，从而错误地预测了未来偏好，而且会导致动态选择环境中的系统性偏差。行为经济学家强调，预测偏差是广泛存在的，而且产生预测偏差的环境是多样的。人们常常低估了偏好中短期的短暂变化，比如由饥饿的变动引致的变化；或是缓慢发展但长期存在的变化，比如由上瘾(沉溺)或某人已适应的生活标准的变动所引起的变化。此外，人们还低估了依赖于先前选择的偏好中的变化，如毒瘾；以及不依赖于先前选择的偏好中的变化，如与引起变化的作用相联系的那些偏好。

二、预测偏差的模型

行为经济学家通过以下方法规范了预测偏差的模型。行为经济学家考虑的是，某人在真实时段 t 的偏好为 $U(C_t, S_t)$，其中 C_t 是他在时段 t 的消费，S_t 是他在时段 t 储蓄的状况。如果将他在 $t' < t$ 时段内对 t 时段的预测偏好表示为 $U(C_t, S_t, S_{t'})$，该预测偏好存在于真实时段 t 的偏好 $U(C_t, S_t)$ 和当给定其现在状况时的偏好 $U(C_t, S_t)$ 之间。更简洁地说，人们能够了解其偏好中的变化本质，

能够正确地预测到其偏好变化的方向,但他们往往会低估这些变化的幅度。此外,人们对从消费中得到的绝对效用、消费的边际效用的预测都在真实值和现有条件下的预测值之间。预测偏差意味着,预测的效用不必与实际效用相符,人的行为也不必与正确的效用最大化相符。为了表明与以上结论的一致性,行为经济学家运用了两个扩展的实例作了说明。第一个例子考察了某人关于在未来吃什么的决定问题。此时,预测偏差意味着,人们的选择过于依赖他作决定时的饥饿水平。第二个例子探究了预测偏差和禀赋效应(人们一旦拥有某物时会比拥有之前更重视该物)间的关系。行为经济学家认为,预测偏差解释了人们不能预测禀赋效应的原因,以及禀赋效应本身会成为预测偏差导致的一个错误。

三、预测偏差含义的拓展

另外,行为经济学家还考虑了以下几种情况下预测偏差的含义。首先,来看一个既关心现在的消费也关心其现在消费与过去消费的比较的人。行为经济学家发现,结合了依赖于参照点的效用时,预测偏差会导致过度消费。行为经济学家假设由于他低估了现在消费的增加使未来境况恶化的程度,所以他会更早地过度消费[1]。而且,随着时间的推移,他会惊奇地发现自己已很习惯于高水平的消费,因此会更加努力工作,从而使自己能够在高于期望的消费水平上进行消费。其次,行为经济学家考虑了"上瘾"的预测偏差的含义。

行为经济学家认为对上述产品的消费会导致两个有害的长期后果:其一,它会降低某人的未来福利;其二,它会增加某人对上瘾产品的未来渴望。行为经济学家指出,将毒瘾、嗜烟、嗜酒等各种恶习视为"理性效用最大化"的表现形式是错误的。人们之所以会经常上瘾是因为他们低估了其现在消费的那些有害后果。在那些渴望很强烈的日子里,人们会高估自己对毒品的未来渴望,这会使他们放弃戒毒的努力。而在那些渴望并不强烈的日子里,人们会低估自己对毒品的未来渴望,并会尝试采取不现实的戒毒行动。因此,对现在消费的未来有害效果的预测偏差导致某人过度消费上瘾产品时,对渴望中短暂变动的预测偏差会导致人们在渴望并不强烈时频繁地尝试戒毒,但这种尝试往往是不成功的。

最后,行为经济学家提出了增进福利的政策,如对消费者的决定起作用的强制性"冷静阶段"。行为经济学家指出,在很多情况下,当人们处于一个不可能坚持下去的"白热化"情况时,他们会作出难以更改的决定,比如,车商的过分宣传会使人们买下名车,热恋中的人们会马上结婚,当人处于极度绝望时会自杀

---

[1] 请注意此处与 Friedman Permanent Consumption 的区别。

等。防止出现不可更改决定的方法就是利用"冷静阶段",即要求人们在作这些决定之前拖延一会儿。只有这样才能使人们不至于产生过分的预测偏差,不至于作出让自己日后后悔不已的决定。

关于节省浪费也是自负中一个重要的影响因素。什么是节省?什么是浪费?勤俭的人真的是勤俭么?用理性人的观点分析,我们以前所公认的节俭恐怕不是什么值得学习的好作风,甚至会被认为是愚蠢的行为。现代社会中的多数人往往并不赞成传统观念中的"节省"与"浪费"。在权衡金钱与时间的成本之后,原来的"浪费"可能恰恰是在节省。尤其是在现代社会中,时间已经成为人们最大的机会成本。在衡量自身价值之后,人们往往发现很多自己能够做的事情并不需要自己去动手,应该集中精力,努力做最需要做的事情。人们对于传统观念的自负心理,使人们的行为偏离了理性的轨道,做出得不偿失的事情来。

例如,虽然在网络迅速发展的时代,网上购物已经慢慢普及,但是绝大多数人还是倾向于传统的消费方式,通过商场、超市等实物交易场所来完成购物。他们觉得虚拟世界的购物方式缺乏安全性,而且上网费时费力,直接去商场挑选要省事省心。现在就让我们来分析一下,究竟哪种方式是节省、哪种方式是浪费。

按传统消费观念计算,消费者采购商品的支出等于采购商品的零售价格,即

$$V = P$$

其中,V——采购商品的支出,P——采购商品的零售价格。

这种计算方法忽略了消费者为取得商品的其他成本投入。如为购买商品,消费者需要花费时间,消费者为此要付出"时间机会成本"(简称 C_t);为购买商品,消费者要想办法获取商品的充分信息,以便购到自己满意的商品,为防止信息不对称而受骗上当,消费者要付出"信息成本"(简称 C_i),比如电话成本、报纸成本、"货比三家"信息比较成本等,用于收集和整理有关需要购买商品的信息;为购买商品,消费者还得付出"交通成本"(简称 C_c)到商场采购。我们把"时间机会成本"、"信息成本"、"交通成本"称为隐性消费成本(简称 C_r)。这部分成本投入在传统方式下大部分以非付现成本出现,所以,消费者自己已经承担却没有引起关注。如果考虑时间机会成本、信息成本、交通成本等隐性消费成本,那么消费者所采购商品的实际总支出应为 $V = P + C_r = P + C_t + C_i + C_c$。

显然,采购商品的实际总支出大于商场零售价格,只是大部分隐性消费成本不用付现而被忽视。电子商务环境下"网上购物"改变了传统购物方式,网上销售商最大限度地满足了消费者需求,消费者可以足不出户地享受送货上门服务。

第四节 投资自负偏差

究竟是什么因素导致人们产生"自负"的心理呢？过分自信是某种根深蒂固的心理现象。Ross(1987)认为，过分自信与人们缺乏处理大量不确定性事件的能力有关。经济学家汪丁丁在总结2001年诺贝尔经济学奖获得者阿克劳夫的"行为经济学"时，给出了行为研究的三个基本原则，即"自负"心理产生的根源：

一、回报原则，那些经常给行为主体带来回报的行为比那些不带来回报的行为更可能被主体重复；

二、激励原则，那些曾诱发了回报行为的外界激励比那些不曾诱发回报行为的外界激励更容易诱发主体的同类行为；

三、强化原则，行为主体在没有获得对其行为的预期回报，甚至为此遭到惩罚的时候，会被激怒，进而更强烈地要求实施同类行为或预期能够补偿损失的行为；另一方面，如果某类行为给行为主体带来了出乎意料的回报或没有带来预期惩罚时，行为主体将更主动地实施同类行为。

传统经济学中，个人和厂商投资的分析主要表现在金融市场和生产投资分析等方面。按照传统经济学中的说法，投资是一种追求未来货币增值的经济行为，是为了取得一定的经济效益的活动。投资可以从个人角度和宏观角度来分析。在个人投资行为中，可以从个人心理因素和行为方式角度来分析个人实际投资行为。个人受到利益的驱动，总是希望能在既定的风险下，得到更高的回报。这样，个人的各种心理因素对投资的影响会使个人投资行为偏离传统经济学中的论点。在宏观投资分析中，我们主要分析厂商投资行为和国家经济增长。在传统经济学模型中，凯恩斯学派和货币学派都是用一些模型来分析投资对经济增长的贡献，现在最常用的一种模型是 IS-LM 模型。但是我们可以看到，厂商投资者的心理偏好也会导致投资的变化，从而很难满足传统经济学模型的假设条件。

在这一章中，我们仍然采用传统经济学中对投资的定义和分类。我们也采用普遍意义上的风险。风险在投资中是非常重要的决定投资行为的因素。投资风险和赌博投机不同，我们区分这些差别，参见表9-1。

表 9-1　投资、投机与赌博行为的区分

方式 项目	投资行为	投机行为	赌博行为
买卖目的	获取稳定的股息和长期资本所得	短期内获得资本所得	希望在更短的时期内获取更多的收益
承担风险	较小	较大	最大
决策依据	基本分析为主	技术分析为主	凭臆测与侥幸心理
持有时间	长	较短	最短

资料来源：李心丹：《行为经济学理论及中国的证据》，上海三联书店2003年版。

我们的观点是：投资者有很多心理因素，这些因素会影响投资者的行为和决策，导致传统的经济分析结论失效。在本节中讨论的这些因素主要有：自负、前景理论中的风险回避、预期、羊群行为、锚定心理等。

自负的准确定义是过度自信，是指投资者在投资的时候过度相信自己的"运气"，或者对自己的投资抱以很高的回报预期。自负在投资者行为经济学中最为常见。特维斯基和卡尼曼提出的前景理论中指出这样的一种心理现象：投资者在概率判断的时候依据的不是实际概率 P，而是心理预期概率 w。参见图9-1。

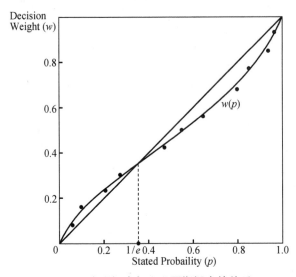

图9-1　客观概率与心理预期概率的关系

在传统经济学理论里，投资者面临的风险概率分布与他的心理预期概率是一致的。这样在求解均衡的时候非常方便，即如果一个投资者进行一种风险投资 g，在这个投资中，获得收益 m 的概率是 p，损失 n 的概率是 $1-p$，那么，在其他条件不变的情况下,投资者预期收益是 $g = m \times p - n \times (1-p)$。如果投资者的效用函数为 π,那么他对这个投资的预期值的效用是 $\pi(g)$。而投资者的预期值的效用可以通过这样的方式计算:$\pi' = p \times \pi(m) + (1-p) \times \pi(n)$,这就是传统经济学中对风险概率的处理。但是,特维斯基和卡尼曼通过实验和计算发现,预期值的效用计算中,不同情况的概率已经和原来的 p 以及 $1-p$ 不同了,如图 9-1 所示。

在行为经济学中,定义预期值的效用为 $\pi' = w(p) \times \pi(m) + w(1-p) \times \pi(n)$。其中 $w(p)$ 和 $w(1-p)$ 分别表示预期的概率,这个概率不等于原来的实际概率,而和原来实际概率出现了图 9-1 的关系。在这个图中,很清楚地表现了这样一种情况:在概率较小的事件上,投资者会赋予一个较高的概率($w(p) \geq p$);在概率较大的事件上,投资者会赋予一个较低概率($w(p) \leq p$),当 $w(p) = p$ 时,$p = \dfrac{1}{e}$。

举个例子来说明这个问题。假设在人们购买彩票的时候,彩票的中奖率为 p,没有中奖的概率为 $1-p$。一般来说,p 是非常小的一个数值,小到趋向于 0,即中奖的可能性基本上没有。但是仍然有大量的人去购买各种形式的彩票,因为他们在购买彩票的时候总是认为下一张彩票就要中奖了。这样他们预期的概率就大于实际的概率。相反,在自己不中奖的概率非常大的情况下,他们总会觉得自己不会再不中奖了,即预期不中奖的概率小于实际的概率。

可以看出,这就是一种自负。自负心理使得投资增加很多,或者使得投资者舍不得放弃①。当然,自负的涵义远远不止这一点。从这里,读者可以对自负有个初步的概念。

一、过度投资(Over Invest)②

每个人都存在自负,不论是消费者、普通投资者,还是高层企业领导者。本书在第八章已经详细分析了各种人群的自负心理。在这一部分,我们主要分析普通投资者和企业高层领导的自负对投资的影响。

投资者自负的心理基础主要是好于平均值效应(Better than Average)和狭窄的自信区间(Narrow Confidence Intervals),普通的消费者都存在这两个效应,高

---

① 当然,我们也可以看到,在这一种情况下,自负在某种程度上和风险厌恶有些抵触。因为在损失区域,投资者是厌恶这种情况的,应尽快离开这种处境。但是自负使他们不会轻易放弃损失的局面。当然,我们可以这样认为:投资者厌恶损失,所以愿意挽回损失。具体的分析参见本书前面章节。

② 以下内容主要参考 Ulrike Malmendier & Geoffrey Tate, CEO Overconfidence and Corporate Investment, 2004. http://faculty_gsb.stanford.edu/malmendier/personal_page/papers/OC investment 23 november 2004_full_jf.pdf.

层管理人员更加明显。前一个效应意味着投资者普遍存在着心理安慰,认为自己的能力被别人低估了,而且,他们认为自己的能力至少要比平均水平高。也可以说,投资者心理存在这样的暗示:自己一定要比平均水平好。而狭窄的自信区间是指投资者对自己的期望值置信区间的设定要比没有自负的人设定得狭窄。原因是自负的投资者过度相信自己的能力,过高估计自己能够达到目标的可能性,对于自己设定的投资回报,会忽略一些风险。在统计学上就表现为数据比较集中,目标的置信区间狭窄。

在自负的情况下,普通投资者会增加投资,高层企业管理人员甚至会融资来增加投资。同时,如果一个自负的人是企业高层领导,他对自己的公司也会非常有信心。他的公司如果上市了,他会有很强的信心认为公司股票会升值。自负除了表现在过度投资方面,还表现在投资者对现金流动的敏感程度上。

个人投资:个人拥有资产 A,股票价格 P,投资 I,预期收益 $R(I)$。自负投资者会增加自己的预期乘数 Δ,则其预期收益是 $R(I) \times (1+\Delta)$。理性的时候,$\Delta = 0$。设本来拥有股票 s,新增加购买 s',投资者追求 $\max R(I)$。假设利率满足以 0 为均值的正态分布,同时存在无风险的收益 W。则:

$$R(I) \times (1+\Delta) = R(W) \tag{1}$$

其中预算约束为:$A + I = P \times (s + s')$,即总资产加上投资数量等于拥有的股票数(包括新增加购买的股票)。

假设新增加购买的股票数量 s' 和投资数量有相关关系,即已经投资的数量对于新增加的投资数量有正的影响。

最优投资满足一阶条件:设 $L = R(I) \times (1+\Delta) + \lambda[A - I - P(s + s')]$,则:

$$\frac{\partial L}{\partial s'} = 0 \tag{2}$$

$$\frac{\partial L}{\partial I} = 0 \tag{3}$$

$$\frac{\partial L}{\partial \lambda} = 0 \tag{4}$$

由(2)得:

$$\frac{\partial R(I)}{\partial I} \times \frac{\partial I}{\partial s'} \times (1+\Delta) - \lambda \frac{\partial I}{\partial s'} - \lambda P = 0 \tag{5}$$

由(3)得:

$$\frac{\partial R(I)}{\partial I}(1+\Delta) - \lambda = 0 \tag{6}$$

则有:$\frac{\partial R(I)}{\partial I} = \frac{\lambda}{1+\Delta}$ 是满足最优投资的条件。设存在解 I^* 满足这个式子,那么,

当 $\Delta = 0$ 的时候,有最优解 I^* 刚好是 FB(First-Best) 投资量[1]。相反,若 $\Delta > 0$,则 $I^* > I_{FB}$,因为 $R(I)$ 是单调递增函数。这就是自负的投资者的实际情况。我们可以根据以上的分析得出以下结论:自负的投资者会投资更多的资金。

关于(1)式的分析,我们要注意,在计算 $R(I)$ 和 $R(W)$ 的时候,要采用不同的概率。因为现在自负的投资者有一个增加的预期收益 Δ,那么显然预期值的概率和预期效用的概率是不一样的。

一般人都存在自负的心理,表现得过于自信。尤其是企业的高层领导拥有公司的大量股份,能够带领着公司在竞争中不败,从而更加自负。而且,高层领导在投资上使用的现金或者股份的价值比一般人都要大得多,所以,这些人"感觉特别好",也就是特别自负。我们在本节的最后一部分有专门的模型来分析自负的 CEO 的投资行为。在这里,我们结合实验来简单说明高层领导在投资时和一般人存在哪些不同。

对于企业高层领导或者厂商投资行为,我们有相应的模型:依照以上的假设,设企业拥有资产 A,自己公司拥有股票数量为 s。在 t_1 时刻,公司的现金流动 C 得到满足,公司管理人员选择投资 I,其中 $I > 0$。这个投资产生一个随机的未来收益,并且在 t_2 时刻实现,预期收益为 $R(I)$,其中 $R'(I) > 0$ 并且 $R''(I) < 0$。为了产生一个内部解,假设对于部分的 I 来说,$R'(I) > 1$。利率正规化到 0,自负投资者会增加自己的预期乘数 Δ,则其预期收益是 $R(I) \times (1 + \Delta)$,若 $\Delta = 0$,表示投资者理性。为了投资 I,高层领导或者 CEO 可以使用公司内部的基金,也可以使用外债或者资产。我们考虑的是公司在以下三个方面的选择:现金、无风险债券、股票。在我们的这个模型里面,股票是唯一的一个 CEO 高估其收益的金融工具,高估使得股票价格偏离其基本价值。假定企业有能力购买无风险的收益 D,且 D 由已经存在的资产间接决定,并满足 $D < A$,则有以下方程:

$$\max_{I,s',c,d} \frac{s}{s+s'}[A + C + R(I)(1+\Delta) - c - d] \quad (1)$$

$$\text{s.t.} \quad \frac{s'}{s+s'}[A + C + R(I) - c - d] = I - c - d \quad (2)$$

$$c \leq C \quad d \leq D \quad c + d \leq I \quad (3)$$

$$c \geq 0 \quad d \geq 0 \quad I \geq 0 \quad (4)$$

其中,c 是现金,d 是债务,s' 是增加购买的股票。

设 I^*、c^*、d^* 是满足上面 4 个式子的最优解,显然我们有结论:$R'(I^*) =$

---

[1] $\frac{\partial R(I)}{\partial I_{FB}} = \lambda$。

$\frac{1}{1+\Delta}, R'(I_{FB}) = 1$。则如果投资者是完全理性的,那么他就会按照 I_{FB} 的数量来投资。但是如果投资者并不是完全理性的,是自负的,那么 $I^* > I_{FB}$。这就说明了,自负的高层领导人也会过度地投资。

行为经济学家在福布斯榜上选择了在1988年到1994年间出现在福布斯上面超过4次的466个企业。经济学家根据以上的模型,测算了这些企业的各项指标,发现以上的模型的确存在,虽然有一定的偏差,但是基本结论不变。

二、自负的 CEO 和公司投资[①]

自负不仅在个人投资中普遍存在,在公司高层领导中更加常见,并且自负的表现形式更加多样化。公司的高层领导人(以下全部设定为 CEO)由于有自己的股份和控制力量,可以操控公司,使公司的目标可以按照 CEO 的意愿来决定,从而偏离传统经济学中假设的理性人对利润最大化的追求。所以,自负的 CEO 一方面作为投资者,会过度投资;另一方面作为公司的领导,会使公司的各种金融行为产生偏离传统经济学的现象。

从现实中公司之间的运作和我们通过实验调查显示的数据来看,自负的确存在于很多的 CEO 中。不论是新官上任还是久经沙场,CEO 都存在明显的自负心理。我们总结如下:

CEO 存在货币幻觉,认为自己控制的公司会在将来产生现在还没有被社会预测到的回报。自负的 CEO 过高地估计自己的能力,过高估计自己使公司产生回报的领导才能,这一点并不因为 CEO 领导时间变长而削减。

自负的 CEO 会认为自己和自己领导的公司被社会和其他公司低估了。他自己却认为自己比同行更有能力,自己的公司比其他的公司更有潜力。这样直接产生了一个结果,即 CEO 非常愿意去兼并别的公司。他总是认为兼并别的公司会带来更大的价值,这种价值是别人看不到或者低估的,而且他相信自己有能力实现这些价值。兼并并不是一家公司的股东愿意掌控多一家公司,而是他相信自己有能力在兼并活动中获取更大的利润。

一个自负的 CEO,在任何时候都比理性的 CEO 更加愿意兼并别的公司。但是,按照风险回避原则,CEO 应该在风险选择下尽快实现自己可以得到的收益。在兼并过程中,风险行为可能产生的后果是:兼并公司和被兼并公司均出现贬值现象,从而使兼并行为无利可图甚至出现亏损。这样,CEO 就应该尽快在自己

---

① 以下内容主要参考行为经济学家 Geoffrey A. Tate, Essays in Behavioral Corporate Finance, 2003, Ph. D. thesis in Harvard University。

的任职期内兼并目标公司。但是,现实的结果是很多 CEO 总是等到最后的时刻才完成兼并,这就是因为他们自负,因为他们相信被兼并公司的市场价值被低估了。所以等待的结果可能使被兼并公司更加升值。

一位经济学家 Roll 在 1986 年第一次介绍了"自大假说(Hubris Hypothesis)",即 CEO 自大的心理和自我满足的心理。根据 Roll 这个假设,我们提出了以下两个论点:

1. 自负的 CEO 过高估计自己看中的公司可能带来的回报,CEO 过高地估计自己要兼并的公司将带来的收益。

2. 自负的 CEO 也过高估计自己对公司的贡献,并且认为自己和自己的公司被社会低估了,认为外界对自己公司的前景预期非常低。

根据以上两个论点,我们得出以下三点推论,并且在后面将建立模型进行检验。

1. 如果自负的 CEO 公司内部有足够的资金或者资源,他们就更加倾向于公司兼并。在这种情况下,他们回避了可能存在的损失(比如前面分析的目标公司贬值,还比如自己分配到被低估价值的股票来控制兼并。也就是自己操纵公司兼并时,如果使用自己公司的股份,那么 CEO 就承担着公司股票贬值的风险)。

2. 自负的 CEO 对现金和债务兼并更感兴趣,也更加敏感,其原因可以从第 1 点中最后的分析得出。为回避风险,这样做是一种好办法。当然,自负的 CEO 这么做还有其他的原因。比如现金更容易给 CEO 带来正效用,更容易让 CEO 感受到自己的能力,满足其自我提高的心理。如果 CEO 要用股份交换的方式来兼并,除非他预料到被兼并公司的股票被市场看好。

3. 自负的 CEO 更加倾向于操纵"坏"的兼并活动。可能这种兼并本身毫无价值;也可能 CEO 为了得到兼并公司的股份,故意压低目标公司的股票价值,以占有更多的份额。正因为如此,自负的 CEO 宣布的兼并价格比理性的 CEO 要低。

以上三点推论在本部分的后面会有计量检验,事实证明这些论断是有根据的。

同时,我们在这里要强调的一点是:CEO 的自负心理普遍存在,并且在下面几个条件下得到加强。比如公司内部拥有足够的资金来实施兼并行为;再比如其自我提高心理得到了正的结果的刺激,也就是说,公司在自己的控制下,按照预期的确取得了很好的发展,这样 CEO 就更加自信。他们总是过高估计自己取得的成果,低估自己的失败。在兼并时,如果自己的公司没有足够的资金或资源,自己的股票又没有能力进行兼并,CEO 就可能会举债。当然,这里面存在一个均衡:高举债经营可能抵消掉 CEO 对投资的热情和占有别的公司的愿望,因为风险厌恶总会存在,而且假定 CEO 不愿意接受在他看来价值被低估的股票。

以上就是对自负的 CEO 的基本行为模式分析,下面我们就建立模型来进行一定的检验。此处不作详细的实验分析,仅将实验设计和结果介绍给读者。

首先我们假设公司是一个有限承受债务能力的公司,这样公司有限的现金存量就可以减少高举债经营变量的影响。我们在建立这个模型之前有一些基本的假定:

假定1 CEO 对现在流通的股票更加感兴趣。

假定2 信息是对称的,即在要发生兼并行为的 CEO 和其余公司的 CEO 和投资者之间没有信息不对称。每个人对两个公司(想要兼并别的公司的公司和将被兼并的公司)都是信息完全的。

假定3 CEO 自负,存在我们上面分析的自负行为和心理。

这样,我们的模型主要分析了自负对兼并的影响,并且忽略了道德风险和逆向选择等问题。同时,我们在后面还会分析 CEO 对现金和债务等的敏感性(前文提到过),在分析完 CEO 的行为模式后,我们会分析市场对自负的反应。

假设存在两个公司,要兼并公司 A 和将被兼并的目标公司 T,两个公司拥有的市场价值分别为 V_A, V_T。公司 A 的 CEO 选择是否要兼并 T。假设公司 A 使用现金 c 来兼并 T,$V_{(c)}$ 就是 A 和 T 兼并后的市场价值,$\hat{V}_{(c)}$ 是公司 A 的 CEO 对 A 和 T 兼并后的价值评价,$\hat{V}_A$ 是公司 A 的 CEO 在不兼并 T 时对自己公司的估价。为了简单起见,我们用 $\hat{V}$ 和 V 分别代表 $\hat{V}_{(c)}$ 和 $V_{(c)}$。

如果一个 CEO 的情况满足下面的不等式:

$$\hat{V}_A > V_A, \quad \hat{V} - V > \hat{V}_A - V_A$$

那么我们就说这个 CEO 是自负的,亦即如果满足条件:CEO 认为市场低估了自己的领导能力;CEO 过高估计了自己兼并别的公司后的新公司价值。这种高估,超过了对兼并之前原公司的过高估计值。也就是说,CEO 通过兼并公司,变得更加自负。

现在我们来通过假设条件,具体分析这个模型的应用。

第一种情况:我们假设只有兼并公司 A 和将被兼并的公司 T,没有和 A 竞争的投标公司。那么,如果 A 公司的 CEO 是理性的,按照上面的条件,就必须支付 V_T 的价值兼并公司 T。假设资本市场是完全有效的,那么,CEO 不会因为要兼并 T 储备一定的现金而花费成本。由于没有竞争者,且 CEO 是理性的,A 公司的 CEO 就会相信兼并后的公司价值为 $V(\hat{V}=V)$。

在这种情况下,如果 A 公司的 CEO 使用现金 c 来实行兼并,$c < V_T$。那么,T

公司和 A 公司的原股东就会要求有一定的股份来进行补偿。这个股份来自于 A 公司兼并行为发生后新公司的一部分价值。设这个股份份额为 s，则有等式 $s = \frac{V_T - c}{V}$，或者按照刚才的陈述 $sV = V_T - c$。

我们已经知道，一个 CEO 对已经拥有的股份更加感兴趣，也就是说，CEO 不愿意抛出股份后剩下的股份价值低于自己原来拥有的。即使 CEO 在兼并别的公司时必须抛售一定的股份来弥补现金 c 的不足，但是，他留下的股份价值要比原来拥有的 A 公司股份价值大，他才会兼并公司 T，用数学不等式表示为：$(1-s)V > V_A$（注意：s 表示股份的份额，理解为占全部股份的比例）。根据 s 的表达式，我们可以写出不等式 $V - (V_T - c) > V_A$，根据这个不等式，我们可以得出等式：

$$V = V_A + V_T + e - c \tag{1}$$

其中，e 就是填补这个不等式的差额，其意义是：如果 A 公司要兼并 T 公司，还需要增加的价值差额。根据以上的分析，兼并行为发生的条件是 $e > 0$。

更加深入的分析是：通过上面的等式(1)，现在股东从兼并公司得到的增加价值为 $\bar{V}(c) = V - (V_T - c) = V_A + e$。我们通过求导发现 $\frac{\partial \bar{V}(c)}{\partial c} = 0$，这说明理性的 CEO 对现金多少是不关心的，他们只是按照基本的行为人假定来实行兼并行为。

如果公司 A 的 CEO 是自负的，他仍然用现金 c 来实现兼并行为。其中，$c < V_T$。那么，他就必须要使用价值为 $V_T - c$ 的股票来进行补偿。在这种情况下，市场和其他的股东对兼并后的公司的价值评价是 V。兼并后，这些股东要求补偿的股份的份额为 $s = \frac{V_T - c}{V}$。这样，如果兼并要发生，A 公司的 CEO 至少要支付 $\frac{V_T - c}{V}$ 的股份来进行补偿。但是，我们知道自负的 CEO 对兼并后的公司的价值评价不是 V，而是 $\hat{V}$，在这两个价值之间就存在一个差额。A 公司的 CEO 认为他要补偿的股份是 $\frac{V_T - c}{\hat{V}}$，这个差额可以表示为：

$$\left[\frac{V_T - c}{V} - \frac{V_T - c}{\hat{V}} \right] \times \hat{V} = \frac{(\hat{V} - V)(V_T - c)}{V} \tag{2}$$

显然，这个差额就是 A 公司的 CEO 认为自己要多损失的股份价值。注意，这里我们认为 CEO 能够认识到社会对兼并后公司的市场估价。

当这个价值差额存在的时候，我们说 A 公司的 CEO 发生兼并行为的条件是

$(1-s)\hat{V} > \hat{V}_A$。这个条件意味着和公司 T 所拥有的股份价值相比,自负的 CEO 会低估兼并后的公司使用补偿 $V_T - c$ 的股份价值。对于一定的现金 c,自负的 CEO 只要满足条件 $(1-s)\hat{V} > \hat{V}_A$ 就会发生兼并行为。

根据 s 的定义,我们可以把这个条件写为:

$$\frac{V - V_T + c}{V} \times \hat{V} > \hat{V}_A$$

作恒等变换: $\hat{V} - (V_T - c) - \left[\frac{(\hat{V} - V)(V_T - c)}{V}\right] > \hat{V}_A$。也就是说,如果 A 公司的 CEO 要兼并公司 T,除非他自己认为兼并后公司的价值减去应该补偿的现金,再减去自己估计的股份份额和社会其他股东估计的股份份额差值的价值,比没有兼并公司 T 时公司 A 的估计价值大。

我们从条件中很容易看出, $\frac{(\hat{V} - V)(V_T - c)}{V}$ 刚好是条件(2)的结果。根据同样的方法,我们可以得出同样的替代等式:

$$\hat{V} = \hat{V}_A + V_T + e + \hat{e} - c \tag{3}$$

其中, $\hat{e}$ 表示上面分析的差额。由此,我们可以得出结论: A 公司的 CEO 要兼并公司 T 的条件是:

$$e + \hat{e} > \left[\frac{(\hat{V} - V)(V_T - c)}{V}\right]$$

即总的差额比补偿的损失要大。

为了分析自己公司被低估对 CEO 的影响,我们把等式(1)重新定义如下:

$$V = V_A + V_T + e - c \tag{4}$$

这个等式要求兼并行为发生的条件是:

$$e + \hat{e} > \left[\frac{(\hat{V}_A - V_A + \hat{e})(V_T - c)}{V}\right]$$

注意这个条件和以前的条件的差别。通过对以上两种情况的对比分析,现在我们可以根据这些模型提出我们的结论和定理:

定理 1 一个自负的 CEO 会用尽自己公司本来拥有的现金来从事兼并行为。不到万不得已,不会使用自己公司本来的股份。

定理 2 一个理性的 CEO 绝对不会去做一个降低公司价值的兼并。一个自负的 CEO 在 $\hat{V} \gg V$ 的条件下,只有 $\hat{V}$ 抵消了补偿差额 $\hat{e}$ 时,他才会兼并这个公司。

定理 3 如果 A 公司内部的资金至少有 V_T,那么,理性的 CEO 发生兼并行为的前提是自负的 CEO 也有兼并意愿。

定理4 如果A公司内部的资金少于V_T,一个自负的CEO就可能做一些降低公司价值的兼并,但是理性的CEO就不会这样做。相反,理性的CEO会做一些自负的CEO不会做的增加公司价值的兼并活动。

以上四个定理可以用数学证明。这里,我们仅证明定理1。兼并后,自负的CEO认为现在股东拥有的股份为$\widehat{\hat{V}}(c) = \dfrac{V - V_T + c}{V} \times \hat{V}$。我们对等式(3)和(4)中的变量$V$、$\hat{V}$作替代,可以得到:

$$\widehat{\hat{V}}(c) = \frac{(V_A + e)(\hat{V}_A + V_T + e + \hat{e} - c)}{V_A + V_T + e - c}$$

对之求导得:$\dfrac{\partial \widehat{\hat{V}}(c)}{\partial c} = \dfrac{(V_A + e)(\hat{V}_A - V_A)}{V^2}$。

根据条件有$\hat{V}_A > V_A$,显然$\dfrac{\partial \widehat{\hat{V}}(c)}{\partial c} > 0$。那么,当且仅当CEO用光所有的现金$c$,才会使自己的股份价值最大。定理1证毕。

同理,可以证明其余三个定理。

在情形1,我们假定没有竞争对手,也就是在兼并公司T的过程中,公司A没有竞争对手,兼并和被兼并是一对一的形式。下面,我们放开条件,在情形2中,我们假设存在竞争对手。我们将在上面的基础上,简单分析一下竞争对手存在下的模型。

如果有一个将被兼并的公司T,有两个公司A_1、A_2竞争。假设W_1、W_2是这两个公司愿意支出的最大价值,c_1、c_2分别是这两个公司内部的资金,那么我们有下面的结论:

1. 如果$W_i = V_T + e_i$,那么这个公司的CEO是理性的,结论和没有竞争时一样。

2. 如果自负存在,那么$W_i = V_T + e_i + \hat{e}_i - \left[\dfrac{(\hat{V}_{A_i} - V_{A_i} + \hat{e}_i)(W_i - c_i)}{V_{A_i} + V_T + e_i - c_i}\right]$。

这种联合的结果分布分析情况和以上在没有竞争对手的情况下是一样的。这里不再详细证明。

本章小结

在本章,我们对个人经验对人们经济行为造成的偏差进行了阐述。个人经验在认知心理学上是自负的一种极端表现,它以三种形式造成行为偏差。"锚定"现象表现为由于事先强有力的假设而对新信息价值估计错误,认为是前假设的从属或者补充。所以,过于自信导致对新信息反应过度或者反应不足,而代表性个人经验则是人们对样本概率的错误估计导致决策偏差。

自负不仅在个人投资中普遍存在,在公司高层领导中更加常见,并且自负的表现形式更加多样化。公司的高层领导人由于有自己的股份和控制力量,可以操控自己的公司。并且,公司的目标可以按照 CEO 的意愿来决定,偏离传统经济学中假设的理性人对利润最大化的追求。所以,自负的 CEO 一方面作为投资者,会过度投资;另一方面作为公司的领导,会使公司的各种金融行为产生偏离传统经济学的现象。

本章思考与练习

一、设计一个实验来检验自负心理。例如,设计一个足球比赛的实验,你能否验证下面的心理现象?当 A 队和 B 队两支队伍的比分变化趋势为:1 比 0(第 15 分钟)、2 比 0(第 40 分钟)、3 比 0(第 50 分钟),人们会预测 A 队获胜,并且预测这场比赛的最终比分为 5 比 0(或者预测 A 队获胜并且最终比分为 5 比 0 的人的比例最高)。你能解释为什么吗?

二、Kobe Bryant 在其 NBA 职业生涯的一场与猛龙队的比赛中,一个人为湖人队拿了 81 分,而湖人队一共才得到 120 分。这场比赛创造了奇迹,使得 Kobe Bryant 成为 NBA 历史上单场拿分第二高的选手,次于 Chamberlain 的单场 100 分。在 Kobe Bryant 那场比赛中,观众一开始并没有注意到 Kobe Bryant 的出色表现,而湖人队也大比分落后于猛龙队;直到第三节还剩下 8 分钟的时候,Kobe Bryant 上场,在短短的几分钟内,拿下 30 多分,并使湖人队第一次超过猛龙队。观众的热情高涨,被突然的扭转所吸引。每当 Kobe Brant 拿球,观众都狂呼不止。随着 Kobe Bryant 继续拿分,观众(包括解说员)猛然感到他已经拿了超过 50 分了,在 NBA 历史上是一个不错的成绩(历史上,NBA 单场拿分最高排行榜是:David Thompson 在 1978 年的 73 分;Elgin Baylor 在 1960 年和 David Robinson 在 1994 年各自的 71 分)。于是观众开始为 Kobe Bryant 疯狂加油,希望他能打破纪录。后来在 Kobe Bryant 得分超过 75 分后,观众对于他继续得分就反应不是很强烈了。请你下载这场比赛录像,分析观众在 Kobe Bryant 得分过程中的心理过程。

三、在股票交易所,为什么有些投资者不愿意卖出自己已经亏损的股票,但是对于刚刚获利的股票却很快抛售而不多等一些日子?

四、试分析一下公司的 CEO 为什么会有 Better than Average 的心理效应?公司 CEO 对自己的公司总是更有信心,这能否解释中国前两年的房地产投资现象?

五、CEO 存在货币幻觉，认为自己控制的公司会在将来产生现在还没有被社会预测到的回报。自负的 CEO 过高地估计了自己的能力，过高估计自己使公司产生回报的领导才能。这一点并不因为 CEO 领导时间变长而削减。请联系心理账户理论，证明这个结论。

六、请仿照本章最后关于自负 CEO 从事兼并活动的数学分析以及定理 1 的证明，证明定理 2、定理 3 和定理 4。（提示：使用一阶条件最优 CEO 的自负心理，也可以参考 Who makes Acquisitions? CEO overconfidence and the Market's Reactions（Ulrike Malmendier & Geoffrey Tate, 2004）.）

本章参考文献

[1] Alicke, Mark D., M. L. Klotz, David L. Breitenbecher, Tricia J. Yurak, et al., Personal Contact, Individuation, and the Better-than-average Effect, *Journal of Personality and Social Psychology*, 1995, **68**: 804—825.

[2] Bertrand, Marianne & Sendhil Mullainathan, Enjoying the Quiet Life: Managerial Behavior Following Anti-takeover Legislation, *Journal of Political Economy*, 2003, **111**(5): 1043—1075.

[3] Bertrand, Marianne & Antoinette Schoar, Managing with Style: The Effect of Managers on Firm Policies, *Quarterly Journal of Economics*, 2003, **118**(4): 1169—1208.

[4] Camerer, Colin & Dan Lovallo, Overconfidence and Excess Entry: an Experimental Approach, *American Economic Review*, 1999, **89**: 306—318.

[5] Dun & Bradstreet, *D&B Reference Book of Corporate Managements*, Bethlehem, PA: Dun & Bradstreet, Inc., 1997.

[6] Fazzari, Steve, R. Glenn Hubbard & Bruce Peterson, Investment-Cash Flow Sensitivities Are Useful: A Comment on Kaplan and Zingales, *Quarterly Journal of Economics*, 2000, **115**: 695—705.

[7] Hall, Brian J. & Jeffrey B. Liebman, Are CEOs Really Paid Like Bureaucrats? *Quarterly Journal of Economics*, 1998, **113**: 653—691.

[8] Howell, W., Uncertainty from Internal and External Sources: A Clear Case of Overconfidence, *Journal of Experimental Psychology*, 1971, **81**: 240—243.

[9] Jensen, Michael C., Agency Costs of Free Cash Flow, Corporate Finance and Takeovers, *American Economic Review*, 1986, **76**: 323—329.

[10] Kaplan, Steven N. & Luigi Zingales, Investment-Cash Flow Sensitivities Are

Not Valid Measures of Financing Constraints, *Quarterly Journal of Economics*, 2000, **115**: 707—712.

[11] March, J. G. & Z. Shapira, Managerial Perspectives on Risk and Risk Taking, *Management Science*, 1987, **33**: 1404—1418.

[12] Matthew Rabin, Risk Aversion and Expected-Utility Theory: A Calibration Theorem, *Econometrica*, 2000, **68**(5): 1281—1292.

[13] Roll, The Hubris Hypothesis of Corporate Takeover, *Journal of Business*, 1986, **59**(2): 197—216.

[14] 本杰明·格雷厄姆:《聪明的投资者》,江苏人民出版社1999年版。

[15] 常鑫、殷红海:《Daniel Kahneman 与行为经济学》,《心理科学进展》,2003年第3期。

[16] 方草:《我们宁愿相信什么:一个不确定条件下选择的行为经济学理论》,《世界经济文摘》,2002年第5期。

[17] 陆剑清等:《投资心理学》,东北财经大学出版社2000年版。

[18] 徐秀叶、鲁立、范炜:《网上购物消费行为经济学分析》,《企业经济》,2002年第9期。

[19] 易阳平:《行为金融理论评述》,《外国经济与管理》,2002年第2期。

[20] 俞文钊:《市场经济中人的投资心理与投资行为》,人民教育出版社1996年版。

第十章 心理账户

自从 1985 年被芝加哥大学萨勒教授提出"心理账户"(Mental Account)这个概念后，它已经在行为经济学中被广泛地运用，也日益成为经济学家们关注的焦点。它指的是理性人有时会作出不理性的选择，而心理账户可以很好地解释这种非理性行为，同时也给行为人很好的心理宽慰。

心理账户是处于心理学与经济学之间的一个边缘概念，因此也有人称之为现代经济心理学。心理账户是理性人用一种非理性的态度看待事物，这种态度让相同的钱在不同的环境下变得不一样了。实际上，这种不理性的心理可能影响到我们的决策，有时会利用我们的盲点掩盖事情的真相，但客观上心理账户的存在让我们的支出有了更好的理由，也让我们心情舒畅地进行经济活动。下面，就让我们具体探讨一下心理账户的内容。

第一节 从心理账户看到的非理性行为

人们，尤其是学经济的人，时常会标榜自己为彻底理性的人。对于生活在这个经济高速发展社会中的人，理性并没有错，相反，它可以帮助人们合理地安排自己的财富。首先，我们可以从身边的几个例子看起。

一、捐款的账户

有一位金融学的教授，决定用一种方法来合理地安排自己这一生的财富。他发现在自己的开销中，老是有一些意料之外的花费。比如说，赶上一朋友结婚，得考虑拿出一部分礼金；或是由于自己的不慎，把当月的零花钱丢失了。一年下来，这些计划外的支出加起来，也是一笔不小的金额了。所以每到年末，看到这些消费，他总会感到小小的懊恼。

于是，这位"聪明"的金融学教授，想出一个很是让自己得意的方法，让自己并不觉得那么生气。在每年的年初，建立起一个要向当地慈善机构捐款的目标。在一年中，一旦有什么意外，需要额外的支出，他就会把那笔支出在捐款的那个账户里面扣除。如此一来，他再也看不到那笔让他心烦的计划外支出了。

针对中国人民大学一个 MBA 班学员工作繁忙，请假、旷课和迟到现象比较严重的现象，班委会制定了一条规则：请假罚款 200 元，旷课 500 元，迟到 100

元。有一位营销总监胡总,受尽了规则的折磨,所以第二个学期一开始,他就拍出 1 万元交给班长,并且声明:你就按规定扣吧。从此这位先生就心安理得地请假、旷课和迟到。期末班长一结账,把扣剩下的三千多元还给他,他竟然激动地一接到这笔款子,就当作"外财"请全班同学客了。

二、萨勒的瑞士之行

经济学家萨勒曾经在瑞士为一群企业管理人员作演讲。会议之后,他和家人在那儿作了一次短期旅行。当时瑞士的物价相对于美国来说很高,幸亏他在瑞士演讲所得到的报酬,可以很轻易地满足饭店和旅馆的支出。可以想象,如果他是一个星期前由于一场在伦敦的演讲,得到一笔同样的报酬,而到瑞士去旅游,那么旅行肯定不会这么令人高兴,因为面对旅行中的高消费,他不一定愿意轻易去花钱,就算花也不会花得这样痛快。

我们还曾经在一个大学做过调查:自从这个学校用上一卡通以后,学生每个月的伙食费用和以前用菜票、饭票方式相比,有了很大幅度的增加。

三、该买哪一床棉被呢

我们做过这样一个有意思的实验:假设你需要买一床棉被,当你到商店的时候,惊喜地发现你喜欢的一款正在降价促销。这一款你中意的棉被,一共又有三个尺码,大号、中号和小号,他们的原价分别是 300 元、250 元、200 元。现在,他们统统都以 150 元的价格出售。这时你会选择买哪一床棉被呢?

也许你会说,那要看家里的床有多大了。可让人惊讶的是,实验结果表明大部分人会选择买那床最大的被子,尽管他家的床也许是最小号的。

上述这些例子与心理账户都有莫大的联系。许多经济理性人在组织、评估经济活动的时候,常常会无意间用到心理账户的方法。

可到底什么是心理账户呢?我们知道,为了记录、总结、分析或者报告我们财务上的收入与支出,进而弄清楚我们每一笔钱都最终用到了什么地方,并且为了有控制地进行消费,我们建立起各种财务上的账户。心理账户也与此有同样的目的,只是有时候会下意识地把每笔钱都归入某些账户,而由此导致经济行为发生变化。这些抽象的、存在于人们心里的账户,就是心理账户。

心理账户主要分为三个部分:

第一是人们怎样感觉各种经济事务的结果,怎样作一些决定,并且之后又是怎样评估那些决定的结果的。

这就与我们先前说的买棉被的例子是对应的。在这个例子中,如果在一个不是降价促销的条件下,而是三个型号本来就是同一个价格,那么你肯定会选择与自己的床相配套的棉被,而不会作出不理性的决定了。这种账户提供了一种事前和事后不同方向的分析。也就是说,所有的经济事务或交易都是在一定的环境下发生的,而当时当地的环境,很有可能对交易的结果产生影响。所以我们在分析经济行为时,有时应该考虑暂时的交易效用。

第二是有时会把经济行为分到细微、具体的账户。

不管是在现实的账户还是在心理账户中,对于任何资金的来源和去向,我们都会把他们分类。我们的开支常常被分到住房开支、食物开支等账户中,而这些开支也常会受到各种或明或暗的预算约束。将要被消费的资金也会被分到不同的账户,如流动账户一般都是月工资等固定收入;或是像养老金之类的储备账户。

这种情况是与我们开始提到的前两个例子相对应的。瑞士那位教授建立了一个瑞士演讲所得报酬的账户,这抵消了他由于高价格而多出的开支;而那位建立了捐款账户的教授,同样地,也让自己计划外的开支变得不那么痛苦了。

第三是与我们核查与评估心理账户的频率有关的内容,或者称之为"选择划分"。

账户每天、每星期、或是每年,都会被重新核算调节,而且每个人划分账户的范围也是不一样的,有些分得很粗略,有些则分得很细。曾经有一句忠告:当你坐在牌桌上就不要数你的钱。这句忠告在面临其他不确定选择,比如说进行风险投资时也是很管用的(Loewenstein & Rabin,1998)。

总的来说,心理账户推翻了传统经济学中可替代性的观点,也就是说,我们认为,钱有的时候是不可替代的。我们观察到,商品被划分到不同种类中,消费被分在不同的账户里,而不同的划分方法也造成了同一选择对我们不同的吸引力。在这个过程中,不同账户中同样大小的金额对我们的意义是不同的,换句话说,它们是不可替代的。

因此,研究心理账户的问题可以帮助我们更好地了解自己的行为,心理账户常常是不客观的,也常常导致非理性的行为,尽管我们仍能保持快乐的心情接受这些事实,同时还自诩为理性人。

第二节　获得与失去的快乐组合

我们总是对自己经济行为的结果感到好奇,到底该怎样分配才算好呢?到底应该买哪一件呢?或是该怎样对我们的开支精打细算呢?前景理论已经为我们提出了行之有效地看待问题的方法,它也是相当符合人们心理的(Kahneman & Tversky,1979)。前景理论的主要内容大体上包括三个方面:

1. 获得和失去的价值函数,都是根据某个参照系来定的;
2. 获得和失去都有随着变化量增大而灵敏度减小的趋势;
3. 一般来说,人们对损失始终抱有厌恶的态度。

特维斯基和卡尼曼(1984)指出,人们一般用三种形式来划分心理账户:最小账户、与当前有关的账户和综合账户。用最小账户的时候,我们需要在两种选择中比较他们的不同点。而用与当前有关的账户时,我们必须考虑那些事情的来龙去脉,也就是说,必须根据当时当地的经济环境建立参照系,来考虑经济行为的结果。综合性账户指的是我们一般划分的账户,像每月的固定支出、储蓄账户等。

我们来看一个巧克力与微波炉的例子。假设你在逛商场,你决定购买20元的巧克力或300元的微波炉,这时售货员告诉你,在另一家商场,巧克力和微波炉特价,巧克力只卖10元,微波炉只卖290元,不过你得花20分钟的时间开车才能到达那家商场,你会去吗?

显然,大多数人都会说,如果是买巧克力,他们很有可能就不惜路远去买了,而买微波炉的话就不大可能。当我们用最小账户考虑时,去另一家店的优势是算在得到10元的账户里面的。事实上,在与当前有关的账户中,参照系的选择是由当时的环境所决定的。在巧克力的账户中,多花时间能够得到10块钱的利益,让人们获得满足,这是因为所节省的花费只与巧克力有关,而微波炉的消费并没有算入这个账户内。在微波炉上的开支,是与其他开支一起并入了一个更大的、更为综合的账户。

巧克力与微波炉的例子表明,心理账户既是具体细微的,也应该从总体上来看待。为什么我们在少量的花费上更趋于节省呢?显然,对巧克力来说,10块钱确实节省了很多,但对300元的微波炉来说却算不了什么。所以节省给我们带来的效用是价格变化前后给我们带来效用的差值,而并不是剩下的那笔钱给我们的效用,因为省下来的那10元给人的效用是会随着环境而发生变化的。

在心理账户的计算中,我们还研究属于同一账户的不同项目是怎样组合的。也就是说,在人们发生购买行为时,对组合不同行为的方法有怎样的倾向性呢?用 v 来表示效用,那么就是研究在不同条件下,$v(x+y)$ 与 $v(x)+v(y)$ 的大小关系。

由前景理论给我们的价值模型,可以容易得到这样的结论:

> 1. 当有好消息的时候,要分开告诉大家;
> 2. 当有坏消息的时候,要一起告诉大家;
> 3. 当有小小的坏消息和大大的好消息时,应该一起告诉大家(由于损失厌恶,对坏消息的厌恶很可能盖过好消息带来的快乐);
> 4. 当有小小的好消息和大大的坏消息时,应该分开告诉大家(由于获得的价值曲线在开始总是很陡峭,所以小小好消息的快乐就能盖过大大的坏消息带来的痛苦了)。

大多数人对这几条规律都有自己的直觉。根据调查,在面临"两次中彩票,一次50元、一次25元和只中一次75元的彩票,哪种情况会更快乐"的问题时,有64%的人选择了前者。

这几条规则在许多实际活动中都是很有用的,尤其是在我们需要全方位地介绍产品(包括缺点和优点),又要吸引消费者购买时,有一定的实战性。这也是一直以来我们相信的事实,但它在解释另一些问题时,遇到了一定的阻碍(Thaler & Johnson, 1990)。

为了观察风险选择结果的影响,我们设计了这样一个实验。当分别面临失去10元和得到30元两种情况时,你各有两种选择。一是让事情一次发生,二是总共失去10元或得到30元,但是分两次发生。为了让自己更快乐,你会作什么样的选择呢?

实验的结果表明,当面临得到30元时,人们倾向于分两次得到,这与我们之前总结的规律是相同的。但令人惊讶的是,当面临失去10元的时候,人们依然认为分两次失去是个不错的选择。这似乎彻底颠覆了我们之前得到的结论,即有两个坏消息的时候,应该一起告诉大家。这又该怎样解释呢?

人们希望把失去合在一起的直觉,来自于失去的效用函数是敏感度递减的,再一次失去会减小它的边际影响。可是为了回避损失,人们总是认为,现在的损失比以后的损失让人痛苦,也就是说,他们不能简单地把损失合在一起发生,而是应该让它们分离,因为人们总是倾向于把令人厌恶的损失无限期延后。

把这条新得到的规律与之前我们总结的那几条结论,综合在一起考虑,似乎可以更好地解释这个世界:人们总希望得到小小的欣喜,而在面临损失的时候,人们总是尽量回避,实在不行才把痛苦合在一起面对。

我们既然已经了解心理账户的这些规律,就要有效地利用它们。比如说,只要有可能,我们就要把损失同更大的获得合在一起考虑,这样生活会更加快乐。其次,我们应该意识到,实际的损失厌恶比我们想象中的更加重要,所以把损失合并起来只能增大其消极影响。

第三节 心理账户的决策

一、交易效用

当消费者购买物品的时候,通常把购买的物品看成所得,而把付出的金钱看成损失。假设有一个非常口渴的人坐在自动售货机前面,看着里面价值3元的汽水,这时他对汽水的需求显然比3元钱要大。但是如果我们考虑损失厌恶的存在,设损失厌恶的系数为1.5,那么实际上,在这个人的心里,损失就有4.5元(3×1.5),所以,花费并不等于成本(Kahneman & Tversky, 1984; Thaler, 1985)。

对任何一种商品,从不同的方面看,消费有两种效用。一种是获得效用,一种是交易效用。

获得效用是对商品价值的测量,与价格有很大关系。从数学上看,获得效用就是消费者在作为礼品收到这个商品时对它评估的价值,减去买商品的花费;从经济学上讲,就是消费者剩余。

交易效用是指由于某次交易的发生而感觉到的价值变化,具体说就是实际交易中的价格与"参考价格"的差值,而参考价格指的是一般情况下,人们买这件商品所能接受的价格。

下面我们来看根据萨勒的理论设计的一个关于交易效用的实验(Thaler, 1985):

实验1

假设在炎热的夏季,你躺在度假胜地的海边,极为需要一杯冰水。这时的你,会为一听你最最喜爱的冰啤酒付出怎样的价格呢?你的朋友要去不远处的宾馆打电话,他答应要帮你带一听啤酒回来,但由于这里是旅游胜地,价格当然要比别的地方贵。你的朋友要你给他一个你能够接受的价格,你会给多少呢?假设啤酒在其他地方买一般需要3元。

人们对同一件商品,往往在度假胜地愿意付出更高的价格,因为那里的参考价格定得更高。而在传统的经济模型中,这种环境的影响并不会列入考虑范围。

交易效用的存在,让我们的市场起了两种变化。一是有些商品成为某些消费者特殊的爱好,这种情况下,商品无论多贵,消费者都不会打消买它的念头。而另一种情况正好相反,由于负的交易效用,有些交易并没有做成。

以度假中的这位消费者为例,也许在度假胜地它能接受4元的价格;而在一个普通的小店里,即使他看到啤酒卖3.5元,可能也不会买,因为它比这里的参考价格要高。但实际上,相对于度假胜地来说,他付出的更少了。

二、开启的账户和关闭的账户

我们先来看一个例子。设想一个人以每股10元的价格买进股票,他准备买100股。这项投资一开始是1 000元,它的价值随着股票价格的变化或涨或跌。只要股票价格发生变化,在他这支股票的账户里,就会有潜在的、没有成为现实的盈利或亏损。而一旦将股票抛售出去,任何盈利或亏损都会变得实实在在了。对于潜在的盈利或亏损,人们的心理是复杂的,但有一点可以肯定,实实在在的亏损永远比潜在的亏损给人的痛苦大得多。

关闭一个账户是令人痛苦的,这也就是为什么人们总是极不情愿在股票价格下降的时候将它抛售出去,尽管他们知道价格很有可能只降不升,但他们对于价格的上升仍抱有一丝希望。

如果现在你手上有两支股票,一支正亏损,一支正盈利,而你又急需一笔现金,你会卖掉哪一支股票呢?如果作理性的分析,毫无疑问应该卖掉亏损的那支(Shefrin & Statman, 1987)。然而事实上,大多数人选择了卖掉盈利的那支,这就是心理账户所解释的,关闭一个账户是令人痛苦的(Odean, 1998)。

另外一个例子是现实账户中的赤字问题。大多数公司每季度都会公布一次自己的财务状况,账本上能清楚地显示你是亏了还是赚了。虽然公司对查账无能为力,但他们有决定多久检查一次收入状况的权力,以此来控制每年公布的数据。现在的公司都尽量用这个权力,来避免公布自己亏损或赢利下降的财务状况(Burgstahler & Dichev, 1997; Degeorge, Patel & Zeckhauser, 2005)。

公司都希望有盈利,而不是有亏损;同样,他们也希望比去年多赚,而不是少赚。他们会根据自己的财务状况决定查账的时间,从而在公布的数字上,把小的亏损变成小的盈利,用其他时候的盈利来弥补亏空,而那些较大的盈利就这样被削减了,这当然可以为下一年的盈利增加提供更大的机会。显然,公司都相信,投资者都是支持前景理论的人,他们都是厌恶风险的。

三、预付商品、沉淀成本与支付贬值

沉淀成本总是会在人们心里逗留一段时间的。设想你买了一双鞋,你在商店试它的时候,感觉非常舒服,但买回家第二天,你发现这双鞋磨得脚很疼。过了一天你心有不甘,又试了一下,发现磨得更疼了。这时你的行为通常会照如下的程序进行:

> 1. 为这双鞋你花的钱越多,你之后试穿它的次数也就越多。
> 2. 最终你不会再试穿这双鞋了,因为你已经绝望,但你仍然不会把它扔了,这双鞋价格越高,它在你鞋柜里保留的时间也就越久。
> 3. 最终有一天,不管你为这鞋花了多少钱,你都会把它扔了,因为你已经彻底绝望。这时鞋的成本,你已经完全忘记了。

为了研究沉淀成本,我们设计这样一个实验:

> **实验2**
>
> 对中国人民大学校园里三个不同协会的同学,发放学校体育馆三种不同的健身季票。一种是全价季票,一种打15%的折扣,另一种打50%的折扣。然后我们对这三个协会会员的行为进行观察,主要观察他们去健身的频率。
>
> 结果:在前半个季度,买全票的人去健身的次数明显比有折扣的人多得多;而在后半个季度,这三种人去健身的频率都没有什么区别了。这说明,人们最终忘记了沉淀成本(实验设计参照了 Arkes & Blumer(1985))。

这种先前消费逐渐变得无关紧要的现象,就是所谓的"支付贬值",提出这个概念的 Gourville & Soman(1998) 曾经为这个问题观察过一个健身俱乐部会员的行为。这个健身俱乐部每年向会员征收两次会费。他们发现,俱乐部定期活动的出席率在每次缴费的那个月是最高的,而随后的五个月参加活动的人越来越少,直到下一次缴费的时候出席率又再一次猛增。

同样地,我们也可在酿啤酒的例子中考虑支付贬值的作用。Eldar Shafir & Thaler 教授曾对那些订购啤酒只用来贮藏,而不是马上喝的人做了一个实验:

> **实验3**
>
> 假设你很久以前花20元买了一瓶1982年的酒,在现在的市场上,此酒售价75元,现在你要喝这瓶酒了,你认为喝这瓶酒的成本是多少呢?有5个答案可供选择:0、20、20+r(利率)、75、-55。
>
> 结果:最终选这些答案的人数比例分别为30%、18%、7%、20%、25%。

作一下理性的分析,正确答案应该是75元,但竟有一半以上的人认为成本是0,自己是赚了。

之后他们又做了一个实验:

实验 4

假设你买了一箱 400 元的酒,你决定储藏 10 年,那时估计卖价 500 元,对此你可能有三种感觉:a. 觉得花了 400 元;b. 觉得作了 400 元的投资,并在这么多年中逐渐消费了;c. 觉得省了 100 元。

结果:有大多数人选择了 b。

他们把最初的购买看成一项投资,所以当喝那些酒的时候,潜意识里就会觉得那些酒是不要钱的。这同旅行团的付费政策是一个道理,一次付清后,他们在后来的旅行中就认为一切都是免费的了。

四、支付隔离

在上述的例子中,预付的过程把付费行为与消费行为隔离了,这在感觉上减小了商品的成本(Prelec & Loewenstein,1998;Gourville & Soman,1998)。在心理账户中,预付可以达到降低成本的效果,但并不只有预付的行为会导致付费与消费行为的隔离。

让我们看看旅行团收费标准的例子吧。旅游团的每一位成员,都需要为旅行支付一个固定的金额,这笔费用包括了旅行过程中的所有饮食、住宿和景点门票。这种做法具有两个心理上的优势:

1. 像饮食之类较小型的消费,放在整个旅行消费中就显得很少了。

2. 在另一种按具体项目付费的收费制度中,每一项小的项目看起来都非常大,并且容易引起负的交易效用。

另一个例子是自助餐,这种消费方式让付费与具体的消费过程彻底失去了联系,因为你不管吃多少,所付出的金额是不变的。所以你看不到每样菜昂贵的价格,也少了些痛苦。这也是为什么有些人情愿每月租车用,也不愿意每次出门打车。在心理账户中,打车增加了每次出门的开销,而租车费却似乎不会,因为租车的过程与用车的过程是分开的。

还有个更一般的例子,人们都不喜欢打表收费,而更倾向于统一收费。打表收费意味着每一分消费,都实实在在与支付的金额联系起来,而统一收费则相反。以现在的上网收费为例,有实行包月的,也有按流量计费的。但显然,包月收费更受消费者欢迎,尽管按流量计费很可能让他们出更少的钱。同样的道理,健身俱乐部一般都出售季票或年票,而很少按参加活动次数来收费。

传统经济学中的消费者行为并不包括这样的现象,这只能用心理账户来解释。将费用与使用隔离起来,使得使用的边际成本为零。

健康俱乐部的制度之所以吸引人,是因为人们都认为去的次数越多越好,而这种制度正好可以鼓励人们多参加活动,以降低每次参加活动的成本。而每次支付费用的制度,就达不到这种效果。实际上,每个季度交的钱都是沉淀成本,当人们逐渐意识到这一点时,降低成本的想法就变得没有吸引力了。

也许分离制度最好的例子就是信用卡制度。信用卡一是可以延期交费,二是信用卡结算通常是把许多次消费合在了一起,这样每一次消费放在整体中看就显得不是很多了,这两点都把商品与费用隔离开来。

第四节 心理账户的预算

到现在为止,我们都是在单个的交易活动中考虑心理账户,而心理账户的另一个方面就是分类问题。

我们知道,金钱可以用三种方法分类:把消费归入不同预算(按住房、食品等)、把财富归入不同账户(按支票、养老金等)、把收入归入不同的类别(按工资、福利等)。如果像传统经济学认为的那样,金钱都是可代替的,那么这样划分账户有什么意义呢?正是因为实际中金钱的不可代替性,划分账户才能帮助我们理解自己的经济行为。

一、消费归类

把消费归入不同的预算有两个目的。第一,设定预算可以对消费的分配有理性的调节;第二,预算也是自我控制的手段。运用心理账户也是一种保持预算中消费的方法。

预算的紧张程度也因人而异。越是贫穷的地方,预算就越紧张,预算规则就越明确、也越具体,而富裕的家庭对预算的要求就不那么严格了。贫穷的家庭预算一般定义的时间段更短。例如,大学生的消费一般是以每月或每周观测的,而他们毕业参加工作后,情况就立马发生改变了。

消费影响预算的过程可以分为两段,首先这项消费必须能被察觉,然后要将它归入合适的账户。如果这两个阶段中有任意一个不存在,那么这项消费就不会影响预算。每项消费必须记录在消费系统,继而分配到某一个具体的消费账户。

许多小的、常规性的消费就不会被记录下来了。例如在公司咖啡屋喝了一杯咖啡。实际上,人们把这类极小的消费算入了零头资金的账户,并不包括在通常的账户体系。John Courville(1998)曾经注意到,许多时候销售商喜欢把每年在此商品上的开支,换算成每天几分钱的开支,以此来吸引顾客。

例如,曾有一家电台,开出每年100元的会员价格,而他们却把它描述成

"每天 27 分钱"。可让我们不解的是,既然失去的效用函数的曲线是凸的,为什么把失去这样分成小份会减少痛苦呢?也许只能用心理账户来解释了。每天的 27 分钱是零头金额里的,不属于账户;相反,每年的 100 元已经大到能记录并分配到具体的账户,自然也被预算所约束。

同样的思想,在另一个相反的例子里也能体现。有一种药物能帮助人们戒烟,这种药物的销售商为了劝人们戒烟,强调每人每年在吸烟上的消费为 730 元,比起说每人每天花两元钱,显然更容易达到目的。因为两元钱更容易被人们忽视,而不被预算所约束。

到此为止,归类对心理账户的影响是显而易见的:损失的痛苦可以因为和一个更大的获得放在一起而减小;放在欠了债的账户里的消费更难发生;只有与沉淀成本处于同一账户的消费发生时,沉淀成本才会被重新记起来……这些,都给人们的思维环境带来了影响,从而影响了人们的选择。

二、颠覆可代替性

只要约束是不可替代的,那么它就可以影响消费者行为。Heatn & Soll (1996) 用几个实验阐述了这种影响。对于两组实验对象,他们问了同一个问题,即是否愿意买一张观看歌剧表演的票。两组人的不同点是,一组在一个星期前每人花 50 元观看了一场足球比赛,而另一组同样花 50 元买了一张停车场的票。两组的实验结果有很大不同,看过足球比赛的人比另一组更不愿意去观看歌剧,因为对这两种活动的支出是算在同一个账户里的。

如果说金钱是可代替的,那么同样的道理,时间也是可代替的。从巧克力和微波炉的例子可以看到,不同情况下,相同的时间对人们的价值是不同的,在消费较少时,人们愿意花上 20 分钟节省 10 块钱,而在大量消费时就不愿意。曾有这样一个实验,调查人们愿意多花多少钱,来避免用 45 分钟排队买票。结果是在买 45 美元的票时人们愿意多出的钱是买 15 美元票时的两倍。

这说明,人们对时间和金钱价值的估量,都是根据实际情况来定的,也就是说,在一定情况下这两者都是不可替代的。

三、预算控制

许多人靠制定严格的预算来解决自控的问题。设想你非常喜欢在每天吃晚饭的时候喝一点饮料。但你每月的生活费只能供你每天喝一杯 3 元的橙汁,虽然你更喜欢喝一杯 10 元的柠檬汁。也许你也能偶尔拿些钱出来买一杯柠檬汁喝,但你害怕自己控制不住第二天又喝柠檬汁而超出预算。所以,偶尔来一杯柠檬汁,给你的感觉绝对是超过 10 元钱的。

由此我们得到启发，选择礼物的最好方法是购买比接受者一般为自己购买的商品要更加高档一些的。

这种高档的礼物对接受者来说，已经超出了它金钱上的价值。这种思想的运用，在许多促销竞争的过程中都非常有效。有时，一些消费者不会买给自己的小礼品，比给他们现金吸引力更大。

这个问题上最显著的例子是美国足球联盟每年的 Pro Bowl 会邀请所有球员参加。在 Super Bowl 一个星期后，这场全明星的比赛就要拉开序幕。但困扰主办方的是，很难将这些超级明星的球员召集起来，他们能付的出场费对于这些每年有七位数收入的大牌根本算不了什么。最后，主办方将比赛迁到了夏威夷举行，并且对每位球员提供住宿并附送两张嘉宾席的入场券，球员再也没有缺席的了。

送礼问题的分析说明了自我控制是怎样影响选择的。柠檬汁是充满诱惑的，你只能用预算限制自己，控制消费。对于这些奢侈的商品，消费者总是约束自己每次只购买一点点来使之不超预算。这就是为什么那些小巧包装的巧克力，总比更划算的大包装卖得更好。由于控制消费，人们总是为自己钟爱的商品付出更高的价格。

四、收入账户

在对收入来源的分析中，我们也可以看到可代替性的脆弱。O'Curry(1997)调查了这种现象，他首先要求他的调查对象对各种收入来源的重要性作出判断。比如足球赛中赢的赌金无关紧要，而退税则很重要；在外面吃一顿算不了什么，但付房租应引起足够重视。她发现，人们花钱时对钱的重视程度，是与这笔钱来源的重要性相对应的。

而 Kooreman(1997)也作过一个类似的调查，他发现孩子在衣服上的消费，在很大程度上被发给孩子的津贴影响着，而并不被家庭的其他收入所影响。

这种思想也被运用到了公司发放红利的政策中(Shefrin & Statman,1984)。假设一家公司赚了一笔钱，这时他想把一部分利润返还给持股人。一种方法是将它作为红利发到持股人的手中，而另一种是简单地将它用于再次投资。如果不用交税，那两种方法就没有差别了。但是，如果得到红利需要以更高的税率交税，像美国那样，人们就会更愿意将利润用于再次投资。按理说，没有公司会再分红利了。可为什么分红的政策一直在继续呢？

也许只能用心理账户来解释了。人们对大的账户都有按照惯例的预算约束，而拿到手上的红利就像奖金一样，可以放心地花掉，不影响预算。而用于再次投资后，人们看不到实实在在的利润，甚至抱怨零花钱很快就用完了，不得不动用储蓄账户。

在股票市场上，每一次资本进账一般对消费不会产生什么影响，而每次小赚一笔，拿到手上的钱会使消费额增长。这就是所谓的"油箱效应"，因为每一笔汇到油箱的钱都会被花掉，而不会再存起来。

五、先前结果与风险选择

卡尼曼和特维斯基曾指出，在赛马场，那些在当天输了钱的人会在当天最后一轮比赛中，押下更多的赌注，因为他们希望挽回败局，至少回到不赚不赔的状态。这种沉淀成本的影响完全取决于对每天关闭心理账户的决定。如果每一轮被看成独立的账户，那先前的赌博就没有影响；相类似，如果这天的赌金是与他所有的财富放在一起的，那么先前的赌博结果也变得无关紧要。

假设一系列的赌博放在一起，则每次的结果都会影响之后的决定。萨勒教授曾作过一项调查以研究先前结果对之后风险选择的影响（Thaler & Johnson，1990）。我们依照萨勒教授的实验设计在中国人民大学重现了这一实验，取得了较为满意的结果。调查分三道题，最终的结果显示在括号里。

---

1. 你刚得到30元，现在有两种选择：
a. 50%的可能得到9元，50%的可能失去9元(70)
b. 不得不失(30)
2. 你刚失去30元，现有两种选择：
a. 50%的可能得到9元，50%的可能失去9元(40)
b. 不得不失(60)
3. 你刚失去30元，现有两种选择：
a. 33%的可能得到30元，67%的可能什么也不得(60)
b. 肯定得到10元(40)

这类问题可以显示结果是怎样影响风险选择的。从前两个问题的结果可以看出：第一，先前的得到会刺激冒险以得到更多。这种现象是所谓的"赌场效应"，赌徒总是把先前赢的钱作为以后继续的本钱。所以，赢了钱的赌徒总是把赢的钱放入另一只口袋，不与自己的钱混在一起。因为，不同的口袋代表不同的心理账户。第二，先前的损失不会刺激冒险，除非能提供机会挽回败局。

六、受限制的框架和损失厌恶

以上讨论可以看出，把赌博划分合并的方法，会影响赌博对人们的吸引力。萨缪尔森曾提出过一个著名的例子：他在与一位同事吃午餐的时候，提出一个赌博方案。他们抛一枚硬币,如果同事赢了,他能从萨缪尔森这儿赢到200元,如果他输了只需要付出100元。可是同事拒绝了这个方案,但他提出,如果赌博进行100次,他就会接受。这次萨缪尔森又不干了。

这个问题中有几个值得研究的地方。第一,他的同事显然觉得100元的损失要比200元的得到多,也就是说他是损失厌恶的。第二,为什么他又愿意进行一连串的这样的赌博呢?是什么样的心理账户在起作用?

设损失厌恶的系数为2.5,则

$$u(x) = x, \quad x > 0$$
$$u(x) = 2.5x, \quad x < 0$$

因为损失厌恶的系数大于2,所以打赌就没有吸引力。那么打两次赌的时候呢?他的吸引力就取决于怎样设立心理账户了。如果把每次打赌看成一个独立的事件,那么多次打赌和一次打赌的结果一样。如果把两次打赌看成一个整体,进入同一个账户,那么综合起来看,有25%的可能性得到400元,50%的可能性得到100元,25%的可能性失去200元,因而

$$期望效用 U = 25\% \times 400 + 50\% \times 100 - 25\% \times 200 > 0$$

这样,赌博的吸引力会大得多。对于风险厌恶的人来说,若把许多风险合在一起考虑,他们会更容易选择冒险。

这里还有一例支持上述观点。有三组调查对象,按照对自己资产进行评估的频率进行划分,一组是五年一次,一组一年一次,还有一组一年八次。他们都面临两种选择,一种将资产用于买股票,一种买债券。结果不经常评估资产的人大概把2/3的资金用于买股票了,而经常评估的人把59%的资产用于买债券。

另有一例把同样的选择提供给两组人。一组每年得到一次返还,另一组每30年才得到一次返还。结果每年得到返还的那组人把大多数资金投到了债券市场,而30年返还一次的大多数投资于股票市场。

这种现象被称为被"限制的框架"(Kahneman & Lovallo,1993),项目都作为单个进行评估,而不是作为投资组合。萨勒教授曾在一家公司的部门管理人员中做过这样一个实验,有一项投资,赚200万元的可能为50%,亏100万元的可能也为50%,每一位管理人员代表自己的部门作出是否投资的选择。结果25位管理人员中只有3位选择了投资。萨勒随后询问这家公司的CEO,是否愿意让25个部门同时接受这样的投资,当时这位CEO愉快地答应了。所以,过分的风险厌恶可以通过时间上或种类上的合并来避免。

被限制的分类有时还有消极影响。比如在许多城市,出租车司机每天以一个固定的租费租用汽车,租用的时间是12小时,司机可以决定是干满12小时还是只干一部分时间。理性的分析告诉我们,司机应该在生意好的时候工作更长

的时间。然而,事实上司机在生意好的时候都提前下班了,因为他们对自己每天赚的钱建立了一个目标账户。所以,弹性工作制与每天的工作量目标结合起来使用是消极的政策,人们这时都是以天为单位建立心理账户的。

本章小结

心理账户在行为经济学中得到了广泛的应用,也已经成为人们关注的焦点。心理账户主要分为三个部分:人们怎样感觉各种经济事务的结果,怎样去作一些决定,之后又怎样去评估这些结果;人们很多时候会把它分到细微和具体的账户里面去;它与我们核查与评估心理账户的频率有关。所以,心理账户推翻了诸如传统经济学里的可替代的观点,并且可以帮助我们更好地理解自己的行为。行为经济学里的一些崭新发现,例如开启和关闭账户的区别和差异、预算和成本的差异、支付贬值和支付隔离等,都有重要的实践和学术意义。

本章思考与练习

一、在传统的经济学理论中,必需品需求弹性小,降价促销并不适合这些商品。但我们经常看到大型超市坚定地奉行"薄利多销"的法则。试用心理账户解释这一现象。

二、用行为经济学解释为何可口可乐在机场被高价出售。

三、请说明为何博物馆年度通票的发行带来了收益。

四、销售人员向你推荐一套1 500元的正装,她会说这件衣服质量很好,能穿3年,平均每次穿着花费不过10元。试用心理账户理论分析这段广告的效果。

五、在股份制改革过程中,习惯了年终奖的职工会难以接受奖金变为股份的现实。请用心理账户理论解释这一现象。

本章参考文献

[1] Arkes, H. R. & Blumer, C., The Psychology of Sunk Cost, *Organizational Behavior and Human Decision Processes*, 1985, **35**(1): 124—140.

[2] Burgstahler, D. & Dichev, I., Earnings Management to Avoid Earnings Decreases and Losses, *Journal of Accounting and Economics*, 1997, **24**: 99—126.

[3] Degeorge, F., Patel, J. & Zeckhauser, R, J., Earnings Management to Exceed Thresholds, *Journal of Business*, 1999, **72**(1): 1—33.

[4] Gourville, J. T., Pennies a Day, The Effect of Temporal Reframing on Transaction Evaluation, *Journal of Consumer Research*, 1998, **24**: 395—408.

[5] Gourville, J. T. & Soman, D., Payment Depreciation: The Effects of Temporally Separating Payments from Consumption, *Journal of Consumer Research*, 1998, **25**(2): 160—174.

[6] Heath, C. & Soll, J. B., Mental Accounting and Consumer Decision, *Journal of Consumer Reseach*, 1996, **23**: 40—52.

[7] Kahneman, D. & Tversky, A., Prospect theory: An Analysis of Decision under Risk, *Econometrica*, 1979, **47**: 263—291

[8] Kahneman, D. & Tversky, A., Choices, Values and Frames, *American Psychologist*, 1984, **39**(4): 341—350.

[9] Kahneman, D., Lovallo, Timid Choices & Bold Forecast: A Cognitive Perspective on Risk Taking, *Management Science*, 1993, **39**(1): 17—31.

[10] Kooreman, The Labeling Effect of a Child Benefit System, unpublished working paper, University of Groningen, 1997.

[11] O'Curry, S., Income Source Effects, unpublished working paper, Depaul University, 1997.

[12] Odean, T., Are Investors Reluctant to Realize Their Losses? *Journal of Finance*, 1998, **53**: 1775—1798.

[13] Prelec, D. & Loewenstein, The Red and the Black: Mental Accounting of Savings and Debt, *Marketing Science*, 1998, **17**: 4—28.

[14] Shefrin, H. M. & Statmean, M., Explaining Investor Preference for Cash Dividends, *Journal of Financial Economics*, 1984, **13**: 253—282.

[15] Shefrin, H. M. & Statmean, M., The Disposition to Sell Winners Too Early and Ride Losers Too Long, *Journal of Finance*, 1985, **40**: 777—790.

[16] Thaler, R. H., Toward a Positive Theory of Consumer Choice, *Journal of Economic Behavior and Organization*, 1980, **1**: 39—60.

[17] Thaler, R. H., Mental Accounting and Consumer Choice, *Marketing Science*, 1985, **4**: 199—214.

[18] Thaler, R. H., Saving, Fungibles and Mental Accounts, *Journal of Economic Perspectives*, 1990, **4**: 193—205.

[19] Thaler, R. H. & Johnson, E. J., Gambling with the House Money and Trying to Break Even: The Effect of Prior Outcomes on Risky Choice, *Management Science*, 1990, **36**: 643—660.

[20] Tversky, A. & Kahneman, D. The Framing of Decisions and the Psychology of Choice, *Science*, 1981, **211**(30): 453—458.

第十一章 宏观行为经济学

近年来,随着行为经济学的逐步发展和日趋完善,一些经济学家开始把行为经济学的研究成果引入宏观经济学领域,解释了许多当代主流宏观经济理论——新古典宏观经济理论所无法解释的现象,开辟了经济学的一个新领域——宏观行为经济学。

2002年诺贝尔经济学奖得主乔治·阿克洛夫(George Akerlof,2002)认为宏观行为经济学并不是一门全新的学科,在某种意义上它是宏观经济学的一种回归。因为凯恩斯早在《就业、利息和货币通论》里就强调过诸如认知偏见、互惠、公平、从众、社会地位等心理和社会因素的重要性,并以此为出发点分析了许多宏观经济问题。例如,凯恩斯从边际消费倾向递减、资本边际效率递减及流动性偏好这"三大基本心理因素"的作用出发分析了有效需求不足产生的原因及其带来的生产过剩的严重后果。又如,凯恩斯主义者认为货币幻觉、工会制度等因素造成了工资刚性,而工资刚性又是不完全就业和经济周期波动的重要原因。在二战后约30年的时间里,凯恩斯主义成为西方经济学界的主流学派,为西方国家政府经济政策提供了理论依据,促进了战后西方经济的繁荣。

20世纪60年代末70年代初,西方国家经济普遍陷入"滞胀"(Stagflation)困境,凯恩斯主义的理论和政策因之失灵。理论界掀起了一场对凯恩斯主义经济学进行批判和反思的潮流。在这一潮流中,理性预期学派脱颖而出。1961年,穆斯(Muth)首先提出了"理性预期"(Rational Expectation)的概念。理性预期是指"经济人"为避免损失和谋取最大利益,会设法利用一切可以获得的信息,对所关心的经济变量在未来的变动状况作出尽可能准确的估计。穆斯之后,卢卡斯(Lucas)、萨金特(Sargent)、华莱士(Wallace)等人按照理性预期的思路,加上完全竞争的一般均衡分析方法,对工资、失业、货币、通货膨胀、经济周期、政府行为和经济政策的作用等宏观经济问题重新进行了阐述。理性预期理论与货币中性及自然率假说等理论相结合,形成了独具特色的理论体系——新古典宏观经济学(又称理性预期宏观经济学或新古典主义)。在新古典主义者看来,消费、劳动供给、产出、就业、定价决策、工资谈判等都是消费者效用和厂商利润最大化的结果,失业和经济波动则应归咎于不完全信息和技术冲击。新古典主义通过引入微观经济基础以及复杂的数理分析方法使宏观经济学变得更严谨、看起来更具"科学性",新古典主义也由此成为主流学派。

然而遗憾的是，在新古典主义成为主流学派的过程中，新古典主义经济学家们抛弃了凯恩斯所强调的心理和社会因素的作用，使得该学派面对许多经济问题无能为力，如非自愿失业的存在、货币政策的有效性、非垂直的菲力普斯曲线、储蓄不足等。

20世纪70年代以来，随着行为经济学的兴起，经济学家们开始重新重视社会、心理等因素对经济的作用，将行为经济学与宏观经济理论相结合，形成了宏观行为经济学，为新古典主义所无能为力的那些领域作出了新的诠释。下面将介绍宏观行为经济学在非自愿失业、货币政策、菲利普斯曲线和储蓄不足等领域的研究成果。

第一节　非自愿失业

凯恩斯将失业分为三种：摩擦失业、自愿失业和非自愿失业。摩擦失业是由于某种专门劳动市场供过于求造成的，具有暂时性和无法避免的特点；自愿失业是指人们由于各种原因不愿意接受现有的工作而情愿呆在家中；非自愿失业是指在现有工资和劳动条件下，人们愿意工作但仍找不到工作的现象。摩擦失业可以通过对劳动力的技能训练和国民经济结构的调整而迅速解决，自愿失业则是劳动队伍自身的选择，所以这两类失业不能算是真正的失业。社会所需要解决的是非自愿失业的问题，只要解决了非自愿失业，就可以达到"充分就业"[①]。凯恩斯认为在边际消费倾向递减、资本边际效率递减及流动性偏好这"三大基本心理因素"的作用下，有效需求往往不足，国民收入无法达到充分就业的水平，再加上工资刚性的作用，就使得非自愿失业成为一种常态。

新古典主义者则认为失业者都是自愿的，非自愿失业是不可能存在的。在商业萧条时期由于总需求水平的意外下降，或者由于负向供给冲击的作用，社会上对劳动力的雇佣量会减少。但只要失业者愿意降低工资标准就一定可以找到工作，因为劳动力市场和商品市场一样是连续出清的，工资完全具有弹性，可以不断调整。然而实际情况是，在商业萧条时期辞职的人数总是呈下降的趋势。按照新古典主义者的推论，高失业是由于劳动者拒绝接受低于其工资要求的工作而造成的，那么，辞职和失业应该是同步上升的。但在现实世界，当失业率上升时，辞职人数通常是减少而非增加。因此，新古典主义的理论与现实是不相符的。

---

① 充分就业是指社会中不存在非自愿失业，即在一定工资水平下所有愿意工作的人都能找到工作。

但原凯恩斯主义宏观经济学的一个致命弱点是缺少微观经济基础,极少讨论劳动力市场,因而遭受新古典宏观经济学的重创。受新古典宏观经济学的影响,宏观行为经济学高度重视构筑宏观经济学的微观经济基础,十分关注劳动市场,积极探讨工资粘性和失业的成因,提出了独特并富有创见的劳动力市场理论,代表性理论有:效率工资理论、局内人—局外人理论、隐含合同理论等,其中最有影响的是效率工资理论,它曾赢得了劳动力市场微观经济理论发展中"80年代的新热潮"的美誉。

所谓效率工资(Efficiency Wage)就是使劳动力总成本最小的工资。与效率工资紧密相关的是市场出清工资。市场出清工资是使劳动力市场出清的工资,也就是使劳动力供给等于劳动力需求的工资。效率工资一般高于市场出清工资。效率工资理论[1]认为由于道德、公平、内部力量、非对称信息等原因,雇主有强烈的意愿(因为效率工资理论假设生产率受企业支付工资的影响,在这样的假设下,减少工资导致的是成本的增加而不是降低。因此,效率工资理论认为,支付比市场出清工资更高的工资,劳动力总成本可能最小,厂商能够获得更多的利润)向员工支付高于市场出清水平的"效率工资",使得劳动力市场供过于求,工作机会受到限制,一些劳动者因此找不到工作,成为非自愿失业者。在这些造成效率工资的心理和社会因素中,最重要的是互惠(Reciprocity)、公平(Fairness)和对集体规范(Group Norm)的遵循[2]。基于互惠,雇主向员工支付高于市场出清水平的工资,员工将以对公司的忠诚回报雇主;基于公平,雇主也愿意支付较高的工资,因为如果员工认为自己的工资低于其心目中的"公平工资",就可能怠工;集体规范则决定了互惠的形式和公平工资的构成。比如有一种怠工模型体现了效率工资能提高工人的努力程度。该模型认为,在实际生产过程中,厂商不能严格地监督工人的努力程度,工人总有怠工的机会,为了防止工人在生产过程中的偷懒行为,避免"磨洋工",被迫向工人支付较高的工资,以提供一种激励,促使工人努力工作。将工资定于高出市场出清的水平,其实是引进了对偷懒进行惩罚的机制,因为工人偷懒时被发现,他将可能失去一份高工资的工作,这时,工资构成工人偷懒被抓住从而被开除的机会成本,而且工资越高,机会成本就越高。在瓦尔拉斯(Walras)的劳动力市场中,经济处于充分就业状态,所有厂商都支付市场出清工资,在这种情况下,工人不在乎失去工作,因为相同的工作立即可以找到,怠工无成本。但是支付效率工资,就打破了瓦尔拉斯劳动力市场

---

[1] 关于效率工资理论的系统性论述可参见 Yellen (1984)。
[2] 互惠来自人类学中的礼物交换理论(Gift Exchange Theory);公平来自心理学的公正理论(Equity Theory);集体规范则产生于社会学中的参照群理论(Reference Group Theory)和心理学的群体形成理论(Theory of Group Formation)。

的均衡状态,社会上就存在非自愿失业,这时,怠工有了成本,工人很珍惜较高工资的工作,即使不努力工作可能不被发现,这些工人也会努力工作。

费哈等人(Fehr et al.,1993,1996,1999)则通过实验证实了互惠行为和社会规范对工人努力程度的重要影响。

大量的实证研究也证实了效率工资的普遍存在。早在效率工资的概念被提出之前,劳动经济学家就发现相似的工作或相同特征的工人之间的报酬有很大的差异。研究表明工作地点的差异会造成同质工人之间的工资差异,而且工资较高的行业辞职率通常较低。这些研究成果一方面对效率工资的存在提供了有力的支持,另一方面也暗示工作条件或利益的差别并不足以解释工资的差别,也就是说工作有"好"与"坏"之分。好工作和坏工作的区别又为非自愿失业赋予更深的含义:失业者是指那些愿意接受,但无法得到被与其具有同等能力的人把持住的工作的人。此外,非自愿失业者也可能逃避那些现有的报酬太低或技能要求太低的工作。因此,从效率工资的角度定义的非自愿失业更符合实际情况。

另外,林德贝克和斯诺尔(Lindbeck & Snower,1988)的内部人—外部人模型(Insider-outsider Model)也很好地解释了效率工资的形成原因。该模型认为内部员工有能力阻止雇主以低于公司内部现行工资水平的市场出清工资雇佣外部新员工。洛易(Roy,1952)对一家位于伊利诺斯的机动船厂进行了细致的研究之后,发现内部员工一方面建立起关于工作努力程度的集体规范,并以此排挤那些工作"过于努力"、产量高于"公平"标准的员工,另一方面又串通一气阻挠雇主以较低工资从外面雇佣新员工。正是这种内部人的串谋迫使公司向员工支付高于市场出清水平的工资。

从非对称信息的角度来看,高于市场出清水平的工资是一种纪律工具。在夏皮罗-斯蒂格勒茨(Shapiro-Stiglitz)模型中,高工资可以减少员工偷懒的动机。这是因为如果所有的公司都支付高于平均水平的工资,整个社会的平均工资水平就会被抬高,甚至高于出清水平,从而造成普遍存在的非自愿失业。而失业又可以作为一种纪律工具,因为工人一旦被发现偷懒就会被解雇,而被解雇的工人必须经过一段时间的失业之后才可能重新就业。显然,工人纪律模型更符合经济学的标准逻辑,但是以心理和社会因素为基础的行为模型却对非自愿失业作出了更为令人信服的解释。而且,这些行为模型更接近于凯恩斯的观点,因为凯恩斯在《通论》的前几章里就强调过公平和相对工资的重要性。

第二节 货币政策的有效性

凯恩斯主义者坚信货币政策(或适当的通货膨胀政策)是解决有效需求不

足的良策之一。为了提高有效需求水平,他们主张国家应通过自己控制的中央银行系统性地增发货币,扩大信贷。这样做一方面可以降低利率,减少投资成本,增强私人投资欲望;另一方面,货币流通量的增加会造成物价上涨,从而降低了工人的实际工资,相对地提高了资本边际效率,增强了投资引诱。

凯恩斯主义认为宏观经济政策能够逆风向地调节有效需求以平抑经济波动;现代批判凯恩斯主义的各流派如货币学派、理性预期理论和实际经济周期理论从不同的角度反对相机抉择的政策,主张"按规则行事",并相信只有依靠市场机制才能走出困境;20世纪70年代以后产生的新凯恩斯主义者接受理性预期的假设,以市场的不完全性为理论基础,从一定程度上挽救了政府适度干预论,同时关注宏观政策调控可能产生的反作用。不过,在实践中,没有哪一个国家放弃宏观调控的手段,只不过是在不同的经济环境下调整政策策略而已。30年代大萧条以后,西方国家在凯恩斯主义思想的指导下加强了宏观调控的力度,但到70年代,由于凯恩斯主义和新古典综合派无法解释滞胀现象,"按规则行事"的观点在政府的宏观政策制定中逐步占据上风。不过,"按规则行事"的规则并不是弗里德曼的"固定货币增长规则",而且中央银行在执行规则时也并不刻板,对突发事件的反应是迅速的。以美国1987年的股灾为例,美联储迅速采取行动防止了股灾进一步恶化。

关于货币的传导机制,学术界大致存在两种观点:一是传统的理论(所谓的货币观点)认为,货币政策通过政策工具操作,改变银行资产负债表的负债方(主要是货币)以影响居民的资产选择行为使利率和汇率发生变动,改变各种投资、消费及净出口的相对价格(成本),从而影响产出;另一种观点(所谓的信贷观点)强调金融市场上信息是不完全的,银行的资产(主要是贷款)与其他金融资产不可完全替代,某些特殊的贷款人(特别是小企业、新企业以及消费者等)很难从公开的金融市场上获得融资,所以银行信贷对他们具有特殊的作用;另外,由于信息不对称产生逆向选择和道德风险,信贷市场上存在均衡的信贷配给,银行贷款利率不表示市场出清的均衡利率,它与市场利率之间存在一个利差,银行信贷对产出有重要的影响。因此,货币政策工具还通过改变银行信贷来影响实际经济变量。两种理论有不同的政策含义,货币观点强调货币供给、利率和汇率与产出之间的联系,这些变量可能作为货币政策的中介目标;信贷观点强调信贷指标与产出之间的联系,因此中央银行还必须关注信贷变量。货币渠道和信贷渠道不是对立的,应该是互为补充的。从银行的资产负债表来看,资产方与负债方存在平衡关系,分析很难将两者区分开来。

在货币政策操作层次上,由于对货币政策最终目标(保持物价稳定)的认识比较一致,主要的争论集中于货币政策中介目标和货币政策规则。货币政策中介目标基本上可以分为数量指标和价格指标两类,这两类指标是互相冲突的,二者不可兼得,究竟选择哪一种指标,理论上的分析是将此问题放在中央银行稳定产出和价格波动的最优化环境中来讨论。早期的结果是普尔(Pollak,1970)用IS-LM 模型来说明的,他认为货币供应量和利率二者的选择取决于 IS 曲线和LM 曲线的相对稳定性。更实用的标准是可控性、可测性和相关性等标准,所以这只是一个经验问题。美国曾经以货币供应量为中介目标,但 20 世纪 90 年代初期以后,货币供应量与名义国内生产总值、通货膨胀率之间的相关性被破坏,迫使美联储采取以利率为主的综合性目标体系。其他发达国家也经历了类似的发展过程。货币政策规则是 20 世纪 80 年代以后特别是 90 年代以来兴起的一个研究热点。① 理论上,货币政策规则是一个动态优化问题的最优解,它表现为货币政策中介目标与可观察的经济变量(一般是产出和通货膨胀率)之间的关系。经验的研究企图说明中央银行是否是"按政策规则"行事的以及按什么样的规则行事。90 年代以后,发达国家的中央银行或者更加注重按规则微调,或者采取通货膨胀目标制(包括新西兰、加拿大、英国、瑞典、芬兰、澳大利亚、西班牙、以色列、智利、韩国等),使通货膨胀保持在适度的低水平。通货膨胀目标通常有具体的时间和上下限,实现这一目标的具体措施由中央银行自行掌握,这相当于将物价稳定的目标派给中央银行,并要求中央银行按"稳定通货膨胀"的规则行事。这一制度本身蕴涵了财政货币政策搭配的内容,因为通货膨胀目标是由政府或财政部与中央银行协商决定的。

在通货膨胀水平很低或者物价下跌的情况下,货币政策的效应会受到零利率的限制。日本自 20 世纪 90 年代以来的宏观经济运行状况是一个突出的案例。克鲁格曼(Krugman,1998)从流动性陷阱的角度分析了日本的状况,提出的政策处方是要求日本中央银行在未来 15 年内明确通货膨胀目标,保证实施扩张性的货币政策以扭转公众的预期,扩大支出,从而摆脱流动性陷阱。国际上另有不少研究对货币政策效应的零利率限制问题作了分析。赖夫司乃得和威廉姆斯(Reifschneider & Williams,1999)利用美联储的 FRB 模型模拟美国经济,对此作了模拟分析。主要结论是,传统的最优货币政策没有考虑到名义利率不能小于零的限制条件,如果加上这一限制条件,在通货膨胀率很低的情况下,货币政策受到零利率限制的概率将上升,但是如果政策制定者预先考虑到这一状况,不使通货膨胀率太低,则货币政策的零利率限制可以避免。因此,中央银行不但要防止通货膨胀,而且要防止通货膨胀率过低,这也是为什么实施通货膨胀目标制的国家大多将通货膨胀目标区设为 2%—3% 范围内的原因。

---

① 关于货币政策的系统性研究参见泰勒(Taylor,1999)。

货币中性是新古典宏观经济理论的重要组成部分。根据理性预期的理论，理性的经济人能够收集到尽可能充分的信息，并据此作出理性预期，这种预期的结果非常准确，可以与职业经济学家用数学模型得出的结果相媲美："鸟没有学过空气动力学，但是却飞得很好"。在理性预期的引导下，人们能够迅速而准确地意识到政策制定者的意图，并对政府政策和价格变动事先采取应对措施，从而抵消了政策的预期效果。因此，只要货币政策被公众完全预期到，那么在政策实施之前，公众就会以适当的比例调整名义工资和价格，使得货币政策无法对实际产出和就业发生作用，造成货币政策无效。新古典主义者进一步将货币政策的无效性泛化，因为既然从货币政策的角度来看政府赖以干预经济的宏观经济政策无效，那么，"政策无效性"就可以被一般化，即"政府失灵论"。卢卡斯曾批评凯恩斯的宏观经济政策只能靠"一时欺骗"公众才能得逞。但是，公众是不会长期受骗的，一旦公众形成理性预期，则任何政策都是无效的。理性预期的理论看起来颇为完美，然而在现实世界我们却看到中央银行及其货币政策广泛地发生作用。

宏观行为经济学通过一系列的理论和实验清楚地展示了在合理的行为假设下，货币政策会像凯恩斯主义者所断言的那样影响实际产出。认知心理学认为决策者会像一个"直觉科学家"（Intuitive Scientist）那样收集信息，并根据简化的心理框架（Mental Frames）作出决策。根据拇指定律（Rule of Thumb），决策者在作决策时会忽略掉那些对利润或效用只有微小影响的因素。在这种简单化规则的作用下，总工资和价格水平对外部冲击的反应具有惰性，也就是新古典主义者所强烈批判的"工资/价格刚性"。在新古典主义者看来，惰性工资的假设是非理性且不合理的，因为它不管对雇主还是对工人而言成本都是很高的。相反，行为经济学家则认为依赖拇指定律所产生的包括"货币幻觉"（Money Illusion）在内的一系列行为都不仅普遍存在，而且还是合理的，因为根据拇指定律进行决策可能带来的损失是非常小的。阿克洛夫等人（Akerlof & Yellen, 1985）最先在一个具有效率工资和垄断竞争特征的模型中论证了这一现象。他们发现面对由货币供给增加引起的需求冲击（Demand Shock），一些价格制定者，如厂商，会根据拇指定律保持原有价格不变，而且这些厂商在这一过程中的损失是很小的。也就是说，即使货币政策被公众预期到，但在拇指定律的作用下，公众不会像新古典理论所预测的那样预先采取行动。行为经济学家认为这种厂商对价格的惰性反应行为是"近似理性"（Near Rationality）的，因为与新古典理论的最优化决策相比，依照拇指定律行事的厂商所可能遭受的损失是很小的。

在这种近似理性的价格刚性的作用下，货币政策将对实际产出、就业等产生显著的影响。在垄断竞争模型中，每个厂商的利润函数对价格都是二阶可导的，所以该函数在最优价格的邻近区域是平坦的。因此，任何偏离利润最大化的价格给厂商所带来的利润损失都是很小的。这样，在名义货币供应量增加的情况下，如果大量厂商都保持价格不变或缓慢地调整其价格，也就是说这些厂商都偏离了利润最大化的价格水平，那么真实的货币供应量①也将相同幅度地增加，而真实的货币供应量的增加又必然带来总需求、总产出和总就业量的变化。举例来说，假设一个社会的货币供给量增加一定比例，如 $\varepsilon=0.05$。这时，有一部分厂商在拇指定律的作用下，保持价格不变，那么相对于完全最优化行为，这些厂商会遭受相当于 ε 的平方，即 0.0025 的损失。可见，价格惰性行为给厂商带来的损失是非常小的。但是，如果货币需求与收入成正比，实际总产出将按 ε 的一定比例增加。由此可见，对完全理性的微小偏离就足以驳倒新古典主义的完全预期导致货币政策无效的论点。② 行为经济学正是通过观察一系列"近似理性"行为对经济可能产生的影响解决了新古典主义在理性预期条件下货币政策的无效性问题，为凯恩斯主义的政策主张提供了"微观"支持。

第三节　菲利普斯曲线与自然失业率

本节将从宏观经济学的角度对短期宏观经济运行中的两个主要问题——失业与通货膨胀进行阐述，因为失业与通货膨胀常常给西方的市场经济造成较大的痛苦和损害，西方学者对此进行了比较系统的研究，其中最著名的研究成果是凯恩斯主义的菲利普斯曲线和新古典主义的自然失业率。随着行为经济学的兴起，宏观行为经济学对失业和通货膨胀的研究也取得了越来越多的成果。

一、传统的解释

菲利普斯曲线是一条从左上方向右下方倾斜的曲线，它描述了通货膨胀率和失业率之间此消彼长的动态性交替关系，即较高的失业率对应较低的通货膨胀，较低的失业率对应较高的通货膨胀。菲利普斯曲线是凯恩斯主义解释通货膨胀与失业率关系问题的理论基础，也是政府设计宏观经济政策的逻辑起点。它意味着政府可以应用货币政策或财政政策，使产量和就业保持在目标水平上，只要政府愿意接受同其选择的产量和就业水平相联系的通货膨胀率。菲利普斯曲线的基础是供给和需求，它暗示着"货币幻觉"的假设，即工人和厂商之间工

---

① 又称真实平衡(Real Balance)，指名义货币供应量减去价格水平。在名义货币供应量增加而价格不变的情况下，真实平衡将等同比例增加。

② 拇指定律的定价行为还有许多形式，如 Taylor(1979)和 Calvo(1983)的交错合同模型(Staggered Contract Model)，Mankiw 和 Ricardo(2001)的"近似理性"模型(Near-rational Model)等。

资谈判的对象是"名义工资"。当需求较高而失业水平较低时,工人会要求增加其"名义工资",厂商将通过定价策略把"工资膨胀"转嫁为"价格膨胀",进而导致通货膨胀率升高。相反,则使通货膨胀率下降。经济学家们首先测算了英国的菲利普斯曲线,进而又把它推广到美国等其他国家。20 世纪 60 年代,学术界所取得的大量实证结果都支持菲利普斯曲线所描述的关系。

1968 年,米尔顿·弗里德曼(Friedman Milton)与佩尔泊斯(Pelps)[1]首先对菲利普斯曲线提出了质疑。他们认为工人关心的是"实际工资"而非"名义工资"。因为工人会预期到通货膨胀,为了获得补偿,工人将要求更高的实际工资。同样,厂商会通过定价策略将实际工资的上涨转嫁给价格。从凯恩斯主义的名义工资到新古典主义的实际工资的假设改变是微小的,但却会对菲利普斯曲线产生巨大的影响:新古典理论认为菲利普斯曲线只在短期是一条从左上方向右下方倾斜的曲线,在长期它将是一条垂直线,与垂直的菲利普斯曲线相对应的那一失业率就是著名的自然失业率。在这里,起作用的是理性预期。假设一国的中央银行为了使失业率低于自然失业率,采取扩张性的货币政策,增加货币发行。在理性预期的作用下,工人将预期到该政策的作用。在劳动力供给异常紧张的情况下,工人将通过谈判要求增加货币工资,而且其增长幅度必须高于预期的通货膨胀率。相应地,厂商把上升的成本转嫁到产品价格上,这样,实际的通货膨胀率将高于谈判时工人预期的通货膨胀率。通过理性预期,工人将会意识到这一点,新一轮要求增加工资的谈判又开始了,通货膨胀率将继续升高。因此,从长期来看,失业率低于自然率的扩张性政策会使通货膨胀率加速上升。相反,中央银行使失业率高于自然率的政策最终将会造成不断加速的通货紧缩。

自然率是作为反对凯恩斯主义的菲利普斯曲线的批判武器提出来的,它揭示的理论含义是:在一定的微观经济结构下,包括厂商、工人、消费者等在内的经济人基于对通货膨胀率的准确预期而产生的经济行为,会形成唯一的产出和就业水平,即"自然水平",只有将失业率维持在自然率的水平上,经济才能保持稳定,任何"需求管理"政策不仅不能降低失业率,还会带来经济的过度波动。由于当时特殊的"滞胀"环境,自然率假说一经提出,经济学界就以惊人的速度接受了它。

然而,现实的情况却与自然率理论的预测有偏差。例如,在大萧条的 30 年代,美国社会的失业率大大超出了任何合理的自然失业率。按照自然率理论,在整个 30 年代,通货紧缩应该是持续加速的。但实际情况并非如此。在萧条时

---

[1] 卢卡斯(Lucas,1972)将理性预期假设与弗里德曼和佩尔泊斯的模型相结合,使垂直的菲利普斯曲线与自然率假说成为新古典主义的完整理论。

期,物价下降了一段时间,但在 1932 年之后就停止了,在接下来的十年里,尽管失业率仍很高,但并无明显的通货紧缩。这一史实说明至少在一段时间里,在高失业率和低通货膨胀率的情况下,自然率假说失效了。

二、宏观行为经济学的解释

近年来,针对菲利普斯曲线和自然率,阿克洛夫等人(Akerlof et al.,1996,2000)提出了两种行为假设,它们使得失业率和通货膨胀率之间稳定的此消彼长的关系在足够高的通货膨胀率和足够低的失业率下成为可能。第一个假设是"纯凯恩斯"的,即工人抵制削减名义工资,同时厂商也很少削减;第二个假设考虑了通货膨胀预期在工资谈判中的作用,即在很低的通货膨胀率下,相当数量的工人不会将通货膨胀作为一个显著因素纳入工资谈判之中。但是,随着通货膨胀率的上升,忽略通货膨胀的成本将随之增大,越来越多的厂商和工人在谈判时会考虑到通货膨胀这一因素。

1. 凯恩斯关于工人抵制裁减货币工资的假设反映了他深刻的心理学洞见,而且这一假设正被越来越多的心理学理论和证据所支持。新古典主义理论认为人的偏好是独立、客观、稳定和前后一致的,因此人在面对不确定性风险时是依据期望效用理论(Expected Utility Theory)作出选择的,即

$$U(x_1,p_1;\cdots;x_n,p_n) = p_1u(x_1) + \cdots + p_nu(x_n)$$

其中,x_i 是所得,p_i 是获得 x_i 的概率。根据期望效用理论,人的效用取决于其最终所拥有的财产数量,而且人在面对所得或所失时总是风险规避者,即效用函数是凹的(或 $u''<0$)。

然而,卡尼曼和特维斯基(Kahneman & Tversky,1979)在大量的实验中发现人们在面对所得或所失时的态度是不一样的:人在面对获得时,往往小心翼翼,不愿冒风险,是风险规避者;在面对损失时,则愿意冒风险,是风险偏好者;而且人们对损失和获得的敏感程度也是不同的,一定数量损失的痛苦要远远大于同等数量获得的快乐,这就是著名的前景理论(Prospect Theory)。

根据价值函数,如果工人以现有的工资水平为参照点来评判得失,在损失厌恶倾向的作用下,工人必然对货币工资的削减产生巨大的抵触情绪,那么,从前景理论的观点来看,向下的工资刚性就是一个很自然的现象。另外,沙佛、戴尔蒙德和特维斯基(Shafir,Diamond & Tversky,1997)在一项问卷调查中发现人们的心理框架不仅具有新古典主义的假设,还表现出一定程度的货币幻觉。如果人们对名义工资的削减确实有厌恶倾向,那么在低通货膨胀率下,通货膨胀和失业之间就存在着长期的此消彼长的关系,通货膨胀率的上涨会显著地减少失业,增加产出。这是因为,不论是经济景气还是萧条时期,总有一部分厂商和行业经

营得比别人好。也就是说,不同行业以及不同厂商之间的经营状况是不一样的。因此工资水平也需要根据厂商及行业间不同的经营状况而相应调整。在通货膨胀温和且生产力增长较快的情况下,相对工资很容易调整。经营较差的"不幸"厂商,可以以低于通货膨胀率的幅度来"提高"工人的货币工资(而实际工资其实是下降了),经营较好的"幸运"厂商则可以以高于通货膨胀率的幅度来增加工人的货币工资(工人的实际工资也上升了)。在这里,我们看到了适度通货膨胀的好处,它为"不幸"厂商提供了一个降低实际工资的"烟雾弹"和"缓冲带","润滑了劳动力市场前进的车轮"。但是,在生产力增长缓慢(如美国20世纪70年代初至90年代中期的情景)、通货膨胀率很低或无通货膨胀的情况下,厂商则很难调整相对工资。这是因为大部分公司经营状况不理想,必须通过削减实际工资来降低成本维持生存。但是,由于没有了通货膨胀这个"烟雾弹"的掩盖,这些公司只有削减名义货币工资才能达到削减实际工资的目的,而在损失厌恶心理的作用下削减货币工资必将招致工人的抵制,这是厂商所不愿意看到的。在无法降低实际工资的情况下,厂商只能减少工人雇佣量。可见,在生产力增长缓慢且无通货膨胀的情形下,实际工资将高于市场出清的工资水平,劳动力市场因此供过于求,导致长期失业率上升。

根据第一个行为假设,阿克洛夫等人建立了一个模型,模型中的参数与现实非常接近,该模型的模拟结果发现:如果年通货膨胀率从2%永久性地降低到零,失业率将永久性地增加两个百分点。阿克洛夫又以该模型估算了美国二战后的菲利普斯曲线,得到的结果与模拟结果很相似。如果以这一菲利普斯曲线来模拟20世纪30年代的通货膨胀率,得到的结果则与大萧条时期美国的实际通货膨胀率惊人地相符。相反,用自然率模型进行模拟,得到的结果是整个30年代加速的通货紧缩,而这与实际情况是不相符的。

概而言之,宏观行为经济学以前景理论为基础的、针对菲利普斯曲线和自然率提出的第一个行为假设及其实证结果说明在低通胀和低生产增长率的情形下,通货膨胀与失业之间此消彼长的关系是非常明显的。

2. 宏观行为经济学的第二个假设也可以推导出在低通胀率条件下通货膨胀和失业之间永久性的此消彼长的关系。其基本观点是:由于通货膨胀不显著,在工资谈判时工人会忽略掉对未来物价变化的预期。在垄断竞争和效率工资的条件下,这种对不显著的通货膨胀的忽略是一种"近似理性"的行为。认知心理学的研究一再表明人们倾向于忽略掉那些对其决策不重要的变量。从实证方面看,行为经济学家们曾估算过这样一条菲利普斯曲线:由于通货膨胀率的高低不同,允许过去的通货膨胀对现在的通货膨胀产生不同的影响。在这样条件下估算出的菲利普斯曲线与该行为假设的推断是一致的:在高通货膨胀时期,过去通货膨胀的系数和接近于 1;在低通货膨胀时期,这个系数和则非常接近于 0。相似地,在以实际调查获得的预期通货膨胀值为自变量的回归结果中发现,预期通货膨胀的系数在高通货膨胀时期高于低通货膨胀时期。这些实证结果都证实了人对通货膨胀的预期受实际通货膨胀率、特别是最近一段时间的通货膨胀率的影响。

三、政策启示意义

宏观行为经济学以上系列的研究结果表明,过低的通货膨胀会招致永久性的高失业和低产出。该研究结果对货币政策有着很重要的启示意义。大多数人认为中央银行的行为应该是谨慎、保守和安全的。但在阿克洛夫(Akerlof, 2002)看来,许多国家的中央银行都听信自然率假说,像身处险境的司机似的,为了避开通货膨胀的车流,他们小心翼翼地行驶在道路的边缘,结果使得通货膨胀率过低而失业率过高。例如,在 20 世纪整个 90 年代,加拿大的通货膨胀率很低,失业率却很高,高出美国失业率约 4 个百分点。欧洲也有过同样的经历,日本则走得更远,甚至一度出现过通货紧缩。

第四节　个人储蓄行为

由现实的数据来看,储蓄行为在不同的国家似乎表现出不同的趋势。在发达国家,尽管国家鼓励人们进行储蓄,但大家好像没什么兴趣;而在其余国家,特别是在东亚一些国家,过多的储蓄甚至导致需求不足。下面将阐述宏观行为经济学对储蓄行为所进行的一些具有创新性的研究及成果。

一、凯恩斯主义和新古典主义对储蓄行为的研究

凯恩斯认为决定和影响储蓄的因素很多,可分为主观因素和客观因素两大类。主观因素包括人的心理偏好、社会习俗、生活习惯等,除非在反常的情况下,主观因素通常比较稳定,不会有重大改变。客观因素中最重要的是收入水平,个人一般是根据其收入水平来决定将收入的多少比例用于消费或储蓄,与主观因素相比,客观因素具有不稳定性,会经常发生变化。

在新古典主义者看来,储蓄是个人效用最大化的结果,在不考虑外部情况的条件下,个人的储蓄水平必定是最优的。储蓄过多或过少就像非自愿失业一样,与其模型的基本假定是相矛盾的,因此也是不可能的。新古典主义用于描述个人储蓄行为的代表性理论是生命周期理论。根据生命周期理论,储蓄取决于一个人一生的收入总额或永久收入,而与现期或短期收入水平无关。举例来说,假

定有一对双胞胎汤姆和杰瑞,他们除了职业外在其他各方面都完全相同。汤姆是篮球运动员,他大部分的收入是在其年轻时获得的;杰瑞则是位职业经理人,他大部分的收入是在中年以后获得的。根据生命周期理论,汤姆在年轻时应当多储蓄以增加其中老年时的消费,而杰瑞则应在年轻时多借贷以增加其消费水平。然而,事实表明大部分人的消费水平是随其各阶段收入水平的变化而变化的,收入增加时其消费水平也提高,收入下降时其消费水平也相应降低。

近年来,在发达国家,个人储蓄不足似乎是一个趋势。为了弥补该不足,发达国家政府采取税收优惠政策鼓励储蓄,或斥巨资为退休老人提供津贴;许多雇主要求或资助员工缴纳养老保险金等。除了这些"强制"储蓄计划和一系列的社会保险之外,退休人口消费的大幅度减少是储蓄不足的最好证据。而且,退休人口消费的下降是不连续的,那些有更多资产和补偿收入的退休人员的消费减少量要小得多。这些现象是新古典主义的标准生命周期理论所无法解释的。

二、宏观行为经济学对储蓄行为的研究

宏观行为经济学近年来从理论和实证上对个人储蓄行为进行了深入的研究,取得了突出的成就,增进了人们对储蓄行为,特别是发达国家储蓄不足的理解。在这方面,宏观行为经济学最重要的理论创新是:对于储蓄,人们心目中可能有两个不同的函数,一个是用以决定实际储蓄量的(跨期)效用函数,另一个函数则衡量储蓄所带来的福利大小(Laibson,1999)。人们对第一个目标函数追求效用最大化,而该效用最大化的行为并不能保证福利水平的最大化。为了进一步阐述消费与储蓄之间的替代关系,行为经济学家们还提出了双曲线贴现函数这一新概念,它描述了人们在自我控制(Self-control)能力上的有限性。

假定某人的消费效用函数为

$$U_t(c_0,c_1,\cdots,c_T) = E_t\left[u(c_t) + \beta \sum_{i=1}^{T-t} \delta^i u(c_{t+i})\right]$$

其中,$(c_0,c_1,\cdots,c_T)$为各期的消费水平,β 和 δ 为贴现率,即期的效用函数为 $u(c) = \dfrac{c^{1-\rho}-1}{1-\rho}$。如果等式中的 $\beta = 1$,那么该效用函数的贴现率就是新古典主义所采用的指数贴现率,它代表着稳定一致的偏好。行为经济学家们认为人的偏好既不稳定也不是前后一致的,因此其贴现率不是常数,而是一双曲线函数,可表示为

$$(1 + \alpha T)^{-\gamma/\alpha}$$

双曲线贴现函数意味着贴现率随时间的增长而递减;人们在面对需要即时作出牺牲而在未来获得收益的抉择时采用较高的贴现率;如果同样的牺牲被推

迟到更远的未来时,人们则倾向于采用较低的贴现率。因此,当人们在面对需要推迟享受(或作出即时牺牲)的抉择时,如果可以推迟这种牺牲,则表明其较有耐心;如果这种牺牲在短期内作出,则表明其比较没有耐心。从消费与储蓄来看,由于现期的消费比未来的消费更有吸引力,所以人们总是拖延储蓄。

由于不同人的自制能力有差异,行为经济学家从双曲线贴现函数推导出两种形式的拖延(Procrastination):幼稚拖延(Naive Procrastination)和老练拖延(Sophisticated Procrastination)。那些具有"幼稚拖延"倾向的人总是认为明天与今天不同,明天的效用函数与今天的不同,但没有意识到明天的自己与今天的自己也是不同的。因此,他们总是错误地认为自己明天会去做那些需要牺牲现时享受的事,如储蓄、减肥、运动等,虽然自己今天并没有这么做。结果,他们会惊奇地发现,明天的自己也将和今天的自己一样拖延下去。老练拖延行为的表现形式是提前行动①(Preproperation)。具有老练拖延行为倾向的人对未来的自己有完全理性的认识,他们会对自己说:如果明天我会把今天的储蓄都花光的话,那么为什么我今天还要储蓄呢?他们不会为了明天而牺牲今天的享受,而只会"提前"享受。

泰勒等人(Thaler & Benartzi,2000)为了研究拖延行为与储蓄之间的关系,曾在一个中等规模的制造企业做过这样一个实验:雇员们被邀请参加一个储蓄计划,他们可以优先选择从工资增量中提取多少比例用作储蓄。与双曲线贴现函数的推论一致,雇员们虽然只愿意从现有工资中提取较少比例用作储蓄,但愿意从未来工资的增量中提取较大比例用作储蓄。在这一储蓄计划下,该公司雇员的储蓄率提高了约一倍。

三、东西方不同储蓄行为的比较

由于处于不同社会背景、不同文化背景下的人具有不同的心理偏好、社会习俗、生活习惯等,因此,东西方的储蓄行为就表现出不同的趋势。

行为经济学认为,在中国,人们的储蓄行为普遍受到目标心理(Target)或者叫作锚定心理的影响。行为经济学家把人们在作决定的时候倾向于把相关或不相关的事实作为参照点的微妙心理称为"锚定心理"。很多中国人的储蓄除了用于养老、支付意外的医疗费用以及作为子女的教育基金之外,还有一个重要的动机:体会银行账户里沉甸甸的数字带来的满足感。他们在平日里的吃饭或聊天中,甚至从一些没有根据的传言中,了解到他的邻居及另外一些他认识的或看到过的人的存款数目,于是心里便暗暗地定下了目标:自己也要达到多少数量的

---

① 提前行动的概念首先由 O'Donoghue 和 Rabin 提出。

存款,我们可以从许多人的存款数目往往是一个整数中觉察到这一点。

还可以从另外一个角度来理解中国人储蓄行为的特点。人们在谈到某人的财产时,往往指的就是他的存款数量的多少,而没有意识到其投资的大小、固定资产的数目。这也从一个侧面反映出了人们的心理账户里面,存款所占的分量要比实际的分量重得多。因此,人们更倾向于多储蓄。

除了以上几节谈到的非自愿失业的存在、货币政策的有效性、非垂直的菲力普斯曲线、储蓄不足这四个宏观经济问题外,凯恩斯主义、新古典主义和宏观行为经济学在证券市场、股票市场和金融等领域也存在分歧。

针对证券市场,凯恩斯在《就业、利息和货币通论》里提出过著名的"选美理论":他认为选股票就像对报纸上的选美竞赛[①]投票一样,如果你需要在上百张照片中选出六张,为了胜出,你不能选自己认为最漂亮的六张脸蛋,而必须选大多数人会选中的那六张。宏观行为经济学认为股票市场也是如此,为了获利,投资者不是选择自己心目中的绩优股,而是选择为大多数人推崇的"绩优股",将"理性"摆在了相对次要的位置上。在这种心理的作用下,股票市场将对各类信息作出过度反应,股票价格也会因之而过度波动。

有效市场假说是理性预期理论在金融领域的经典应用。有效市场假说认为投资者是完全理性的,对证券价值会作出正确的评价。因此,在一个有效率的金融市场上,所有信息均能反映在证券价格上,市场具有价格调节功能,任何时候都能对广泛的具有投资价值的信息给予正确的评价与反应,证券价格不会大幅度偏离价值。而行为经济理论在金融领域的应用则开辟了金融学的新分支——行为金融学。行为金融学认为,证券市场上的投资者并非完全理性,总有一部分投资者是非理性的,他们的投资行为受非理性的投资情绪的影响。在非理性投资行为的作用下,金融市场呈现出非理性的特征,证券价格偏离基本价值是一种常态[②]。与凯恩斯的投资理论相似,行为金融学也是从心理因素出发研究投资行为及其对金融市场的影响。这在上一章中已经详细阐述过,这里不再多说。可见,行为金融学也是对凯恩斯的投资理论的一种回归。

在以上的比较分析中,我们可以看出不管是凯恩斯主义、新古典主义还是宏观行为经济学在研究宏观经济问题时都是以个人行为即"微观基础"作为分析的起点。凯恩斯理论从"三大基本心理规律"出发,对失业、投资、储蓄等一系列宏观问题提出了开创性的见解,强调政府需求管理政策的重要性,奠定了现代宏

[①] 即由报纸公布一批照片,由公众进行评选,如果参赛者选出的美女与最后评审结果相符,那么该参赛者将获得奖励,类似于当今流行的网民评选网络小姐的竞赛。

[②] 关于有效市场假说与行为金融学争论的系统论述请参见董志勇(2004)。

观经济学的基础。遗憾的是,凯恩斯的后继者们对凯恩斯理论政策含义的研究和关注逐步超越了凯恩斯所强调的心理和社会因素的重要性,使得"缺乏微观基础"成为新古典主义者反对和批判凯恩斯理论的一贯托辞。然而,新古典主义理论的"微观基础"却是过于单一化的"理性预期",忽略了"经济人"行为中丰富、生动同时也是复杂的一面。新古典主义者企图以理性预期来解释宏观问题,但其理论在很多现实面前却显得无能为力。

本章小结

基于新古典主义的理性人假设,消费、劳动供给、产出、就业、定价决策、工资谈判等都是消费者效用和厂商利润最大化的结果,失业和经济波动则应归咎于不完全信息和技术冲击,所以,新古典主义通过引入微观经济学的基础以及复杂的数理分析方法使宏观经济学变得更严谨、看起来更具"科学性"。然而遗憾的是,它抛弃了经济分析中的心理和社会因素的作用,结果对许多经济问题无能为力,如非自愿失业的存在、货币政策的有效性、非垂直的菲力普斯曲线、储蓄不足等。随着行为经济学的兴起,经济学家们开始重新重视社会、心理等因素对经济的作用,将行为经济学与宏观经济理论相结合,形成了宏观行为经济学,对新古典主义无能为力的那些领域作出了新的诠释。行为宏观经济学为经济学界注入了一股新鲜的活力,它从互惠、公平、身份、货币幻觉、损失厌恶、羊群行为、锚定心理等角度出发,对许多宏观问题作出了更符合实际也更令人信服的诠释,使我们对宏观经济问题有了更深刻的认识和理解。

本章思考与练习

一、NBA 球星的高薪合理吗?说明理由。
二、请分别从企业角度和工人工资角度说明凯恩斯价格刚性的微观基础。
三、从行为经济学角度分析维持过低通货膨胀率对长期失业率的影响。
四、从居民行为角度解释我国的高储蓄率。
五、说明凯恩斯宏观经济学、新古典经济学和宏观行为经济学在金融领域的主要分歧。

本章参考文献

[1] Akerlof George, Behavior Macroeconomics and Macroeconomic Behavior, *American Economic Review*, 2002, **92**(3): 411—433.

[2] Akerlof George, Dickens William & Perry George, Near-Rational Wage and

Price Setting and the Long-Run Phillips Curve, *Brookings Papers on Economic Activity*, 2000, **1**: 1—44.

[3] Akerlof George, Dickens William & Perry George, The Macroeconomics of Low Inflation, *Brookings Papers on Economic Activity*, 1996, **1**: 1—59.

[4] Akerlof George & Yellen Jane, A Near-Rational Model of the Business Cycle, with Wage and Price Inertia, *Quarterly Journal of Economics*, 1985, **100**(5): 823—838.

[5] Akerlof George & Yellen Janet, Can Small Deviations from Rationality Make Significant Differences to Economic Equilibria? *American Economic Review*, 1985, **75**(4): 708—720.

[6] Calvo Guillermo, Staggered Prices in a Utility-Maximizing Framework, *Journal of Monetary Economics*, 1983, **12**(4): 383—398.

[7] Fehr Ernst & Falk Armin, Wage Rigidity in a Competitive Incomplete Contract Market, *Journal of Political Economy*, 1999, **107**(1): 65—187.

[8] Fehr Ernst, Gachter Simon & Kirchsteiger Georg, Reciprocal Fairness and Non-compensating Wage Differentials, *Journal of Institutional and Theoretical Economics*, 1996, **152**(4): 608—640.

[9] Fehr Ernst, Kirchsteiger Georg & Reidl Arno, Does Fairness Prevent Market Clearing? An Empirical Investigation, *Quarterly Journal of Economics*, 1993, **108**(2): 437—459.

[10] Friedman Milton, The Role of Monetary Policy, *American Economic Review*, 1968, **58**(1): 1—17.

[11] Kahneman Daniel & Tversky Amos, Prospect Theory: An Analysis of Decision under Risk, *Econometrica*, 1979, **47**(2): 263—292.

[12] Laibson David, Hyperbolic Discount Functions, Undersaving and Savings Policy, NBER working paper, 1996, No. 5635.

[13] Laibson David, The Adequacy of Household Saving: Comments and Discussion, *Brookings Papers on Economic Activity*, 1999: 174—177.

[14] Lindbeck Assar & Snower Dennis J., *The Insider-Outsider Theory of Employment and Unemployment*, MIT Press, 1988.

[15] Lucas Robert, Expectations and the Neutrality of Money, *Journal of Economic Theory*, 1972, **4**(2): 103—124.

[16] Lucas Robert & Rapping, Leonard, Unemployment in the Great Depression: Is There a Full Explanation? *Journal of Political Economy*, 1972, **80**:

186—191.

[17] Mankiw Gregory & Reis Ricardo, Sticky Information versus Sticky Prices: A Proposal to Replace the New Keynesian Phillips Curve, Mimeo, Harvard University, 2001.

[18] Muth John F., Rational Expectation and the Theory of Price Movement, *Econometrica*, 1961, **29**(3): 315—335.

[19] O'Donoghue Ted & Rabin Matthew, Doing It Now or Later, *American Economic Review*, 1999, **89**(1): 103—124.

[20] Pelps Edmund S., Money-Wage Dynamics and Labor-Market Equilibrium, *Journal of Political Economy*, 1968, **76**(4): 678—711.

[21] Pollak, R. A., Habit Formation and Dynamic Demand Functions, *Journal of Political Economy*, 1970, **78**: 272—297.

[22] Roy Donald, Quota Restriction and Goldbricking in a Machine Shop, *American Journal of Sociology*, 1952, **57**(5): 427—442.

[23] Shafir Eldar, Diamond Peter & Tversky Amos, Money Illusion, *Quarterly Journal of Economics*, 1997, **112**(2): 341—374.

[24] Shapiro Carl & Stiglitz Joseph E., Equilibrium Unemployment as a Worker Discipline Device, *American Economic Review*, 1984, **74**(3): 433—444.

[25] Taylor John, Staggered Wage Setting in a Macro Model, *American Economic Review*, 1979, **69**(2): 108—113.

[26] Thaler, R. H., Mental Accounting Matters, *Journal of Behavioral Decision Making*, 1979, **12**: 183—206.

[27] Thaler Richard & Benartzi Shlomo, Save More Tomorrow: Using Behavioral Economics to Increase Employee Saving, *Journal of Political Economy*, 2004, **112**(1): S164—S187.

[28] Yellen Janet L., Efficiency Wage Models of Unemployment, *American Economic Review*, 1984, **74**(2): 200—205.

[29] 董志勇:《宏观行为经济学的兴起》,《教学与研究》,2004 年第 3 期。

[30] 黄国石:《理性预期学派的经济理论和政策主张》,《厦门大学学报》,1997 年第 3 期。

第十二章 未来的路

社会科学有那么多分支,从来没有哪一个学科像经济学那样令人向往、令人崇拜。经济学是诺贝尔奖设奖奖励的唯一一门社会科学学科,经济学摘取的是社会科学皇冠上最耀眼的明珠。从来没有哪一门社会科学像经济学那样包罗万象,精致严谨。只因为经济学研究的是与人最密切相关的物质生活,这才是经济学经久不衰的真谛。

"经济学是充分利用人生的艺术。"

——萧伯纳

这句话被贝克尔(Gary. S. Becker,1992 年诺贝尔经济学奖获得者)引用在《人类行为的经济分析》中作为开篇第一句。很多人把贝克尔算在行为经济学先驱的行列这实在是一个大大的误解,恐怕贝克尔也不愿与行为经济学为伍。

看过《人类行为的经济分析》的人都知道,贝克尔将人生各个方面的问题如家庭、消费、宗教……全用精确的经济数学模型解释了一番,他引用萧伯纳的名言只是为了限定他在书中阐述问题的范围。贝克尔的开创性贡献在于他把经济学分析之手伸到了原来不曾触及的地方——人的种种行为模式,显示了经济学对人类生活惊人的解释力。但是,就本质而言,贝克尔是主流经济学忠实而有力的捍卫者,与现在的行为经济学相去甚远。

行为经济学备受瞩目,被认为是异军突起,主要在于它对主流经济学的理论出发点提出挑战与质疑,其争论的焦点在于"人"。

可是,似乎直到行为经济学的兴起,经济学界才真正开始正视主流经济学假设前提的缺陷,对假设前提的讨论由原先的旁敲侧击式转为轰轰烈烈的方式。

第一节 灭佛与造佛

一直以来传统经济学都致力于向科学发展,经济学几乎具备了自然科学所有的研究方式和分析范式,唯一缺少的就是可控性实验。

经济学一向都被认为是一门非实验的科学,这一领域的研究者——如同天文学或者气象学的研究者一样——必须依赖现场数据,即直接观察真实世界①。所以经济学研究的数据来源大多是统计数据或是二手资料,或者是纯粹的理论假说。

经济学用于检验理论的工具主要依靠统计学和计量经济学,等于是以理论验证理论。

直至近二十年,受控实验被引入经济学研究,特别是行为经济学、实验经济学的诞生彻底结束了经济学没有实验的历史。从此,经济学可以从模拟现实的实验中得到数据,检验理论的现实性。

实验进入经济学也是"无心插柳柳成荫"的事,张伯伦当年在课上做模拟市场交易的实验完全是为了说明市场均衡的形成,虽然实验结果与理论有偏差,但并没有引起他的注意。倒是史密斯,这位实验经济学的创始人,作为张伯伦的学生对老师的这一行动铭记在心,发现了经济学的实验潜质②。

实验的好处在于可操作性和可重复性。在经济学引入实验之前,数据获取渠道的局限性非常明显。采用统计数据意味着无法确保数据的准确性;而通过观测现实世界以得到第一手资料意味着获取数据务必一次成功,假如出错了再去重新观测,再次观测的条件与初次观测的条件早已大不相同。而实验则相反,实验的可操作性意味着你可以控制实验环境使其尽量相同,确保实验过程不变,这样,一次实验失败了,还可以从头再来。如果无数次重复实验的结果都大致相同,那么至少说明这中间存在着很强的必然性。不断的重复实验获得的数据得到的结果会更靠近真实情况。

行为经济学引入实验方法研究经济问题的最大意义在于为经济学理论找到了一种新的检验方法。它的基本检验步骤如下:① 识别传统经济学所运用的假设、模型;② 设计严格受控、诱因充分的实验,获取实验数据;③ 识别反常现象(如果有的话);④ 改造原有模型,使之具有更普遍的适应性;⑤ 检验新的行为模型(可再次设计实验)。③

从检验步骤来看,行为经济学在检验功效上较计量方法和统计方法有天然的优势。如果说引入计量经济学的目的是为了弥补统计学只有数据处理能力而缺乏经济解释能力的缺点,那么引入实验的检验方式是为了进一步弥补计量经济学对于经济现象的识别解释能力的不足。因为行为经济学比计量经济学更具

---

① 瑞典皇家科学院:《心理的经济学和实验的经济学——2002年诺贝尔经济学奖评述》,董志强译,《浙江经济》,2002年第20期。
② 张跃平:《维农·史密斯对实验经济学的贡献——潜在诺贝尔奖得主学术贡献评介系列》,《经济动态》,2000年第10期。
③ 参见薛求知等:《行为经济学——理论与应用》,复旦大学出版社2003年版。

有经济学的特质,它不是以理论检验理论,而是以可操作的实验,即实践去检验理论。"实践是检验真理的标准",只有经受过实践检验的理论才具有指导实践的意义。经济学之所以受到广泛重视,不仅在于它揭示经济运行的一般规律,更重要的是它的决策意义、政策意义、预测意义,这是它的第一个优势。第二个优势在于它不仅可以检验先验理论,还可以推翻先验理论创立自己的理论体系,完整运用理论的所有分析范式并通过实验的再设计自我检验。从这个意义上讲,实验经济学较传统经济学有更强的新陈代谢能力,更具与时俱进的禀赋。

实验敲开经济学的大门无疑是一种福音,传统经济学找到了适合自己的"医生"。

第二节 谁是谁非

传统主流经济学从未停止过排斥行为经济学,认为它更像是过家家游戏,它的奇特和引人注目正是因为它作为理论的不成熟:(1) 就理论模式而言,传统经济学重在立论,用规范化的模式去赢得它的统治地位,在这点上传统经济学是在打阵地战;行为经济学重在破论,用描述可控试验的方式发现传统经济学的理论漏洞从而找到自己的立足点,在这点上行为经济学像是在打游击。(2) 主流经济学认为行为经济学反驳自己的理由不够充分,而行为经济学自身的假设或理论太随意了,仅几个实验说服力有限。因为实验本身就带有很多人为因素,尤其是经济等社会科学的实验,很难控制理想的实验条件。(3) 就分析工具而言,行为经济学显得稚嫩青涩,缺乏精巧的模型构造和深厚的数学功底,而过多地借助于心理学,这在分析经济问题上欠缺力度。(4) 就理论的系统性而言,行为经济学的理论分散零碎,缺乏完整的理论体系。

经济学属于社会科学,社会科学的一大特点就是相互联系紧密,你几乎找不到可以完全隔绝的两门社会科学学科。因此社会科学就无法像自然科学那样精确,这是社会科学的天性,不精确并不是什么耻辱。

经济学研究的范畴涉及社会科学和自然科学的方方面面,它的博大本该是它骄傲的原因,哈耶克曾说过:"仅仅是经济学家的人不会是一个好的经济学家。"他本人一开始就不是搞经济学研究的。

这句话发人深省,我们似乎忘记了一个最不该忘记的人——马克思。马克思是一个博学的经济学家,他的经济学以深厚的历史感和现实感著称,他经济学中的人保留了"社会人"的本质特性。他认为人不是生活在真空中的,人是具体的历史的人,他的行为受自然环境、社会环境以及自身局限等因素的制约,其中自身因素就有先天资质的差异、知识构成差异、阶级立场差异等,外部环境的改变通过影响内部因素改变人的决定,所谓"具体问题具体分析"就是这个道理。连"立场坚定"的贝克尔为了解释人的非理性行为也只有拓宽理性的外延(越是内涵丰富精确的定义,其外延越狭窄),他承认人生有许许多多目标,为了获得短期的利益而暂时放弃长期的终生目标(例如熬夜)也被视为理性。这种辩解虽然有道理但未免显得有些苍白。在这里引进马克思的目的在于说明理论要具有被实践证伪或证实的能力,没有经过实践证伪或证实的理论充其量只是假说。从这个意义上说,行为经济学的诞生是传统的主流经济学的有益补充。

然而传统经济学的优势是很明显的。如果你有历史的概念就会知道亚当·斯密提出"理性人"假设在他那个时代是极具开创性意义的。就构建完整的理论体系来说,高度抽象、高度脱离现实的"理性人假设"对于构建模型极为有利。任何一门学科只有可以用数学描述才趋于精确,因为数学是独立于语言之外的另一种语言(思维方式),它可以不经过现实检验,所以它显得很单纯,正因为单纯,它可以很精确很严谨。

数学和经济学的完美结合造就了现代经济学,也成为经济学发展快于其他社会科学的原因。经济学的原创思想大都不完整、不系统,林林总总。一旦构建起数学模型就需要剔除很多变量,只留几个核心变量。这就需要为理论构建严格的假设前提,传统经济学的假设基本是为构建模型设立的,比如"完全竞争市场"的假设前提可以保证供求模型只出现价格和交易量两个变量,从而得出两者之间的核心关系。

数学模型一旦构建起来,就会产生意想不到的作用,因为往往通过模型可以发现原创理论没有发现的问题,得到一系列有益的推论。通过释放条件可以尽量向现实靠近。数学模型基本上起深化理论的作用,经过升华的理论一经语言描述就可以有指导实践的效果。庞大而系统的经济学理论大致都是如此构建的。

在这个方面,行为经济学真的有待进一步发展。

主流经济学技术分析层面的日益完善却使它陷入了尴尬的境地。披上了数学的外衣,经济学却越来越背离它的初衷。经济学的任务是揭示经济运行的规律,所以它应该高度关注现实,关注与之相关的其他学科的发展,而经济学家自以为经济学帝国的理论已经很完善了,所以更热衷于做一些技术层面的处理工作,越来越向数学家靠拢。难道经济学家仅仅是为锻炼思维能力而从事研究的吗?如果这样,经济学家可以考虑改行做数学家或哲学家。

经济学领域本该是最为开放的领域,但现在看起来似乎是最保守的领域。传统经济学的统治地位一旦被确立就很难动摇,任何异己声音的出现都会被视为大逆不道。而且有些经济学家不愿与其他领域的学者合作。用米尔切尔的话说:"我老觉得奇怪的是,为什么心理学家和哲学家彻底撒手不管,任由经济学家安安静静地去做这种徒劳无功的事。这部分是由于几种传统的社会科学和分支相互隔绝造成的。"①恐怕经济学本身应该为这种状况负更大责任。

社会科学应以人为本,在这点上行为经济学充分体现了它的"人文关怀",因为它还原了人性本来的面貌,在研究经济问题中充分考虑到了影响人们决策的内外因素,包括人的情绪、人的社会角色等,尤其值得一提的是人有普遍价值观、渴望被认同、有价值实现需要,实验经济学在实验设计、政策建议上充分考虑到了这些因素,这体现了经济学原本具有的"让人幸福"的博爱精神。在这点上,行为经济学将传统经济学从对"边沁"关于效用原始定义的背离中重新拉了回来——效用是人的真实感受。因此,经济学要追求幸福。也许你会觉得实验条件下并不能完全反映人在现实生活中的状态,但是反过来想,不同的实验条件产生不同的实验结果这本身就证明了人的行为决策受很多因素影响,单纯的"经济人"假设会不会太草率了?行为经济学的意义在于它还原了形形色色的人及其行为,这样"博爱"的理论几乎可以被应用到所有的经济领域,得出有益的结论以提出更有针对性、更有层次的建议。理论的目的不在于构建颠扑不破的真理,而在于"自圆其说","理论是灰色的,生命之树常青"。

相形之下,主流经济学的高姿态真的是因为它天然的优势,还是因为它已经意识到了自己在很多经济问题上的无力?我们宁愿相信是后者。心理学认为人越是表现得高高在上越是掩饰不住内心的脆弱无助。传统主流经济学已经把理论框架构建在理想国里太久了,如果越陷越深,只配当其他新兴理论的有益参照。经济学早已不是"弗里德曼那个年代轮椅中的经济学了",经济学的价值难道不在于它对解决很多现实经济问题的指导意义吗?是该走出发展的"滞胀"期了,是该回到现实世界中听听不同的声音了。

敞开怀抱吧,就让行为经济学作为回归的先行者,带领"经济学"重新降生于人世。

在当代世界中,各种学科的交汇也是一种潮流。因此,行为经济学的出现也是势在必然,是题中应有之意。从西方经济学的发展史来看,经济学的现实主义运动作为一种学术思潮自"李嘉图恶习"在经济学界存在和产生影响以来一直沉沉浮浮、曲曲折折地发展着(德国历史学派和美国旧制度学派的出现曾使经济学现实主义运动出现过短暂的高涨)。在当代,现实主义运动随着二战后经

---

① 米尔切尔:《反潮流:经济学批判论文集》第七章《社会科学的科学性如何?》,商务印书馆1992年版。

济学形式主义化的日益加重,也在 60 年代初出现回潮。以科斯在 1960 年发表的《社会成本问题》为标志,制度主义作为现实主义运动的一面旗帜,正引导着现代经济学去探索更加纷繁复杂的"真实经济世界"。

第三节 暗藏的致命陷阱

正如前一小节中谈到的,传统经济学对行为经济学的批判从未停止过,但其中最具挑战的攻击则是对行为经济学研究方法的质疑。因为行为经济学是以实验为基础的,它通过对实验结果的分析,来检验人的行为是否与传统理论中的假设一致,如果实验在设计上存在漏洞,甚至在方法论上存在缺陷,那么无疑将是行为经济学的致命伤。

事实上,许多行为经济学文献中提到的实验都或多或少地存在一些问题。这些问题与其说是实验设计的缺陷,倒不如说是实验在方法论上隐藏着陷阱。结果,相同的实验由不同的研究者设计或者由不同实验参与人执行就有可能得出不同的研究结论,或者实验中的一些暗藏因素难以得到有效控制,也就是说实验可重复性和可控制性难以得到保证。

在实验设计中,可能影响实验甚至威胁实验有效性的因素是多方面的,我们可以把这些因素分成两类,一类来源于实验设计本身,另一类则来源于实验的被测试个体。其中,第一类因素往往是由于设计者在实验设计过程中,考虑不周全或者没有遵守科学的程序造成的,如由于资金限制而选择了过少的报酬或者实验语言运用不当而给被测试个体以暗示等,都可能使实验结果的说服力大打折扣。所以这类因素可以被理解为设计上的缺陷,而且在理论上也可以通过改进实验而避免。第二类因素则往往不能受设计者主观意愿所控制,因为这类因素源于被测试个体,比如,被测个体是否会猜测实验设计者的意图;他们除了关注货币激励以外是否会在乎其他激励(名誉、人际关系等)。被测试个体的这些心理活动是难以控制的,这正是经济学实验不同于物理、化学实验的重要方面,也正是这一类因素严重威胁着某些实验的可重复性,引发了经济学家对行为经济学研究的探讨和争论。

一、实验设计中可以避免的缺陷

1. 关于被测试个体的选取

很多研究行为经济学的实验都是以学生作为被测试对象的,这给实验带来了方便并降低了成本,但是同时也引发了一些问题:学生之间的关系、学生的专业知识和自身素质是否会对实验结果造成影响呢?

首先,学生们在实验室外的关系是可能影响实验结果的。比如,在研究公平的实验中,如果被测试个体知道其他个体是他的朋友或熟人,他的行为就可能和其他个体是陌生人的情况有所不同。另外,如果被选择的学生都是来自于同一专业,比如全部都是经济学专业的学生,他们的行为就有可能受他们自身知识结构的影响,从而导致实验结果就可能缺乏普遍性。所以,为了避免出现这些问题,实验的组织者应该从较大范围,比如从多个年级、多个专业中,选取被测试个体,而不是仅仅选用自己的班上的学生。

2. 关于激励的选取

在已有行为经济学的实验中,为了使被测试个体在实验中作出与真实社会中同向的行为决策,实验设计者往往运用奖励媒介诱导被测试个体,使得被测者因行为的不同而获得不同的补偿。这就是被广泛应用的价值诱导理论(Induced Value Theory)(Smith,1976)。所以实验的组织者必须清楚地向被测试个体阐明实验报酬和行为决策之间的关系,实验大约持续的时间(被测试者可以此得知他们的机会成本)以及激励报酬如何支付等,这样才能控制激励的效果。

某些行为经济学实验所提供的激励是实物形式而非货币形式的,这就可能因为被测试个体对具体实物偏好和估价的不同,影响实验结果的有效性。相比之下,货币就具有明显的单调性,即人们对货币的偏好程度随着金额的上升而加强。而且,在某些实验中,向被测试个体提供物质激励很可能是一笔不小的开支,使得实验设计者可能采取降低激励价值以减少成本的行动。结果,激励的价值可能不足以补偿被测试个体参与实验的机会成本,导致实验难以有效进行。

另外,考虑到报酬的多少涉及个人的隐私问题,开创经济学实验方法的鼻祖费农·史密斯(Vernon Smith,1982)把隐私(被测试者仅知道各自的收益函数)作为有效的微观经济实验所必须具备的充分条件之一。如果被测试个体能够探知其他人的报酬,并且确认他人也能够知道自己的收益函数,那么就可能引发一些非货币的动机,比如追求公平、嫉妒以及维护自身形象等。货币激励的作用就可能受到影响而被错误估计,其本身的效果也变得难以控制。

二、实验中难以绕过的陷阱

1. 实验被测试个体的主观猜测和期望——对可重复性的威胁

前文已经提到,在很多著名的实验中,实验的被测试个体都是实验设计者的学生,这就不得不再次引起我们的思考:学生会不会去猜测教授的实验意图,这种主观的猜测会不会影响实验结果。著名的"霍桑效应"很好地回答了这一问题。一些学者想要在新泽西州霍桑的某家工厂检验这样一个假设:灯光的亮度和工人的生产效率是否在某种程度上存在着正的相关性。通过增加灯光的亮度,观察者发现工人的效率提高了,而且其工作效率随着亮度的不断上升而提高,这是否就能证明我们前面的假设呢? 观察者将灯光亮度调暗,发现工人的工作效率仍然在提高。也就是说不论灯光强度如何变化,生产效率都会提高,这就是"霍桑效应"(Hawthorne Effect)①。产生这种情况的原因很简单,就是因为工人知道有人在观察他们的行为,也可以说他们"猜出"了实验设计者的目的,即观察他们是否在努力工作,因此工人便会保持努力工作的状态而并不是受到灯光变化的影响。

可见,被测试个体的主观猜测将会大大影响实验的有效性。试想:如果学生知道他们参与实验是为了帮助导师进行某项研究,从而自觉或不自觉地猜测实验的目的,那么他们的行为模式就会随之受到影响。比如,实验设计者可以用两种字面不同但意思相同的叙述方式来检测框架效应②。如果某些学生本身对行为经济学有较多的了解,他们就很有可能知道实验的目的。他们会不会依然像那些毫不知情的人一样,表现出相互矛盾的偏好?他们可能会这么做,以达成导师的实验目的,或者故意不这么做,以显示他们的一致的偏好、理性的思维和敏锐的洞察力。

显然,由于主观猜测本身是不可能完全排除避免的,并会在某种程度上影响被测试个体的行为,再加上不同的人可能有不同的主观猜测,所以实验难以保证其自身的可重复性,而我们得到的实验结果也难以给人以充分的事实说服力。

2. 实验的激励——对可控制性的疑虑

我们已经知道,在研究行为经济学的实验中,货币是最为常用的激励手段之一。这一方面是因为货币相对实物形式的激励而言,既可分割,又不会饱和,还能将被试个体在面对不同报酬时表现出的态度差异降到最低限度,从而为实验的进行提供了便利。更重要的是,真实的货币报酬被认为有助于减少被测试个体行为的变异性。关于这一点,查尔斯·普洛特(Plott, Charles R., 1982)认为,实验室建立的经济与现实经济相比可能特别简单,但是却一样真实。真实的人被真实的金钱所驱动,因为真实的天赋和真实的局限,作出真实的决策和真实的错误,并为其行为后果而真实地悲喜。

但是,行为经济学实验以人为实验对象的特殊性再一次动摇了实验结果的

---

① 霍桑效应的应用范围很广,它是指由于被观察者得知受到额外的关注而改变行为倾向的效应。
② 框架效应的实验试图证明,在风险存在的情况下,人们的抉择会因为叙述方式的不同而不同,尽管不同叙述的本质含义是相同的。

可靠性。作为具有情感和思维的个体，人们除了受金钱利益的驱动外，往往还会受到其他动机的强烈影响。这些动机包括：个人名誉、人际关系以及表现出聪明、优秀和维护公平的动机等。霍夫曼在对"独裁者行为"进行研究时发现，当被测试个体在黑色幕布后进行试验，并且确信他们的姓名将被保密时，他们所作出的决策与姓名不被保密时所作出的决策有很大不同。实验结果表明，与一切情况公开相比，他们在姓名被保密的情况下所损失的金钱要少得多。因此，霍夫曼指出：人们对自身名誉的顾忌会影响他们的行为方式，除非与社会及他人隔离，否则人们不会单单追求金钱而忽视自身名誉。① 可见名誉就是一种非货币的激励，并影响到了实验结果。

　　随着经济学实验方法的不断发展，各种实验和实证的结果都让经济学家开始认真考虑货币激励可能引起的负作用及其深层次的原因。社会心理学家提出了"动机挤出理论"（Theory of Motivation Crowding-out），该理论认为影响人类行为的激励来源于两个方面：外部动机和内部动机。货币激励作为一种外部动机，可能会降低人的内部动机。曹敏等（2002）通过实验研究得出结论，货币激励在大数额激励和小数额激励两种情况下都是次优选择：在小额激励的情况下，货币激励会有负面作用，降低人们的行为动机和行为绩效；在大额激励的情况下，货币激励的作用不及同等价值的非货币物质激励。

　　所以，如果单单以货币作为激励，我们就可能忽略其他激励潜在的影响，并忽略货币激励本身还可能会对其他内在动机产生影响，从而错误地估计货币激励对被测试个体行为的影响。为了消除实验中货币以外的其他动机，经济学家在设计实验时想出了一些对策。虽然实验者都能从他们的实验中消除金钱利益动机以外的其他动机，但在现实的决策中，金钱利益动机虽然很重要，却不一定能够代表全部的动机。因此，尽管货币激励价值的多少掌握在实验设计者手中，但是就总的激励而言，却是难以完全控制的。

第四节　前面的路

　　这支在主流学术体系的周遭生长出来的现实主义的学术思潮的纵深发展，正在规范的意义上对各种理想主义、空想主义、抽象模式所蕴含的"市场神话"、"国家神话（政府神话）"、"私有产权神话"等理念产生强有力的冲击，从而使传统经济学家们不得不放宽假设，修改前提条件，引进新的分析工具、拓宽研究领

---

① 但是，另有心理学研究证明：人们在独处时也会注意到自己的形象，例如，人们在镜子面前与不在镜子面前的表现是大不相同的，即使人们确信没有旁人在观察他。

域。从这种意义上说,现实主义思潮的勃兴也许暗示了经济学的未来发展趋向。现实主义运动中的相互交叉学派和学说包括:行为经济学、不确定性经济学、非线性经济学(混沌经济学)、信息经济学、法律经济学、实验经济学、交易成本经济学、公共选择学派、组织经济学、新政治经济学、新制度经济学、新经济史学、演进经济学、后凯恩斯主义经济学、新兴古典经济学等。它们的名称各异,但在对现实的关注方面却表现出相似的理论倾向,即将经济学重新拉回到"研究真实世界的经济学"的状态。

现代经济学向心理学靠拢,同现代经济中的"精神心理因素"越来越多有关,与现代经济的日益"非物质化"、"软性化"有关。例如,商品品牌的作用日益突出,商品的个性化意味着商品内含的"精神文化因素"越来越大,人的价值取向日益决定着商品销售,如绿色产品的时兴。从整个经济结构来说,服务业比重越来越大,社会"软件"的比重越来越大。美国股市中纳斯达克板块超乎常规的大起大落,也反映出人们的心理预期在很大程度上决定了资金的流向。行为经济学的出现正是这一背景在经济学领域的一种反映。

如果工业文明的偶像被灭了"佛",这将意味着产生了另外一种价值形成方式;行为经济学不光要学会灭"佛",而且应该学会造"佛"。其实,像理性自利、效用函数、效用极大化等,都是传统经济学的一些最为基本的假设,这些假设从传统经济学的体系内部是无法证明抑或伪证的。如果从其所推出的传统经济学能否解释大多数的经济现象,有没有明显的事实与之抵触来看,这些假设是基本正确的。当然,科学是不断发展的,可能有一天会有一个更好的假设取代它,但是在现阶段,它们依然是我们可以信赖的假设,是在知识探索过程中的一些熠熠闪光的足迹!

本章小结

行为经济学通过实验的方法,给传统经济学的研究带来了很大的革新。作为经济学"新的分支",行为经济学的实验方法对经济学产生了巨大的影响,显示了它在检验、比较和完善经济学理论方面的优势。而建立在实验基础上的行为经济学摆脱了传统微观经济学理论以抽象假设为基础的束缚,从人的行为出发,结合心理学研究成果,以实验事实为依据,成为经济学研究的前沿课题,并已在多个领域指导人们的实践。

传统经济学对行为经济学的批判从未停止过,但其中最具挑战的攻击则是对行为经济学所使用方法的质疑。因为行为经济学是以实验为基础的,它通过分析实验结果,来检验人的行为是否与传统理论中的假设相一致,如果实验在设计上存在漏洞,甚至在方法论上存在缺陷,那么无疑将是行为经济学的致命伤。

不管威胁实验有效性的因素是来自于设计者,还是来源于被测试的个体,这些因素都不是独立存在的,是相互影响的。我们已经知道,来源于设计者的因素是可以尽量避免的,而来源于被测试者的因素却是难以消除的。另一方面,实验设计者在设计上的疏忽也可能会加剧被测个体主观因素产生的不利影响。我们不仅应该清醒地认识到减少设计疏漏的重要性,而且应该看到行为经济学的实验方法仍不十分成熟。被测试个体的主观期望和激励的不确定性潜在地威胁着实验的可重复性和可控性。

本章思考与练习

一、名词解释

价值诱导理论　霍桑效应

二、主流经济学对行为经济学的批判有哪些?

三、如果在经济学实验中为了节省成本而减少或免去物质激励,这样可能产生什么问题?

四、分别简述影响经济学实验可重复性和可控制性的因素。

五、目前我国很多中学开设理科实验班或者竞赛特长班,以有针对性地培养那些在数理化方面有天赋的青少年。但是,这种制度会不会对没有入选特长班的学生造成不利影响?另外,一些社会观察表明,很多入选理科实验班的同学可能在智力上或科学天赋上并不突出,但他们的学习成绩却很出众,除了师资差别外,最有可能的解释是什么?请用霍桑效应来分析这一问题。

六、前面章节中提到了大量行为经济学的经典实验,但是这些实验是否可能存在漏洞呢?请用本章知识进行分析。

本章参考文献

[1] Plott, Charles R., Industrial Organization Theory and Experimental Economics, *Journal of Economic Literature*, 1982, **20**(4): 1485—1527.

[2] Smith, Vernon, Experimental Economics: Induced Value Theory, *American Economic Review*, 1976, **66**(2): 274—279.

[3] Smith, Vernon, Microeconomic Systems as an Experimental Science, *American Economic Review*, 1982, **72**(5): 923—955.

[4] 曹敏、Christopher K. Hsee、吴冲锋:《货币激励的非连贯性以及次优性》,《上海经济研究》,2002 年第 12 期。

附录 1

偏离于传统经济学结论的一些实证研究

游戏名称	游戏内容定义	实际生活中的例子	传统经济学预测的结论	实际验证	说明
囚犯困境 (Prisoners' Dilemma)	两个囚犯、两种选择(拒绝和合作),收益矩阵如下: 　　　合作　拒绝 合作　H,H　S,T 拒绝　T,S　L,L $H>L, T>H, L>S$	负外部性的很多例子:例如噪音、污染	双方都选择拒绝	有50%的人选择合作相互沟通增加合作的机会和机率(Dawes, 1980)	互惠性偏好导致互惠性合作
公共物品游戏 (Public-goods Game)	N个游戏者同时决定他们的贡献量 g_i, $0 \leq g_I \leq y$,其中 y 是游戏者的禀赋;每一个游戏者将得到的利益 $\pi_i = y - g_i + mG$,其中 G 是所有贡献量的总和并且 $m < 1 < mn$。	公共物品悲剧(草原、河流、水系的过度开发和利用等)	每一个游戏者贡献量为零,也就是 $g_i = 0$。	在短期游戏中,游戏者贡献出 y 的大约一半。但是贡献量会随时间逐渐递减。大多数将在最后一个时期内选择 $g_i = 0$。沟通非常显著地增加合作的机会。对个人的惩罚性措施将会极大提高贡献量(Ledyard, 1995)。	互惠性偏好导致互惠性合作
最后通牒游戏 (Ultimatum Game)	在A和B之间分配一个固定数额的金钱 S。A提出分配方案给B x 单位。如果B拒绝此方案,两人均一无所获。如果B接受,A得 $S-x$ 而B得 x。	低劣商品的垄断价格	A 将给 B ε 单位, ε 趋于无穷小。如果大于零的 x 都将被接受	如果A给出 $(0.3S, 0.5S)$ 范围的 x,将被B拒绝的概率大约为一半。如果在A中间有竞争,将会显著地增加 x 的份额;如果在B中间有竞争,则会使 x 的份额大幅度下降(Guth et al., 1982; Camerer, 2002)。	B会对不公平进行惩罚负互惠性
独裁者游戏 (Dictator Game)	近似"最后通牒游戏",但是B不能拒绝。也就是说,由 A 来独裁地决定分配方案:$(S-x, x)$。	慈善性地分配一笔横财(例如六合彩幸运得主把奖金匿名地分配给一个陌生人)	不分配,也就是 $x=0$。	平均起来,A们分配 $0.2S$。不过,在不同的实验、不同的受试者中,结果变化很大(Kahneman et al., 1986; Camerer, 2002)。	纯粹的利他主义

(续表)

游戏名称	游戏内容定义	实际生活中的例子	传统经济学预测的结论	实际验证	说明
信任游戏(Trust Game)	投资者拥有 S 单位禀赋,他要把 y 单位($0 \leq y \leq S$)给信任者。在外力辅助下,信任者将得到 $3y$,但是他需要回报给投资者 x 单位,($0 \leq x \leq 3y$)。最终投资者的收益为 $S-y+x$;而信任者最后的收益是:$3y-x$。	在没有正式契约的情况下的交换行为	信任者将回报零单位:$x=0$。投资者分配的份额也为零:$y=0$。	平均看,$y=0.5S$ 并且信任者的回报稍微地低于 $0.5S$。x 随着 y 的增加而增加(Berg et al.,1995;Camerer, 2002)。	
礼品交换游戏(Gift Exchange Game)	雇主向雇工提出工资 w 并且期望得到一个 e^* 的工作效果。如果雇工拒绝(w,e^*),他将失业,一无所有。如果雇工接受,他可以(实际)提供的工作效率 e 在 1 和 10 之间。假定雇主的利润为 $10e-w$,工人的净得为 $w-c(e)$。$c(e)$ 为成本函数,随 e 严格递增。		雇工将选择 $e=1$ 的最小值。雇主将提供最小的工资额度。	工作效果将随工资的增加而增加。雇主提供的工资额度将远大于最小额度。雇工将接受这个工资而且回应 $e=4.4$ 工作效果。和最后通牒游戏不同的是在雇工中的竞争对提供的工资额度没有影响(Fehr et al.,1993)。	雇工将互惠于慷慨的工资报酬。雇主通过提供慷慨的工资,期待雇工互惠性的回报。
第三者惩罚游戏(Third Party Punishment Game)	A 和 B 一起做一个独裁者游戏。C 作为一个旁观者观察多少的 S 将给 B。C 可以对 A 进行惩罚,但是这个惩罚对 C 本身是有代价(成本)的。	见义勇为(或社会谴责)	B 将得不到任何东西;C 也不会对进行 A 惩罚。	如果 A 给出的越少他受到的惩罚越大(Fehr & Fischbacher,2001)。	C 会制裁一种社会违规和违例行为

附录2 行为经济学研究社会公平问题

——以新加坡、上海、兰州为例

人们的公平心理是否因经济、教育、社会地位和社会角色的不同而有较大的差异呢？在不同环境下，人们基于公平心理所作出的选择会有何不同？为什么？作为一种情绪，公平是否有一个极限？在何种情况下，它会转化成为风险情绪，对社会的发展和稳定带来极强的破坏性？现代男性与女性在社会角色中的公平心理有何不同？贫富分化已成为人类经济社会发展的必然方向，那么穷人的公平心理和富人的公平心理有何差别呢？现代人又是如何看待这个现象，调节自己的心理差距的呢？

为了找到解答这些问题的线索，我们在新加坡、上海和兰州三地开展了一项关于公平心理的实验，而本文就是对我们此项实验的总结和探讨。与此同时，我们也探讨了未来可行的研究方向。

行为经济学理论和方法论为本文的完成提供了帮助。从实证的角度考察不同的人群对于公平的看法和取舍，可以对传统经济分析进行批判，也可以得出符合中国实际情况的政策性建议。

第一节 实 验 概 述

一、实验设计

为了研究收入不同、教育程度不同、社会地位不同的人群对公平现象的看法和对公平的追求，我们在新加坡、上海和兰州采用问卷调查的形式进行了一项实验。实验根据行为经济学的相关理论进行，通过实验，我们力图归纳出不同人群对公平的不同态度，从而得出可以采用的相关政策。

我们基于完全信息下的终极实验原理和游戏规则设计了以下四组实验。为了便于分析实验中分配者和被分配者的公平心理极限差异，问卷分为 A/B 两套（A 套用于分配者，B 套用于被分配者）。新加坡的 A/B 卷配有英文版本。

实验受访对象来自新加坡、上海和兰州的学生、白领和蓝领。其中，受访学生基本来自各高等院校，所学专业不一；蓝领与白领的划分与定义以其从事体力或脑力工作的性质及其收入、教育程度为标准,职业遍及社会中的各个行业①。我们的实验得到了英国某公司的资金支持,实验的时间是 2002 年 6 月到 2005 年 6 月。

二、实验对象及地点

新加坡接受实验的总计 2 325 人,扣除无效样本 183 份,实际有效样本为 2 142 份;上海接受实验的总计 2 517 人,扣除无效样本 127 份,实际有效样本为 2 390 份;兰州接受实验的总计 2 403 人,扣除无效样本 484 份,实际有效样本为 1 919 份,故此次用作分析的有效样本共计 6 451 份,如下表所示。

表 1 问卷调查表的分布

地区 问卷调查	新加坡(份)	上海(份)	兰州(份)
学生 A 卷	357	335	306
学生 B 卷	323	452	293
白领 A 卷	354	613	377
白领 B 卷	408	507	352
蓝领 A 卷	366	206	283
蓝领 B 卷	334	277	308
问卷总计	2 142	2 390	1 919

三、实验数据的可行性

根据问卷结果,本次实验对象的年龄分布、学历分布、行业分布等都符合统计要求。

第二节 实验结果和分析讨论

实验一:公平心理的区域差异及抉择影响

1. 实验原理

这个实验是按照行为经济学的最后通牒游戏——由两个玩家瓜分一定数目的钱的游戏设计的。一号玩家,提议者,只能提出一种瓜分建议。二号玩家,回应者,有权接受或拒绝建议。一旦接受,就要严格遵照建议瓜分钱数;一旦拒绝,

---

① 以来自新加坡和中国各高等院校的学生、白领和蓝领为实验对象,社会各个行业的从业人员,包括律师、会计师、软件开发商、投资顾问、CEO、各大公司经理、出版社编辑、记者、公务员、医生、药剂师、银行主管、证券分析师、飞行员、普通公司员工、流水线工人、护士、清洁工人、酒店服务员、导游、小贩中心老板和职员、保险推销员、产品业务员、司机、快递员、水果摊主、厨师、退休职工等均参与了本次实验。

两位玩家谁也得不到钱。按照标准的博弈论分析方法,只要实验条件满足以下两个条件:(1)双方都是理性的,都只关心资金收益;(2)信息是完全的,提议者知道回应者是理性人时,子博弈纳什均衡必然是回应人愿意接受任何比例的分配方案(除了提议者把钱全留下),因而理想的结果是提议人给对方一单位金钱。

实际实验结果当然不是这样,许多游戏参与者因为害怕过低要约被拒绝而主动提供一种较"公平"的要约。所以,行为经济学用这个游戏,来研究人们"期望得到公平对待和公平对待别人"的态度(Guth et al., 1982;Camerer & Thaler,1995)。

最后通牒游戏可以按游戏和决策两种方式进行:游戏方式(Game Method)和决策方式(Strategy Method)。在游戏方式中(也叫普通方式或粗放方式),提议者首先提出一种瓜分方法,回应者看到提议者提供的钱数后再接受或拒绝。在决策方式中(也叫正规游戏方式),提议者决定给回应者多少钱的同时,回应者定一个自己能接受的底线(Minimum Acceptable Offer,MAO)。如果提议者给的大于或等于回应者的MAO,这种分法就视为接受,否则就视为拒绝(Solnick 2001)。

文献中两种方法都曾经做过实验,但好像还没有过对两种方法进行直接比较的研究。在我们这项研究中,我们试图比较用游戏方式和决策方式玩游戏所产生的行为差异。

2. 实验设计

(A卷)你在地上捡到1 000元钱,但是被另一个陌生人看见(是你先看见并捡起),不管什么原因,你必须和他一起分这笔钱,才能得到其中的一部分,否则你们两个人都将得不到任何钱;然而如果你的分配被他拒绝,那么你们也都将得不到任何钱。

那么你会分_____元给这个人,因为你觉得_____。

(B卷)你看见一个陌生人在地上捡到1 000元钱(他先看见并捡起),不管任何原因,他必须分给你一部分钱,否则他什么也得不到;如果最后你拒绝了他的分配,那么他和你也将什么都得不到。

那么,这个人要分给你_____元,你才不至于拒绝。

3. 实验结果分析

为便于分析,我们采用均值和方差两个常用参数进行分析,即用受访者的最终答案总和除以受访人数,如表2所示。

表 2

地区 受访者	新加坡 人数	新加坡 均值	新加坡 标准差	上海 人数	上海 均值	上海 标准差	兰州 人数	兰州 均值	兰州 标准差
学生 A	357	470	202	335	464	216	306	492	253
学生 B	323	390	305	452	483	236	293	500	197
白领 A	354	464	247	613	585	327	377	495	192
白领 B	408	403	202	507	385	353	352	445	147
蓝领 A	366	398	426	206	365	582	283	353	361
蓝领 B	334	440	340	277	406	295	308	398	283

在 A 套总体问卷中,有 3.3% 的人在即使面临被惩罚得一无所有的风险情况下,仍然选择了一分钱都不分给对方,完全独自占有,我们称这种人为"纯自私者",但是他们所承担的由惩罚带来的"风险损失"也最大;其次,有 3.7% 的人选择将 1 000 元全都分给对方,他们这样处理主要是基于自身经济状况的考虑,既然他们自身的经济状况不差,而对方要求分钱又可能是出于需要,那么就一分都不保留地给对方,我们把这种行为列入"纯粹利他行为";最后,有 93% 的人选择与对方各占有 50% 或分别占有 40%、60%,选择这种分配的人主要有两种心理:

(1)"公平人"心理,他们认为大家应该机会均等,平均分才能体现公平。其实,50%—50% 的分配或稍微偏离些的均衡(如 40%—60% 等)均可视为公平的分配(Straub, Paul G. & J. Keith Murnighan,1995);我们把 50%—50% 分配的人称为"纯公平人",把分配 40%—60% 金额的人称为"普通公平人";

(2)另一种导致公平分配的是"理性人"心理。他们出于惩罚规则的考虑或道德因素影响,愿意牺牲一部分利益使得分配的结果显得公平(Joyce, B., Dickhaut, J. & McCabe, K.,1995;Ledyard, 1995)

在 B 套总体问卷中,有 85% 人选择至少要得到 40%—50% 的金额,因为他们认为自己与陌生人有着相同的竞争机会,所以要分配均等才能体现"公平";8% 的人选择至少要得到多于 50% 的金额,因为他们明白在游戏规则中他们有机会要挟面临受罚风险的分配者,借此获得更多的利益;最后有 7% 人选择少于 50% 的金额,因为他们把自己定位为"搭便车"者,只要分配者愿意分配,他们便很感激也觉得很幸运。

我们再用样本标准差深入探讨新加坡、上海和兰州地区学生、白领和蓝领的公平心理差异。标准差刻画了变量的差异程度,在我们的实验背景里,也可以理解为被调查群体整体上对偏离均值的接受程度。标准差越大,则说明该群体能接受的分配比例的区间越大,对不公平的心理承受能力越高。我们根据实验结

果来分析在不同环境下不同人的公平心理,并试图探索造成差异的影响因素:

(1) 对比新加坡、上海和兰州的学生,我们发现他们在 A 卷处于分配者角色时平均值均相近,但在处于 B 卷的接受者角色时有较大差异。在 B 卷中,新加坡学生的平均值最低,标准差最高;兰州学生的平均值最高,标准差最低。我们分析后可得到如下几点:

① 在机遇和惩罚并存的环境下,不同地区和经济环境下的学生的公平心理和对不公平的容忍极限相近;

② 用标准差和图形对比分析,可发现在面临公平问题时,新加坡学生对不公平的忍受能力较强,其次是上海的学生,而兰州学生的公平心理意识最为强烈,对不公平的忍受程度最弱。

比较三个地区学生所处的社会经济背景,新加坡学生生活的平均经济水平无疑优于兰州的绝大部分学生和上海的大部分学生,所以,在教育程度相近的情况下,经济状况对公平心理有较大的影响;经济水平越发达,人们对不公平的心理承受能力也越强。

(2) 我们再对比新加坡、上海和兰州的白领:上海的白领在处于分配者角色时,平均值和标准差最高,在处于接受者角色时他们的平均值最低,标准差最高。因此我们说上海白领对不公平的接受能力最强,其次是新加坡白领,而兰州白领的接受能力最弱。

比较三地白领所处的社会经济环境和教育背景,新加坡、上海和兰州的白领绝大多数处于月收入 1 500—3 000 元的水平,薪金高于 10 000 元以上的以新加坡白领居多,薪金低于 800 元以下的以兰州白领居多,上海白领的薪金水平处于两者之间。再对比三地白领的教育背景,白领中本科及研究生以上者比例最多的是上海,新加坡白领中本科及研究生以上教育的次之,而兰州的白领则多为大专及本科学历。

因此本文认为,在经济发达及经济落后地区,人们对不公平分配的心理承受能力较经济快速增长地区的弱;社会商业竞争越激烈的地区,人们对不公平分配的心理承受能力越强;教育程度越高的阶层,人们对不公平的承受能力也越强。

(3) 最后,我们对比新加坡、上海和兰州地区的蓝领:在处于分配角色时,上海蓝领的平均值较低,标准差最高,对不公平的接受程度最高,其次是新加坡蓝领,最后是兰州蓝领;在处于接受方角色时,新加坡蓝领的标准差最高,接受能力最强,其次是上海蓝领,而兰州蓝领的接受能力最弱。

分析新加坡、上海和兰州蓝领的社会经济状况及教育背景,三地蓝领的教育背景都以中学及中学以下学历为主;就经济状况而言,新加坡蓝领的经济水平明显比其他两地高,其次是上海的蓝领,而兰州蓝领的经济水平最低;就社会经济比例和阶层结构来看,新加坡蓝领的相对社会阶层也比上海和兰州的蓝领高;在三地蓝领中,上海蓝领所处的社会经济发展最活跃,在进入发达社会的过渡阶段,他们面临的机遇和挑战也较其他两个地区的蓝领多。

更为宏观一点以整个职业、地域和问卷类型来看,除了地域因素以外,以上各个因素对问卷结果影响的显著性也得到了方差分析表的支持,由于职业、地域和问卷类型之间不存在相关性,所以我们使用了三个方差分析表,分析结果见下表:

因素:职业(学生、白领、蓝领)

	平方和	自由度	均方和	F 值
组间	6 706 164	2	3 353 082	38.133
组内	566 975 798	6 448	87 930	
总和	573 681 962			

因素:问卷类型(A/B)

	平方和	自由度	均方和	F 值
组间	3 061 430	1	3 061 430	34.822
组内	566 975 798	6 449	87 917	
总和	570 037 228			

因素:地域(新加坡、上海、兰州)

	平方和	自由度	均方和	F 值
组间	1 758 117	2	879 058	9.997
组内	566 975 798	6 448	87 930	
总和	568 733 915			

因此我们再一次证实,在教育程度相近的情况下,经济状况对人们的公平心理有较大的影响;生活在经济水平发达地区的人们对不公平的心理承受能力也较强。

实验二:公平心理的性别差异和对社会分配的借鉴

1. 实验原理

任何能够在一对配偶之间产生持续默契的变量都可作为社会地位的划分及衡量标准。Colin F. Camerer & Ernst Fehr(2002)曾用名为"Battle Of The Sexes"的实验来测试男性与女性的社会角色和地位。在此之前,Holm's(2000)在无交流的男女之间通过保龄球比赛来探讨性别差异,非常有趣的是他们都发现女性和男性的这种默契就如一种社会礼仪,女性总是潜意识地自愿选择比男性少的、低的那一部分。

一个人对于婚姻的主观感受往往是对一种婚姻制度期望的投射,而期望的水平既具有整体文化之普同性又有群体之间的歧义性(吴明华、伊庆春,2002)。我们此次问卷设计即想通过对比生活在不同国家和地区的家庭中男性与女性的经济比例状况和公平心理来探索家庭分工、社会分配的另一层面。我们的答案设计了五种由低到高的工资级别,即在一定程度上代表了女性受男性的约束级别。

2. 实验设计

在家庭生活中,丈夫的工资是每月 2 500 元,那么你认为妻子的工资应该是每月( )。

A. 800—1 000 元　　　　　　B. 1 000—1 500 元
C. 1 500—2 500 元　　　　　　D. 2 500—3 000 元
E. 妻子的工资不应受丈夫工资的约束
F. 以上答案都不对,我的答案是_____元。
你选择该答案,是因为你认为_____。

3. 实验结果分析

实验结果如表 3 所示。

表3　选不同选项的人数所占百分比　　　　　　　　　　(单位:%)

受访者＼选项	A	B	C	D	E	F
新加坡学生	9.2	13.85	31.85	3.6	40	1.5
上海学生	1.1	2.15	28.75	5	62.5	
兰州学生	6	8.6	68.6	4.1	12.7	
新加坡蓝领	11.27	28.17	36.62	1.4	19.78	2.8
上海蓝领	10.6	19.1	10.6	2.2	57.5	
兰州蓝领	10.6	32.7	40.3	3.4	13	
新加坡白领	1.2	6.5	32.47	2.6	54.84	2.6
上海白领	3.5	6.25	27.68	1.79	59.7	1.8
兰州白领	6.2	9.3	56.2	3.9	24.6	

综合问卷结果,我们发现:

(1) 新加坡学生和上海学生选择 E(妻子工资不受丈夫的约束)的占学生总数的几乎一半,这说明绝大部分新加坡学生和上海学生都认为无论在社会亦或是家庭中,男性与女性都有相同的竞争机会,决定工资高低的不是性别,而是能力;约 4/5 的兰州学生选择 C(1 500—2 500 元),因为在他们看来,在家庭生活和社会活动中,男性应该是领导者,而最能体现男性核心地位的即是男性比女性高的经济水平。

(2) 对比三地的蓝领,我们发现有一半以上的上海蓝领选择 E(妻子工资不受丈夫的约束),而在 A(800—1 000 元)、B(1 000—1 500 元)、C(1 500—2 500 元)的三个选项中,新加坡蓝领选择 A、B 答案的列三地之首,兰州蓝领则大部分集中在选项 B 与 C。我们从社会结构和男女教育背景分析,不难发现造成该现象的原因:上海为中国经济中心,人才济济,竞争激烈,在历史上,上海较其他省市受国外及改革开放影响早且影响面广,因此反映在家庭生活中,女性和男性较为平等;而在新加坡社会,由于服兵役等法律和教育因素的影响,造成许多男性从事蓝领工作,男性在社会中的平均地位较女性低,能力也较女性弱,但是他们同时又受儒家传统文化的冲击,因此在家庭生活中希望通过经济比较来巩固男子的地位。

(3) 我们再对比三地的白领,新加坡和上海的白领均有一半以上选择 E(妻子工资不受丈夫的约束),而兰州的白领则有一半以上选择 C(1 500—2 500 元)。本文认为这主要是源于教育背景和社会经济发展的影响,新加坡和上海白领的平均薪金水平与教育背景均较兰州白领高出许多,因此他们的相对社会地位也较兰州白领高。在问卷访谈中,他们对自己的能力相当自信,反映在家庭和社会活动中的男女地位也更加平等,这是否可以从侧面反映出新加坡和上海的女性相对兰州的女性,有更多参与社会活动的竞争机会?

另外,非常有趣地发现,在三地受访者中,有近 7% 的新加坡男性选择答案 E,他们的解释是"女人不需要工作;男主外,女主内,女人只要做家庭主妇,在家中把家务、孩子照顾好即可,而在社会工作奋斗是男人的事情"。同时,相当一部分新加坡受访者在完成问卷的过程中,曾潜意识地将女性的工资误解为向丈夫索取零花钱;而这些现象在上海和兰州的调查中都没有发现,这可以从另一侧面反映中国儒家传统文化其实在新加坡人心中的无形约束要比对上海人和兰州人的约束强得多,而中国的女性较新加坡女性,从总体来说也来得更自信和独立。

总结以上分析,实验二表明女性在社会活动中的经济地位与男性的教育水平和收入成正比,进而影响到女性在家庭中承担的角色;社会中男性的教育程度和收入水平相对越高,则女性在社会中的参与机会也越多,男女在家庭地位和角色分工方面也较均衡;相反,如果社会中男性的教育程度和收入水平相对越低,则女性在社会活动中的参与机会也越低,进而在家庭角色中承担的责任和义务也较重。

我们将问卷的结果引入对社会地位的分析。值得注意的是这样的划分将启示我们有关社会阶层及地位划分的两个发展方向：

(1) 男性与女性受传统教育和观念的影响，尽管大多数现代女性所受的教育程度越来越高，但是出于家庭角色划分和自然性别差异，女性会较主动地选择较男性低的社会地位，在社会财富拥有方面，也较男性少。

(2) 社会地位和阶层高的人比低的人获得更多的财富。这就像循环的螺贝，假设财富能造就社会阶层，那么富有的人无疑将获得较高的地位，并且变得越来越富有。

实验三：劳资关系中的公平心理

1. 实验原理

在 Colin F. Camerer & Ernst Fehr(2002) 的垄断者游戏中，他们通过对施予者的给予与受惠者的回报的对比来研究在商业经济社会中劳资双方的公平心理。

我们这道题是基于礼物交换游戏(Fehr, George Kirchsteriger & Arno Riedl, 1993)提出的。雇主可以通过工资合同和相关规定来约束工人的工资并达到他们所期望得到的工人工作的努力程度(我们在此将工人努力工作的程度级别用 E 来表示)，只要在此问题的第一部分"雇员角色"栏填写了自己期望得到并被雇主接受的工资(我们用 W 来表示工人工资)，他们就可在 1 分到 10 分之间选择一个他们将为这份工作而努力的级别(1 分代表极不认真，10 分是代表极度认真)；我们将雇主获得的利润用 P 来表示，用 C 来表示工人消耗的成本。

在经济学中，利润 $P = 10 \times E - W$，而工人从工作中实际得到的效用为 $U = W - C$。显而易见，雇主们支付给工人的工资 W 越少，工人们对工作付出的认真程度 E 的级别越高，雇主们所能得到的利润 P 就越大；所以在商业社会的劳资关系中，雇主们总是想尽办法付给员工尽可能少的工资，而工人对工作的反应也因人而异。

2. 实验设计

(A 卷)在经济发展的平稳时期，假设公司员工的工资是每月 1 500 元。现有两个人的工作量，但是公司只雇用了你一个人，你认为公司每月应付给你_____元，你才不会拒绝这份工作；但是如果你所要求的工资没有被公司所接受，你也将不会被录取。

如果将你对这份工作的投入额度用 1 分—10 分来表示(投入额度即工作投入热情)，则你的工作投入额度将是_____分，因为你认为_____。

（B卷）假设你是公司总经理,在经济发展平稳时期,你给员工的工资是每月1 500元。现有两个人的工作量,你只计划雇用一个人,你觉得每月付给他_____元,他不会拒绝接受这份工作。

如果将他对这份工作的投入额度用1分—10分来表示,则你期望得到他相应工资的工作投入度是_____分,因为你认为_____。

3. 实验结果分析

为便于分析,我们也采用平均值比较法分析此题,即用受访者的最终答案总和除以受访人数,如下表4所示。

表 4

受访者 \ 地区	新加坡（人数）	新加坡工资/级别	上海（人数）	上海工资/级别	兰州（人数）	兰州工资/级别
学生A	32	2 137/8.1	33	2 523/8.7	30	2 182/7.6
学生B	35	2 092/8.6	47	2 266/8.9	29	1 957/8.5
白领A	40	2 205/8.9	61	2 603/8.7	37	2 150/8.4
白领B	36	2 127/8.9	50	2 409/8.7	35	2 045/8.6
蓝领A	36	2 074/7.2	27	2 382/8.9	28	1 880/7.8
蓝领B	35	1 947/7.6	20	2 210/8.9	30	1 754/8.5

在问卷中,有13%的人选择了9—10分,即最高级别的工作热情和态度,我们把他们称为"优秀员工",因为他们认为,无论薪金多少,既然接受了这份工作,就要投入完全的热情,行为经济学将这种排除公平心态的行为列为"纯粹利他行为"的一种,即他们不惜付出额外的没有酬劳的努力去完成合同外的任务。在问卷中,84%的人选择了6—8分,我们称他们为"普通员工",因为他们会根据获得薪金的多寡来决定自己工作热情和认真态度的级别,以达到他们的"公平心理"。另有3%的人选择了5分以下,我们称他们为"问题员工",因为在他们看来,工作以应付为主,薪金是刺激他们工作的主要动力,但是薪金不要太多,只要够用即可,而对待工作没必要太认真,只要不被辞退即可。

本文对比了新加坡、上海和兰州的受访者,发现上海劳资双方的整体期望要比新加坡和兰州高,即雇员更期望在薪金方面得到公司对自己工作的肯定,同时他们也会更认真积极地投入自己的工作;而雇主更重视用薪金激发员工的工作热情,同时他们对于雇员工作努力和认真的程度也要求得更高。本文认为这主要由于上海是中国的金融中心,在这样机遇和风险并存的发展社会,激烈的竞争更能激发人才实现自身价值的热情,进而挖掘自己的更大潜力。

从利润 $P = 10 \times E - W$ 的公式出发,我们的问卷再次证明了,在任何经济发展阶段,雇主和雇员的劳资期望总是有差距的,雇主们总是想尽办法付给员工尽

可能少的工资 W,却希望员工认真地对工作投入足够的热情 E,以创造最大的利润。

两个人的工作量却只有一个人做,到底要比 1 500 元的薪金多多少才能满足不同地区劳资双方的公平心理? 我们纵向对比新加坡、上海和兰州三地的问卷发现,要求工资所得最低的是兰州的蓝领,平均薪金水平为 1 754 元;要求工资所得最高的是上海的白领,平均薪金水平为 2 603 元;在对待工作的积极态度方面,级别最高的是上海的蓝领和新加坡的白领,皆为 8.9,属于"优秀员工";态度级别最低的是新加坡蓝领,为 7.2,属于"普通员工"。

本文研究认为,经济欠发达地区的雇员更能承担超负荷的工作,对薪资高低的心理承受能力较强,公平心理较弱;而经济发达地区的雇员则反之。另外,在三地的雇员中,上海的蓝领与新加坡的白领在社会竞争中承担的压力相对较大,因为他们害怕被淘汰。上海蓝领的压力是因为中国的人口多,人才多,蓝领工作的流动性大;新加坡白领的压力则是因为新加坡是个国际商业交汇点,大量的国际型人才促使当地的白领阶层必须持续努力,自我提升,否则就会在激烈的竞争中被淘汰。因此,社会的竞争和企业内部的适度压力能极大程度地激发员工的工作热情,从而为企业和社会创造更多的财富。

最后,本文通过横向比较三地大学生、白领和蓝领的教育程度以及他们对工作态度级别的选择差异,得到如下启示:教育背景在员工的工作态度和成果方面有较大的影响,教育程度高的阶层对工作的认真态度级别也相对较高,因此企业应重视给予员工再学习再培训的机会。

实验四:社会制度的公平心理

1. 实验原理

市场分配是第一次分配,政府主持下的收入分配是第二次分配。第一次分配在市场经济环境中进行,着重体现的是效率;第二次分配是在政府主持下进行的,既要注意效率,又要注意公平,即要有利于资源的有效配置,又有利于收入分配的协调。

如果把国家设想成一个开放的社会系统,在不考虑发展的国际环境的条件下,它的社会发展模型如图 1 所示(何传启,2001)。

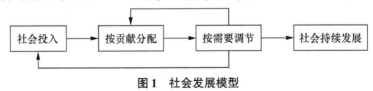

图 1　社会发展模型

这一设计通过分析新加坡、上海和兰州三地不同身份地位的受访者对税率看法的差异,试图探索生活在不同社会发展阶段的人们的贫富公平心理及其对社会再分配的借鉴意义。

社会的再分配有按收入分配和按需要调节两个部分,我们把这里将要讨论的纳税问题列入按需要调节部分。"按需要调节"有两层含义:

(1) 支付社会成本。社会投入包括三项公共性投入:公共知识供给、社会供给和社会帮助,这些公共投入是社会发展的公共社会成本。其中,社会供给的部分成本是由企业税收提供的,其他社会成本只能由个人承担。

(2) 保证社会公平。按贡献分配的分配过程和分配原则是公平的,但是分配的结果是国民收入分布的不平均。我们把国民收入分布的不平均称为社会不公平。

2. 实验设计

(A卷)社会对穷人不征税,对富人征25%—45%的税,穷人和富人均有社会福利;

(B卷)社会对穷人和富人都征8%的税,穷人和富人均无社会福利;

你愿意生活在(　　)的社会制度下。

A. A社会　　　　　　　　B. B社会

你选择该项答案,是因为你认为＿＿＿＿＿＿＿＿

3. 实验结果分析

实验结果如表5所示。

表 5

受访者 \ 选项	A社会	B社会
新加坡学生	64.62%	35.38%
上海学生	87.5%	12.5%
兰州学生	92.3%	6.7%
新加坡蓝领	73.53%	26.47%
上海蓝领	80.85%	19.15%
兰州蓝领	95.7%	4.3%
新加坡白领	58.44%	41.56%
上海白领	84.9%	15.9%
兰州白领	91.6%	8.4%

综合问卷结果,对于A/B社会选择,兰州的总体选择是9∶1;上海的总体选择是4∶1;新加坡的总体选择是3∶2。新加坡、上海和兰州绝大多数的受访者都

选择 A 社会,原因在于生活在不同社会发展阶段的不同身份和社会地位的人们对于贫富的公平心理都是相近的:同情穷人,对富人表现出不同程度的嫉妒心理;他们认为富人有钱,为了社会更美好,他们理所当然地应该承担更多的税收,增加社会福利,让穷人的生活得以改善;而纳税对于穷人困难的经济来说无异于雪上加霜。

但是,在总体问卷中,仍然有近1/3的人选择了 B 社会,其原因主要为:(1)富人致富也是靠努力,没有理由认为富人努力奋斗成功了,就应该承担过多的税收;生活与做事不分穷富,机遇对大家都一样,所以对于纳税问题也应该公平;(2)穷人有两种"穷":一种是能力和机遇不好的人,虽然努力,却很难成功;另一种是好吃懒做者,自身不努力,却总是投机取巧地生活;所以纳税能让富人更努力地为社会创造财富,也激励穷人更努力地工作。

第三节 小 结

我们基于行为经济学,对新加坡、上海和兰州的大学生、白领和蓝领就不同的性别、文化、年龄、职业和教育背景作有关公平心理问题及其决策结果的研究,探讨了不同区域人们的公平心理,分析总结了影响对公平问题不同理解的因素和产生行为差异的因素。最终得到如下结论:

1. 公平心理的区域差异及抉择影响

(1) 在教育程度相近的情况下,经济状况对公平心理有较大的影响作用。经济越发达、商业竞争越激烈、教育程度越高,人们对不公平的心理承受能力越强。

(2) 在机遇和惩罚并存的环境下,不同地区和经济环境下的人们的公平心理和对不公平的容忍极限相近;当行为面临惩罚的风险时,人们的表现会显得比较"公平";该公平心理和行为可以借鉴相关法规法律的制定,以约束一定群体的行为,保证社会各阶层的相对公平和均衡。

2. 公平心理的性别差异和对社会分配的借鉴

(1) 女性在社会活动中的经济地位同男性的教育水平和收入成正比,这进一步影响到女性在家庭中承担的角色。如果社会中男性的教育程度和收入水平相对较高,则女性在社会中的参与机会也较多,男女在家庭地位和角色分工方面也较均衡;反之则女性在社会活动中的参与机会较低,进而在家庭角色中承担的责任和义务也较重。

(2) 受传统教育和观念的影响,尽管大多数现代女性所受的教育程度越来越高,但是出于家庭角色划分和自然性别差异,她们会较主动地选择较男性低的社会地位,在社会财富拥有方面,也较男性少。

(3) 与男女性别差异导致的结果同出一辙,社会地位、阶层高的人比阶层、地位低的人获得更多的财富。

3. 劳资关系中的公平心理

(1) 在任何经济发展阶段,雇主和雇员的劳资期望总是有差距的。雇主们总是想尽办法付给员工尽可能少的工资,却希望员工认真地对工作投入最大的热情,以创造最大价值的利润。

(2) 经济欠发达地区的雇员较能承担超负荷的工作,心理承受能力较强,公平心理较弱;而经济发达地区的雇员则反之。

(3) 社会竞争和企业内部适度的压力能极大程度地激发员工的工作热情,从而为企业和社会创造更多的财富。

(4) 教育背景在员工的工作态度和成果方面有较大的影响,教育程度较高的阶层对工作的认真态度级别也相对较高,因此企业应积极重视给予员工再学习再培训的机会。

4. 社会贫富差距问题中的公平心理

(1) 经济在社会贫富问题的公平心理中起着绝对的影响作用;而教育背景对于社会贫富问题心理的影响作用则不大。

(2) 如果贫富相差过于悬殊,必然导致社会不公平。调节国民收入、保持社会公平,是社会发展的需要;如果社会中的穷人和那些低收入者、失业者和需要帮助者得不到帮助,则将导致严重的社会不稳定问题。

(3) 生活在经济不发达地区的人们,对于贫富分化非常敏感,他们能接受的最低公平度较高,人们对通过社会第二次再分配的机会来达到社会相对公平的期望也较高,因此政府对于社会中的贫穷群体及其所处区域的社会福利、税率制定等工作应当给予相当的关注。

当然,我们的研究也存在一些局限性。

首先,由于精力和资金的限制,本文只能对行为经济学的部分原理设计简单的一次性实验来探索"公平",而对于终极实验来说,一次性和多次性实验的结果是有差异的,因为实验者会从多次反复的实验中了解实验的意图,掌握实验的规律。所以我们此次的实验无法呈现出动态分布的效果,只能浅析不同环境下人们的公平心理。

其次,人类的现代公平心理仍是个有待更多人探索的复杂领域,而且易随相对环境的变化而改变;本文实验中的相关数据只是参照新加坡、上海和兰州的社会平均工资和生活水平来设计和选取,分析在社会平均状态下人们公平心理的平均值和影响因素。至于不同的实验是否会因实验设计时取值大小的不同而呈现出完全不同的答案,还有待作进一步研究。

最后,时间和地域的局限给本文的数据收集工作造成了一定的困难。由于研究过程以问卷作答为主,所以实验设计和实验进行中能采取的激励措施都存在一定的局限性。

不过,这些局限也为后续研究留下了空间。随着行为经济学的兴起,公平问题已引起国内外学者的广泛关注,在行为经济学理论研究的基础上,不同的实验设计和研究方法从多层面多角度的探索,使得可以研究的公平问题仍有很多:如用不同的方法研究不同的社会群体在完全信息和不完全信息下所反映的公平心理及能接受的最低公平度;或在本文的研究基础上再深入分析性别和社会地位对公平问题的差异和影响;或将公平问题导入社会基尼系数的研究,分析如何利用不同群体不同的公平心理降低贫富差距给社会发展和稳定所带来的潜在威胁。

本章参考文献

[1] Andreoni J., Warm-glow versus Cold-prickle: The Effects of Duration Positive and Negative Framing on Cooperation in Experiments, *Quarterly Journal of Economics*, 1995, **110**: 1—21.

[2] Arrow, K. J., Solow, R., Portney, P. R., Leamer, E. E., Radner, R. & Schuman, E. H., Report of the NOAA Panel on Contingent Valuation, *Federal Register*, 1993, **58**: 4601—4714.

[3] Becker, G. M., DeGroot, M. H. & Marschak, J., Stochastic Models of Choice Behavior, *Behavioral Science*, 1963, **8**: 41—55.

[4] Becker, G. M., DeGroot, M. H. & Marschak, J., Measuring Utility by a Single-response Sequential Method, *Behavioral Science*, 1964, **9**: 226—232.

[5] Bishop, R. C. & Heberlein, T. A., Measuring Values of Extramarket Goods: Are Indirect Measures Biased? *American Journal of Agricultural Economics*, 1979, **61**: 926—930.

[6] Coursey, D. L., Hovis, J. L. & Schulze, W. D., The Disparity between Willingness to Accept and Willingness to Pay Measures of Value, *Quarterly Journal of Economics*, 1987, **102**: 679—690.

[7] Hanemann, W. M., Willingness to Pay and Willingness to Accept: How Much can They Differ? *American Economic Review*, 1991, **81**: 635—647.

[8] Hick, J. R., The Four Consumer Surpluses, *Review of Economic Studies*, 1943, **8**: 108—116.

[9] Hick, J. R., *A Revision of Demand Theory*, Oxford: Clarendon Press, 1956.

[10] Jones-Lee, M. W., Hammerton, M. & Philips, P. R., The Value of Safety: Results of a National Samples Survey, *Economic Journal*, 1985, **95**: 49—72.

[11] Kahnneman, D., Knetsch, J. & Thaler, R., Experimental Tests of the Endowment Effect and the Coase Theorem, *Journal of Political Economy*, 1990, **98**: 1325—1348.

[12] Knetsch, J. L., The Endowment Effect and Evidence of Non Reversible Indifference Curves, *Amercian Economic Review*, 1989, **79**: 1277—1284.

[13] Knetsch, J. L. & Sinden, J. A., Willingness to Pay and Compensation Demanded: Experimental Evidence of an Unexpected Disparity in Measures of Value, *Quarterly Journal of Economics*, 1984, **99**: 507—521.

[14] Loewenstein, G. & Adler, D., A Bias in the Prediction of Tastes, *Economic Journal*, 1995, **105**(431): 929—937.

[15] Loomes, G. & Sugden, R., Incorporating a Stochastic Element into Decision Theories, *European Economic Review*, 1995, **39**: 641—648.

[16] Mitchell, R. C. & Carson, R. T., *Using Survey to Value Public Goods: The Contingent Valuation Method*, Washington D. C.: Resources for the Future, 1989.

[17] Myagkov, M. & Plott, C. R., Exchange Economies and Loss Exposure: Experiments Exploring Prospect Theory and Competitive Equilibria in Market Environments, paper presented at the Amsterdam Workshop on Experimental Economics, University of Amsterdam, 1995.

[18] Randall, A. & Stoll, J. R., Consumer's Surplus in Commodity Space, *American Economic Review*, 1980, **70**: 449—455.

[19] Rowe, R. D., Arge, R. & Brookshire, D. S., An Experiment on the Economic Value of Visibility, *Journal of Environmental Economics and Management*, 1980, **7**: 1—19.

[20] Shogren, J. F., Shin, S. Y., Hayes, D. J. & Kliebenstein, J. B., Resolving Differences in Willingness to Pay and Willingness to Accept, *American Economic Review*, 1984, **84**: 255—257.

[21] Slovic, P. & Lichtenstein, S., Preference Reversals: A Broader Perspective, *American Economic Review*, 1983, **73**(4): 596—605.

[22] Samuelson, W. & Zeckhauser, R., Status Quo Bias in Decision Making, *Journal of Risk and Uncertainty*, 1988, **1**: 7—59.

[23] Tversky, A. & Kahneman, D., Judgment under Uncertainty: Heuristics and Biases, *Science*, 1974, **185**: 1124—1131.

[24] Tversky, A. & Kahneman, D., Loss Aversion in Riskless Choice: A Reference-Dependent Model, *Quarterly Journal of Economics*, 1991, **106**: 1039—1061.

[25] Tversky, A., Sattath, S. & Slovic, P., Contingent Weighting in Judgment and Choice, *Psychological Review*, 1988, **95**(3): 371—384.

[26] Tversky, A., Slovic, P. & Kahneman, D., The Causes of Preference Reversal, *American Economic Review*, 1990, **80**: 204—217.

[27] Viscus, W. K., Magat, W. A. & Huber, J., An Investigation of the Rationality of Consumer Valuations of Multiple Health Risks, *Rand Journal of Economics*, 1987, **18**(4): 465—479.

[28] 吴明华、伊庆春:《婚姻其实不只是婚姻:家庭结构因素对于婚姻满意度的影响讨论文献》,台湾社会问题学术研讨会,2002。

附录 3

积累性预期理论[①]

期望效用理论作为在不确定性下作出决策的理论模型,在过去的几十年中,一直占有主导地位。但是近几年来,这个理论也产生了很多问题,有些甚至是很严重的问题。现在大家普遍认为,期望效用理论无法为"个体选择"(Individual Choice)提供充分的描述。一项重要的证据显示,决策者在作决定的时候,常常会打破期望效用理论最基本的原则。

为了解决这个问题,其他的一些理论相继被提出。卡尼曼和特维斯基提出的前景理论,解释了在对少量结果进行风险预期时存在的主要问题,这个理论包括两条最基本的要素:1. 价值函数。这个函数对收入是凹的,而对损失是凸性的,并且对损失的函数要更陡些。2. 对可能性的非线性变换。这个变换强调小概率而弱化大概率。

在后来的一些重要发现中,卡尼曼和特维斯基则对前景理论提出了一种新的形式,加入了"积累性函数",并且将这个理论拓展到不确定性的情况和对任意结果的风险预期,从而得到了"积累性预期理论"(Cumulative Representation of Uncertainty)。它产生了对收入和损失的不同的评价,而这在标准的传统模型中是没有分别的,同时这个理论还提供了对风险和不确定性统一的处理方法。

为了说明当前选择理论的发展,我们把五个主要的选择现象列在下面。

框架效应:选择理论假设表述的不变性,即一个选择问题的等价表述应该产生相同的偏好顺序(Arrow,1982)。和这个假设相反,很多证据表明,在框架中的选择不同导致了偏好的不同(Tversky & Kahneman,1986)。

非线性偏好:根据期望原理,风险预期的效用在结果可能性中是线性的。Allais 对这个原理提出了问题,Allais 认为,0.99 和 1.00 可能性的不同要比 0.10 和 0.11 可能性的不同在偏好上起更大的作用。现在越来越多的研究发现了选择的非线性偏好的不确定性(Camerer & Ho,1991)。

禀赋效应:人们是否愿意在不确定的事情上下赌注不仅仅取决于不确定性的大小,而且取决于他所拥有的资源。Ellsberg 发现人们更愿意在一个装有相同

[①] 本章内容来自 Amos Tversky & Daniel Kahneman, Advanced in Prospect Theory: Cumulative Representation of Uncertainty, *Journal of Risk and Uncertainty*, 1992, **5**(4):297—323。

数目红球和绿球容器上下赌注,而不愿选择红球和绿球的比例不确定的容器。现在越来越多的证据表明人们愿意选择自己有竞争力的领域,而不愿意选择那些机会相当的情况。

风险偏好:在分析不确定情况下的选择问题时,"风险规避"是最普遍的假设。然而,在选择中,常常能够发现风险偏好的选择。第一,人们经常会选择很小可能性的事情,以期待能够获得非常大的收益,比如买彩票。第二,当人们面临的选择是一笔确定的损失,或是一笔可能更大的损失时,人们就表现出了风险偏好。

损失厌恶:在风险和不确定性下选择的一个基本的现象,就是损失的可能性比收入的可能性要大。这个被观察到的损失与收入的不对称性太极端而不能够被收入效应所解释。

第一节 积累性预期理论

期望效用理论将选择过程分为两个方面:框架和估价。在框架这一方面,决策者需要建立一种能够包括行动、偶然性和与决策相关的结果的表述。在估价这一方面,决策者需要对每个期望进行价值估计,然后根据估计的价值进行选择。

在经典的理论中,一个不确定性期望的总效用等于每一项结果的效用之和,而每一项结果的效用又是由它的可能性来衡量的。上面提到的经验性证据给这个理论提出了两点改进:(1) 价值的载体是损失和收入,而不是最终的价值;(2) 每一项结果应该乘以它的决策权重,而不是乘以一个附加的可能性。在以前传统经济学中,权重方法存在两个问题。第一,它往往不能满足随机的显著性。第二,它并没有扩展到拥有非常多结果的预期中。在新的模型中,我们不再单独地变换每一个可能性,而是变换所有累加的分配函数。

设 S 是一个元素为自然数的有限集,S 中的元素表示事件。设 X 是这些事件结果的集合。为了分析简单,我们将这个问题看作是货币的结果。我们假设集合中的 0 表示结果中性,正数表示"收益",负数则表示"损失"。

f 是从 S 到 X 的一个映射,表示一个对 S 中事件的预期函数,为了定义这个累加的函数,我们将 X 中的结果按递增的顺序排列。点 (a_i, x_i) 表示 f 对事件 a_i 的结果预期是 x_i,且当 $i > j$ 时,$x_i > x_j$,a_i 表示 S 中的事件,我们用正数下标表示"收益",负数下标表示"损失",下标为 0 表示结果中性。当一个预期的结果全部都是正数,或者都是非负数,我们这样的预期为严格正预期。同样我们可以定义严格负预期。当结果为其他情况时,则称为混合预期。

设 $V(f)$ 为预期 f 的效用,当 $V(f) \geq V(g)$ 时,表示人们愿意选择 f,或者表示选择 f 或 g 没有区别。下面的这个表述是以样本空间这一概念形式定义的,样本空间是一个概括了概率的基本概念的不可叠加的集合方程。样本空间 W 是将每一个 $A \subset S$ 映射到 $W(A)$ 上的一个函数,满足 $W(\varphi)=0, W(S)=1$,并且对于任何 $A \supset B$,有 $W(A) \geq W(B)$。

积累性期望理论提出存在一个严格递增的价值函数 $v: X \rightarrow Re$,满足 $v(x_0) = v(0) = 0$。

所以,对于映射 f 有

$$V(f) = V(f^+) + V(f^-)$$

$$V(f^+) = \sum_{i=0}^{n} \pi_i^+ v(x_i) \tag{1}$$

$$V(f^-) = \sum_{i=-m}^{n} \pi_i^- v(x_i) \tag{2}$$

这里,π 表示决策所占的权重,

$$\pi_n^+ = W^+(A_n), \quad \pi_{-m}^- = W^-(A_{-m})$$

$$\pi_i^+ = W^+(A_i \cup \cdots \cup A_n) - W^+(A_{i-1} \cup \cdots \cup A_n), \quad 0 \leq i \leq n-1$$

$$\pi_i^- = W^-(A_{-m} \cup \cdots \cup A_i) - W^-(A_{-m} \cup \cdots \cup A_{i-1}), \quad 1-m \leq i \leq 0$$

当 $i \geq 0$ 时,令 $\pi_i = \pi_i^+$;当 $i \leq 0$,令 $\pi_i = \pi_i^-$,则(1)和(2)式简为:

$$V(f) = \sum_{i=-m}^{n} \pi_i v(x_i)$$

与一个正结果相联系的决策权重 π_i^+,表示事件"结果至少与 x_i 一样好"与事件"结果严格比 x_i 好"之间的差别。而与一个负结果相联系的决策权重 π_i^-,表示事件"结果至少与 x_i 一样差"与事件"结果严格比 x_i 差"之间的差别。因此,一个与结果相关的决策权重就可以被解释为对预期事件的边际贡献,用 W^+ 和 W^- 来表示。

如果我们设一个预期 $f=(A_i, x_i)$ 的概率是 $p(A_i)=p_i$,则这个预期可以被看成是一个可能性预期或风险预期 (x_i, p_i)。这样,决策权重可以表示为:

$$\pi_n^+ = w^+(p_n), \quad \pi_{-m}^- = w^-(p_{-m})$$

$$\pi_i^+ = w^+(p_i \cup \cdots \cup p_n) - w^+(p_{i-1} \cup \cdots \cup p_n), \quad 0 \leq i \leq n-1$$

$$\pi_i^- = w^-(p_{-m} \cup \cdots \cup p_i) - w^-(p_{-m} \cup \cdots \cup p_{i-1}), \quad 1-m \leq i \leq 0$$

这里 w^+ 和 w^- 是在单位区间上严格递增的函数,且满足 $w^+(0)=w^-(0)=0, w^+(1)=w^-(1)=1$。

为了证明这个模型,考虑下面这个游戏。

将一枚骰子掷一次,然后观察结果,结果可能为 $x=1,2,\cdots,6$。如果结果是偶数,你将得到面值与这个偶数一样多的钱;如果结果是奇数,你则必须付出面值与这个奇数一样多的钱。因为这是一个等可能结果的预期问题,映射 f 所对应的结果是$(-5,-3,-1,2,4,6)$,每一种结果的概率是 $1/6$。因此,

$$f^+ = \left(0,\frac{1}{2};2,\frac{1}{6};4,\frac{1}{6};6,\frac{1}{6}\right), \quad f^- = \left(-5,\frac{1}{6};-3,\frac{1}{6};-1,\frac{1}{6};0,\frac{1}{2}\right)$$

代入(1)和(2)式得,

$$\begin{aligned}
V(f) &= V(f^+) + V(f^-) \\
&= v(2)\left(\frac{1}{2}w^+ - \frac{1}{3}w^+\right) + v(4)\left(\frac{1}{3}w^+ - \frac{1}{6}w^+\right) \\
&\quad + v(6)\left(\frac{1}{6}w^+ - 0\cdot w^+\right) + v(-5)\left(\frac{1}{6}w^- - 0\cdot w^-\right) \\
&\quad + v(-3)\left(\frac{1}{3}w^- - \frac{1}{6}w^-\right) + v(-1)\left(\frac{1}{2}w^- - \frac{1}{3}w^-\right) \\
&= \frac{1}{6}w^+[v(2)+v(4)+v(6)] + \frac{1}{6}w^{-1}[v(-5)+v(-3)+v(-1)]
\end{aligned}$$

第二节 价值与权重

在其他效用理论中,风险规避与风险偏好是单独地被效用函数确定的。而在积累性预期模型中,风险规避和风险偏好是一起被价值函数和样本空间(统称为积累性权重函数)确定的。

在最初的预期理论中,我们假设函数 v 在偏好点 $v''(x)\leq 0,x\geq 0$ 处是凹的;在偏好点 $v''(x)\geq 0,x\leq 0$ 处是凸的。并且假设函数在损失的情况下要比收入的情况下陡,即 $v'(x)<v'(-x),x\geq 0$。前两个假设反映了敏感度递减理论,第三个假设则应用在损失厌恶理论中。

敏感度递减理论也应用到了权重函数中。在对预期结果的分析中,偏好点是一个区分收入和损失的界线。在对不确定性事件的分析中,有两个自然的界线:必然事件与不可能事件。敏感度递减导致了一个给定的概率随着它离界线距离的减小而递减。

举个例子,将赢得一个奖品的概率从9增加到10,或者从0增加到1所造成的影响,要比将赢的概率从3增加到4,或者从6增加到7所造成的影响大。因此,由于敏感度递减这一原理,便产生了权重函数的概念,并且要求这个函数在0的附近是凹的,在1的附近是凸的。

在讲下一部分的实验之前,我们希望能够将所观察到的非线性偏好与权重函数的形式联系起来。为此,我们将对在不确定性下决策的普遍结果效应作出一个新的定义。表 1 列出了在一组由 156 个在同一个工厂工作的财务管理人所面临的一对决策(Ⅰ和Ⅱ)。参与者可以选择预期,而所有预期的结果,是和前一天"上证指数"的停盘市值与第二天市值的差额(d)相关的。

表 1 一项关于独立性的实验(道琼斯交易指数)

		A	B	C	
		$d<30$	$30\leqslant d\leqslant 35$	$35<d$	
决策 Ⅰ	f	2 500 元	2 500 元	2 500 元	[68]
	g	2 500 元	0 元	7 500 元	[32]
决策 Ⅱ	f'	0 元	2 500 元	2 500 元	[23]
	g'	0 元	0 元	7 500 元	[77]

注:选择的结果和前一天停盘市值与第二天市值的差额 d 相关。方框中的数字表示 156 个参与者不同选择的百分比。

上述结果清楚地表明了,在决策Ⅰ和Ⅱ里面,人们的选择发生了变化。

为了探究这个模型所受到的约束,我们把前面所讲的理论运用到这个大多数人的选择问题上来。设 1 000 元为一个单位,因为在决策Ⅰ中,选 f' 的人比选择 g' 的人多,那么就有:

$$v(25) > v(75)W^+(C) + v(25)[W^+(A\cup C) - W^+(C)]$$

或者

$$v(25)[1 - W^+(A\cup C) + W^+(C)] > v(75)W^+(C)$$

在决策Ⅱ中,选择 g' 的人比选 f' 的人多

$$v(75)W^+(C) > v(25)W^+(C\cup B)$$

因此,

$$W^+(S) - W^+(S-B) > W^+(C\cup B) - W^+(C) \tag{3}$$

因此可以看出,从必然事件中减去 B 所造成的影响要比从 $C\cup B$ 中减去 B 的影响大。设 $W_+(D) = 1 - W^+(S-D)$,$w_+(p) = 1 - w^+(1-p)$,所以

$$W_+(B) + W_+(D) \geqslant W_+(B\cup D)$$

因此(3)式可以化简为

$$1 - w^+(1-q) > w^+(p+q) - w^+(p)$$

或者

$$w_+(q) + w_+(r) \geqslant w_+(q+r), \quad q+r<1$$

第三节 实 验 验 证

实验的目的是为了能够获得有关价值与权重函数的更为详尽的知识。在这个实验中,参与者是25位来自大学的研究生,他们没有经过任何关于选择理论的培训。

一、实验步骤

实验由计算机来操作。在一次实验中,计算机显示出一个预期(比如,赢得100元的几率是25%,赢得50元的几率是75%)和它的预期收益。显示的内容还要包括一列递减的7个结果(收入或损失),并且这些结果成对地分布于期望结果的极端情况之间。这个实验能够表明参与者对7个确定结果与风险预期之间的偏好。为了获得对必然性事件的等价量的一个更加精确的评估,我们需要给出一个新的含有7个确定结果的集合,这个集合中的元素要线性地排列在一个区间里,而这个区间的下界要比在第一个集合中能够接受的最低价值高25%,上界要比第一个集合所拒绝的最高价值低25%。一个预期的必然性事件的等价量是被第二个集合中所能够接受的最低价值与拒绝的最高价值之间的中点所确定的。

需要强调的是,尽管这个分析是建立在必然性的等价量之上的,但是实验的数据是由在一个给定的预期和几个确定的结果之间的一系列选择组成的。计算机会检测出参与者对每一个预期的选择的内在联系,并排除错误,比如排除参与者选择了比前一个人所拒绝的最低价值还要低的价值这样的错误。

现在分析的是一个由货币结果与概率组成的双结果预期。其他包含更为复杂的预期的数据将在其他地方列出来。在实验中有28个正预期,28个负预期,除去其中3个非正预期、3个非负预期我们在这里不讨论外,剩下的所有预期以及25个参与者的货币等价量中值列在表2中。

表2　非混合预期的货币等价量中值　　　　　　　　　　(单位:元)

结果	可能性								
	0.01	0.05	0.10	0.25	0.50	0.75	0.90	0.95	0.99
(0,50)			9		21		37		
(0,-50)			-8		-21		-39		
(0,100)		14		25	36	52		78	
(0,-100)		-8		-23.5	-42	-63		-84	

(续表)

结果	可能性								
	0.01	0.05	0.10	0.25	0.50	0.75	0.90	0.95	0.99
(0,200)	10		20		76				188
(0,-200)	-3		-23		-89				-190
(0,400)	12								377
(0,-400)	-14								-380
(50,100)				59	71				
(-50,-100)				-59	-71				
(50,150)		64		72.5	86	102		128	
(-50,-150)		-60		-71	-92	-113		-132	
(100,200)		118		130	141	162		178	
(-100,-200)		-112		-121	-142	-158		179	

注:在左边第一栏中列出了每一个预期的两个结果;后面的栏中给出了每一种预期的概率,比如,第二行第四列中的 9 元表示预期(0,9;50,0.1)的货币等价量中值。

二、实验结果

期望理论最重要的结论是对风险的四种不同的态度。对于我们现在研究的非混合预期来说,价值的形式和权重函数表现出了对收益和损失的风险规避与风险偏好。更进一步,在结果不是很极端的条件下,当获得收益的概率比较小时,权重函数的形式表现出风险偏好;当损失的概率比较小时,则表现出风险规避。然而,要注意的是,期望理论并不是表明当收益转为损失时,人们的偏好会完全逆转。表 3 列出了每一个参与者在当收益和损失的概率比较低($p \leqslant 0.1$)和比较高($p \geqslant 0.5$)时的风险偏好选择的百分比。

表 3 风险偏好选择的百分比

参与者	收益		损失	
	$p \leqslant 0.1$	$p \geqslant 0.5$	$p \leqslant 0.1$	$p \geqslant 0.5$
1	100	38	30	100
2	85	33	20	75
3	100	10	0	93
4	71	0	30	58
5	83	0	20	100
6	100	5	0	100
7	100	10	30	86
8	87	0	10	100
9	16	0	80	100

(续表)

参与者	收益		损失	
	$p \leq 0.1$	$p \geq 0.5$	$p \leq 0.1$	$p \geq 0.5$
10	83	0	0	93
11	100	26	0	100
12	100	16	10	100
13	87	0	10	94
14	100	21	30	100
15	66	0	30	100
16	60	5	10	100
17	100	15	20	100
18	100	22	10	93
19	60	10	60	63
20	100	5	0	81
21	100	0	0	100
22	100	0	0	92
23	100	31	0	100
24	71	0	80	100
25	100	0	10	87
风险偏好	78[a]	10	20	87[a]
风险中立	12	2	0	7
风险规避	10	88[a]	80[a]	6

表3显示出,当$p \geq 0.5$时,所有25个参与者都显著地表现为对正预期的风险规避,对负预期的风险偏好。

三、实验数据的量化分析

至此,我们已经分析了选择理论中对风险的所有态度。下面,我们将对这个实验的数据进行量化的分析。

对于一个$(x, p; 0, 1-p)$形式的预期,设$\dfrac{c}{x}$是这个预期的必然性等价量与一个非零的结果x的比率。下面的图1和图2中画出了$\dfrac{c}{x}$的作为正负预期p的函数的中值。若$|x| < 200$,我们用圆圈来标记$\dfrac{c}{x}$;若$|x| \geq 200$,则用三角形来标记,两个极端的概率(0.01和0.99)除外。

在图1与图2中,如果参与者是中立的,那么选择点会在三角形处;如果参与者是风险规避的,图1中所有的点都会落在三角形的下方,图2中的都会落在

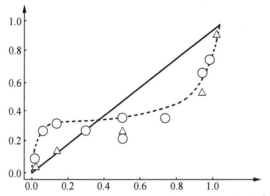

图1 对于所有$(x,p;0,1-p)$形式的正预期的中值$\frac{c}{x}$

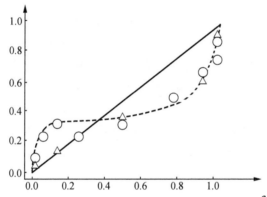

图2 对于所有$(x,p;0,1-p)$形式的负预期的中值$\frac{c}{x}$

三角形的上方。最后,如果所有的偏好都是相近的,那么圆形就与三角形相重合。所以,给一个预期的结果乘以一个常数k就等于给这个预期的货币等价量乘以常数k,即$c(kf) = kc(f)$。在期望效用理论中,偏好的同一性产生了固定的有关联的风险规避。现假设x是可逆的,选择的同一性对将v表示成两部分作用的函数是充分且必要的,这个两部分作用函数的形式为:

$$v(x) = \begin{cases} x^\alpha & x \geq 0 \\ -\lambda(-x)^\beta & x < 0 \end{cases}$$

图1和图2表示出了在表3中观察到的风险规避和风险偏好的特征。我们可以通过假设一个线性的价值权重函数来表示出图1与图2中的曲线:

$$w^+(p) = \frac{p^\gamma}{[p^\gamma + (1-p)^\gamma]^{\frac{1}{\gamma}}}, \quad w^-(p) = \frac{p^\delta}{[p^\delta + (1-p)^\delta]^{\frac{1}{\delta}}}$$

下面我们来看图3:

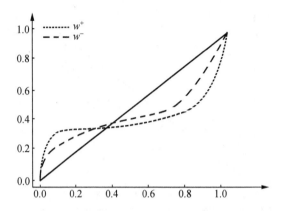

图3 对于所有$(x,p;0,1-p)$形式的正预期和负预期的中值$\dfrac{c}{x}$

在图3中,我们可以看出,对于无论是正预期还是负预期,人们常常高估低概率因素,而低估中等概率和大概率因素。结果,人们会对在一定范围内的概率的差别不敏感。图3还显示出,权重函数的收益和损失是非常相近的。值得注意的是,在最初的期望理论中,我们假设的$w^+(p)=w^-(p)$的情况对于现在的数据要比由累加函数所应用的假设$w^+(p)=1-w^-(1-p)$更适合。比如,我们对w^+和w^-的估计表明了25个参与者都对由前一个模型得出的$w^+(0.5)<0.5$,$w^-(0.5)<0.5$的情况满意,而对由后一个模型得出的$w^+(0.5)<0.5$,$w^-(0.5)>0.5$的情况不满意。

关于本书中实验的说明

作为国内首批全面介绍行为经济学的教材之一,本书在详尽介绍国内外有关行为经济学的最新理论进展以外,还特别注重理论在中国本土的实证研究,本书中大量的实验即体现了这一方面的努力和探索。本书中共涉及实验数十个,这些实验的参与者从几人到上百人不等,实验涵盖了问卷调查、举手表决、互动实验等多种方式,得出的实验结果也呈现出多种形式。下面我们就简要介绍一下这些实验的基本情况和操作步骤。

实验的负责人

这些实验的设计者为本书的作者,参与者为中国人民大学经济学—数学实验班学生。在整个实验过程中,前期实验的整体设计、问卷设计和准备、实验参与者的抽样、实验过程的控制以及后期实验数据的处理都是由我们合力完成的。实验的进行还得到了新加坡南洋理工大学经济系、中国人民大学统计学系、社会学系相关老师的热情指导,在这里一并表示感谢。

实验的基本设计思想

实验的设计思想主要来源于两个主要方面:国外经典理论和实验在中国的重现和自身创立理论的实证探求。主要的实验目标、实验问卷的设计、实验过程的控制均主要沿用国外已有的实验或者理论,结合中国的实际,加以适当的改变和增减。在国外实验中国化的过程中,我们主要注意了两方面的工作:一是问卷内容本土化,即将在国外实验中使用的原始问卷内容加以适当地修改,使它的内容更贴近中国的实际情况;二是人性化,即考虑到实验的参与者大多是在校学生,在保证问卷内容全面准确的情况下,尽量使问卷的内容、语言贴近学生,提高实验参与者对于问卷内容的理解。

实验的参与者

本次实验的主要参与者是中国人民大学学生。由于本书中实验较多,为避免由人的疲劳和潜在的思维定势带来的实验误差,我们还邀请了中国人民大学部分老师参与实验。这些实验样本的男女比例相当,参与者的家庭经济情况也基本能代表社会上的贫富分布,年龄从18岁到50岁不等,可以说是一个比较让人满意的样本空间。

实验问卷的设计

实验中用到的所有问卷均为自填式问卷。这些问卷综合了实质性问题、接触性问题、过滤性问题、过渡性问题、检验性问题等,使得问卷的形式多样化、内容丰富化。问卷中的问题也同时包含了开放式问题和封闭式问题,保证答卷人的意愿能够得到充分的表达。问卷的语言风格和内容定位充分考虑了大多数参与者的思想、文化、语言、习惯,符合调查者的实际需要。每份问卷中的问题数量也得到了很好的控制,在保证问卷调查的目的能得到充分实现的情况下,尽量越少越好,避免应答者产生厌烦情绪。

实验的过程,质量控制

虽然根据各个实验个体的差异,我们采用了不同的实验步骤。但是无论是哪个实验,都有一些共同的质量控制准则和操作步骤是需要共同遵守的。

首先是实验场所、用具的选定。本书中的大部分实验都是在中国人民大学的教室中完成的,除了极个别的实验外,所用的工具基本上是普通的铅笔,辅以适当的文具。在实验的过程中,保持教室安静是很重要的,我们基本上做到了所有参与者都能在一个安静的环境中完成各自的实验问卷。

其次是实验前的说明工作。考虑到社会科学实验的主体是人,我们花了大量的精力向实验参与者介绍实验的主要注意事项和回答问卷的基本原则。在详尽地讲解并且确保每一个实验参与者都完全理解了实验内容后,我们的实验才会真正开始。在实验的过程中,对于实验者的任何疑问,我们的实验监督员都会作出必要的解答。实验结束以后,我们还会按照随机原则对部分实验参与者作必要的回访。这样三个环节的环环相扣就能够使我们的实验结果具备相当的可信度。

最后一部分是实验后期的数据处理工作。

我们的数据处理工作主要分为初期的定性分析和后期的定量分析。定性分析的目的是对数据的概貌作一个大致的了解,从而为下一步的定量分析提供必要的信息,明确分析方向。图表等直观表述方法是常用的定性手段。后期的定量分析侧重于对实验中出现的种种数据,作出更为精确的数据分析。

当然上面提到的实验步骤、方法只是一个很概括的说明,不同的实验中所要采取的不同的实验步骤和遵照的实验要求,在实验出现的时候都给出了更为具体的阐述。

另外,需要特别说明的是,本书每一章的最后,分别给出了不等的"参考文献",希望读者在阅读完该章后,可以继续拓宽视野。但由于本书所参考的文献多达2 000多篇,限于篇幅,无法一一列入,如果读者需要,可以直接向作者发电子邮件索要:dzy@pku.edu.cn。

后　序

　　这本书能问世,首先得感谢我的博士生导师、新加坡南洋理工大学应用经济系主任陈抗教授。正是陈抗教授的指导,使我在刚刚接触行为经济学的时候,"采取开放的态度,积极吸取,为己所用。"

　　　　走遍天涯海角,师恩最难忘!

　　我曾经利用整整一个学期的时间和中国人民大学经济学—数学(双学位)实验班的学生们,在每个周三的晚上,一起学习和讨论这个领域的最前沿问题。学生们的积极参与和提问让我受益匪浅。部分同学参加了本书的编写和讨论工作(按姓氏笔画):仇远(第9章)、王启凡(第3、5、11章)、艾宜(第5章)、朱晓明(第6章)、余晶(第4章)、宋雪(第4章)、张家瑞(第9、11章)、汪漪澜(第1章)、邹邵楠(第12章、附录1、3)、陆晨希(第8章)、杨佳木(第1章和附录1、3)、常欣(第10章)、傅晨(第5章)、谢漫湘(第6、7章)、韩旭(第2、5、12章)、魏伟(第1章)。

　　　　得天下英才而教之,不亦乐乎!

　　任何理论的诞生,都必须和实践相结合,才能生命常青。行为经济学理论越来越贴近现实,解释了传统经济理论中的一些问题,这说明了行为经济学理论是很有发展前景的。在回国两年的时间里,尤其是在北京大学开设《行为经济学》这门课程和举办的若干次讲座中,我逐渐把行为经济学介绍给了这些优秀的学生们,感觉学生们对这门学科的兴趣日益浓厚,同时他们的反馈也引发了我对这门新生学科的重新思考。

　　　　这是一个经济学者最希望看到的事情!

　　行为经济学的创新之处就在于它将行为分析理论与经济运行规律有机结合,从而将心理学研究视角与经济科学结合起来,以观察现在经济学模型中的错误或遗漏,并修正主流经济学关于人的理性、自利、完全信息、效用最大化及持续偏好等基本假设的不足。行为经济学的崛起,对传统主流经济学基本理论前提既提出了挑战,也进行了拓展,促进了整个经济学学科的发展。作为全面介绍行为经济学的著作,本书在详尽介绍国内外有关的最新理论的同时,还特别注重中国本土的实证研究。本书中大量的实验,体现了我们在这一方面的不懈努力和探索。

  这是值得我们骄傲的地方！

  党的二十大是一场承前启后、继往开来、具有里程碑意义的盛会。经济学界现已迅速掀起学习贯彻党的二十大精神的热潮，为新征程下经济学领域研究探索新航向。本书立足行为经济学理论视角，致力于和中国的实践相结合，希望能够适应我国高等院校管理学和经济学专业的教学和科研之需，为实现中华民族的伟大复兴贡献绵薄之力。

  这是我们的期待！

董志勇

2006 年 9 月 1 日于北京大学

2022 年 11 月修改